突破棘闈

太平天国科举与社会史

彭靖 ◎著

中国文史出版社

图书在版编目（C I P）数据

突破棘闱：太平天国科举与社会史 / 彭靖著. 北京：中国文史出版社, 2025. 7. -- ISBN 978-7-5205-5244-8

Ⅰ. D691.352

中国国家版本馆CIP数据核字第2025J6Z961号

责任编辑：程　凤
封面设计：秋　雨

出版发行：中国文史出版社
社　　址：北京市海淀区西八里庄路 69 号　邮编：100042
电　　话：010-81136606　81136602　81136603（发行部）
传　　真：010-81136655
印　　装：廊坊市海涛印刷有限公司
经　　销：全国新华书店
开　　本：1/16　彩插 8P
印　　张：20　　字数：290 千字
版　　次：2025 年 9 月北京第 1 版
印　　次：2025 年 9 月第 1 次印刷
定　　价：78.00 元

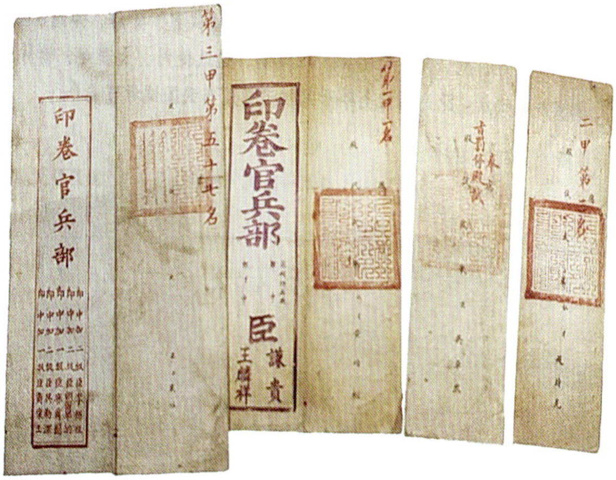

武殿试试卷（中国第一历史档案馆收藏）光绪六年（1880 年）

武举拿石照

南京总统府天王宝座（太平天国时期，作者拍摄）

天王洪秀全玉玺

太平天国女状元
傅善祥（不详—1856）

末代探花商衍鎏
（1875—1963）

被太平军攻克时的上海西门城墙

位于上海浦东高桥的“太平天国烈士墓”（作者拍摄）

位于浙江金华的太平天国侍王府

▲ 侍王府现存壁画（局部）（收藏在金华，太平天国侍王府）

▲ “英雄会”（夏春涛提供）太平天国北伐军进占天津府静海县期间所绘年画

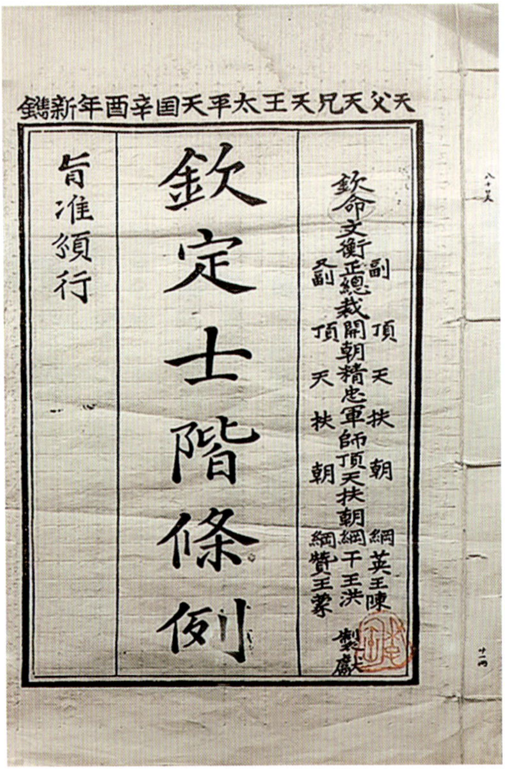
天父天兄天王太平天国辛酉新年新鐫

欽命文衡正總裁開朝精忠軍師頂天扶朝綱干王洪

副 頂天扶朝綱英王陳

又副 頂天扶朝綱贊王蒙

製獻

欽定士階條例

旨准頒行

太平天国颁布《钦定士阶条例》（南京太平天国历史博物馆收藏）

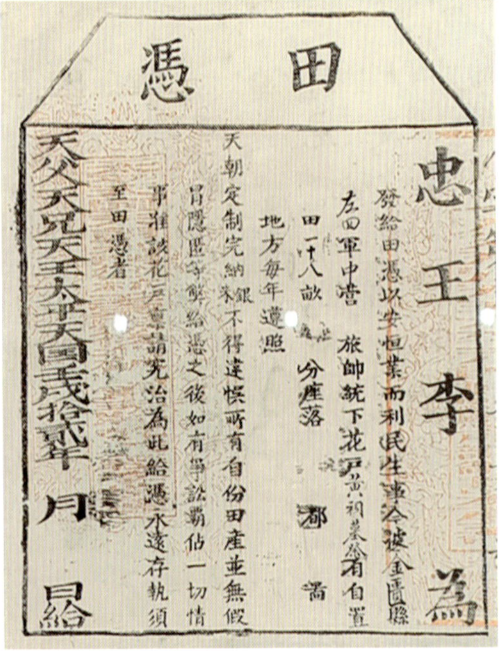
田憑

忠王李 為

發給田憑以安恒業而利民生事今據[illegible]縣

左四軍中營 旅帥統下花戶黃祠麥[illegible]有自置

田一十八畝 分產落 都 啚

地方每年遵照

天朝定制完納銀米不得違悞所有自份田產並無假

冒隱匿等弊給憑之後如有爭訟霸佔一切情

事准該花戶稟請究治為此給憑永遠存執須

至田憑者

天父天兄天王太平天国壬戌拾貳年 月 日給

1862年，忠王李秀成颁发的“田凭”（南京太平天国历史博物馆收藏）

序章

写在历史留白处

太平天国运动，是洪秀全领导的中国近代历史上一次轰轰烈烈的革命大起义，也是19世纪中叶中国的一场大规模反清运动。从1851年（咸丰元年）开始，至1864年（同治三年）结束，持续14年，纵横17个省，对于推翻清朝政权统治起到了重要的影响作用。

这次大起义发生在中国刚刚进入近代的早期阶段，势必带有当时的历史特点。其中，在推行科举考试方面，太平天国初期，太平军攻克永安、武昌之后，就举行过科举考试。从史料上看，太平军每占领一地，就发布告示，进行临时性的考试，这是其雏形。1853年洪秀全定都于南京后，就正式开科取士，到1862年止，共举行过十次京试，从未间断。

在科举考试形式上，虽然太平天国前期与明、清两代相似。但是，后期在制度与内容上，都具有强烈的改革创新精神。例如，1861年洪仁玕等人起草颁行《钦定士阶条例》，经过作者研究证明，已经在天京之外省份实施，且在对于考试生员的照顾与变革措施方面，也比清廷更加人性化。太平天国先后录取数百名进士，其中文、武状元18人，并专门设立女试，考选女状元。除科举之外，同时还有招贤制度，这些都是太平天国在选拔人才制度方面做出的重大贡献。

目前，已出版的研究科举制度的各类著作，往往仅聚焦于隋、唐、宋、元、明、清几个所谓的正统王朝。这些朝代立国时间长，实行科举制度时间久，把它们作为研究的重点自然是应该的。但是这样做的结果给人一种错觉，似乎除了几个正统的王朝之外，其他政权就没有实行过科举考试。实际上不仅洪秀全建立的太平天国实行过科举考试，张献忠建立的大西国也曾开科取士，也考取有状元，但是却没有文献记录。而太平天国的历史要长得多，更具有代表性，并具有相关文献记载。

邓嗣禹在为太平天国史专家简又文著《太平天国全史》一书撰写序言时曾指出："太平天国革命为十九世纪中国政治、社会、经济一大巨变。其重要性与法国大革命、美国南北战争相仿佛。"① 而对于这一时期科举制度改革意义的评价，他在其所著《太平天国与西方列强》一书中又曾指出："太平天国的科举考试制度，对于中国传统考试制度产生过重要的影响作用。"②

2012 年，王凯旋在其所著的《中国科举制度史》中也强调："从科举史的角度说，太平天国科举实践是中国科举制度和科举文化的重要内容，其许多内容仍是值得今后认真考证、发掘和分析研究的。"③ 因此，将这一阶段的科举制度作为研究专著来论述，就使得对于科举制度的研究更加全面。同时，也是人们全面研究科举制度，正确认识和评价太平天国不可或缺的一个重要视角。

另一方面，目前国内出版的涉及太平天国科举制度的专著极少。1961 年商衍鎏所著的《太平天国科举考试纪略》，仍是至今研究太平天国科举制度最全面的著作。但是，此书仅是对这一阶段的科举事件的粗略记述，附加应试诗文，辅以个别考证，并未对其利弊得失做任何分析。同时，还存在个别记述不准确或错误之处。近年来，国内研究学者已发表论文予以指正。④

研究太平天国科举，就不能仅局限于科举考试本身，而应该从科举文化与社会史等多角度进行立体化研究。本书分为十二章，从第一章到第七章为本书的"上篇"，详细论述了太平天国前的中国社会，到太平天国同时期，咸丰与同治时期的科举历程与应试特色；洪秀全的科举之

---

①简又文：《太平天国全史》，香港：简氏猛进书屋，1962年，邓嗣禹序言。

②Teng Ssu-yu: *The Taiping Rebellion and the Western Powers* , Oxford: the Clarendon Press, 1971, p.164.

③王凯旋：《中国科举制度史》，沈阳：万卷出版公司，2012年，第421页。

④王立新：《咸同年间文闱停科问题考订》，《近代史研究》2016年第5期。

路与起义思想，太平天国对科举的改革与实践，太平天国科举的意义与社会影响等方面内容，结合大量史料进行全方位、综合性分析与研究。同时，针对现有研究成果的不足之处，补充作者的观点与评论。

早在2013年，作者在《中国考试》期刊上，就曾经发表过多篇科举制度与公务员制度改革、高考制度完善与国际影响力提升方面的论文。[①] 其中一篇探讨太平天国科举与高考制度改革的论文，[②] 于2020年被华东理工大学硕士论文引用。同时，被收录于厦门大学教育研究院研究学者发表的《21世纪以来我国“科举与高考”研究述评》文章之中，并作为引用论文，给予重点评论。

2013年，作者在《中国考试》期刊上发表的另外一篇论文《科举制的当代价值：国际影响力的提升与公务员制度改革》，从2015年到2020年期间，不仅被河南大学等三所高校的硕士论文引用，同时还被俄罗斯莫斯科大学亚洲和非洲研究所东方政治学系副博士论文引用，并发表长篇评论。[③] 2019年，由作者主编的《邓嗣禹文集》（八卷本）获批国家出版基金资助项目，2023年8月由华中师范大学出版社出版。其中，按照原作者的写作风格，作为增补内容，将“太平天国之考试制度”作为一个章节，补充在邓嗣禹《中国考试制度史》一书中。此次，作者进一步修改与完善了上述方面的内容。

江南贡院是江苏、安徽两省生员共同的乡试场所，在中国科举的发展史上，有着十分重要的地位，也是从事科举学研究学者重点关注的内容。目前，从科举文化角度而言，现有研究成果侧重于科举制度废除后，江南贡院的存废之争，兼及贡院规模的变化；从社会史的角度而言，相

---

①彭靖：《科举制的当代价值：国际影响力的提升与公务员制度改革》，《中国考试》2013年第1期；彭靖：《科举制对于中国妇女社会地位的影响作用》，《中国考试》2013年第10期。

②彭靖：《从太平天国科举制看当今高考制度改革》，《中国考试》2013年第3期。

③郝伦（Хао Лун）：《中国当代公务员系统的运行与发展》，俄罗斯莫斯科国立大学副博士论文，2015年，第85—86页。

关研究学者论述太平天国时期南京城的变迁时，并未涉及江南贡院的问题。[①]然而，林则徐对于江南贡院的整顿措施，太平天国对江南贡院的改造与使用，以及江南贡院扩建的原因；曾国藩推动江南乡试，对于恢复南京经济繁荣等问题，尚未予以充分讨论，导致对太平天国前后江南贡院的研究呈现缺失状态。

目前，国内科举研究学者普遍认为：1864年4月洪秀全病逝，6月天京失陷，则事实上，《钦定士阶条例》这一制度并未开始全面施行便告夭折。依据国内科举学权威学者的论述，还有学者认为，直到1864年，《钦定士阶条例》中的规定才正式生效，但此时已距太平天国灭亡之期不远。可以说，《钦定士阶条例》自颁行之后，从未得到完整地贯彻与落实。但是，笔者经查阅史料与分析后认为，事实并非如此。详见第五章第四节“太平天国《钦定士阶条例》的实施”。

再有，目前国内外研究科举与江南贡院的学者，许多人普遍认为：“三场考试共九天，吃喝拉撒全在一间约一点三平方米的号房内。”[②]然而，在《续纂江宁府志》中记载：“同治五年（1866年），两江总督李鸿章收买贡院迤西民宅基地，增建号舍2812间，曰状元新号，加厕房81所。”[③]从李鸿章“加厕房81所”的历史记载，以及陈独秀撰写的《实庵自传》中，对于所谓“屎号”和吃饭问题的描述，[④]说明这是不符合实际情况的事。为此，作者将以上有争议的问题，作为第七章节的部分内容，详细加以辩证与论述。

从第八章到第十二章为本书的“下篇”，结合现有的研究成果，作者从社会史的视角出发，梳理太平军对于晚清上海的影响，论述了湘军与淮军崛起、民众基础变迁，以及美国与太平天国兴亡三个方面的关系。

---

①夏春涛：《太平天国时期南京城的变迁》，载《太平天国与晚清社会》，北京：北京师范大学出版社，2018年，第32—46页。

②唐浩明：《唐浩明评点曾国藩奏折》，济南：山东人民出版社，2018年，第226页。

③转引《续纂江宁府志》第5卷，第13页。

④陈独秀：《实庵自传》，北京：中华书局，2015年，第80—81页。

在太平天国众多王府中，还保存有各种壁画。在王府装饰艺术上，太平天国的壁画艺术具有独特的风格，且具有较高的艺术价值与观赏价值。在太平天国对历史与人类的贡献中，最为辉煌的艺术成就是壁画。太平天国壁画，极大地推动了我国壁画艺术的发展，是绘画史上的一朵奇葩。

截至目前，太平天国壁画已发现约35处，集中分布于江苏、浙江和安徽三省。所以，国内学者对太平天国壁画研究主要集中在上述三省发现的壁画上。但是，太平天国北伐时，太平军进占天津府静海县期间，所绘年画在杨柳青一带被发现。这是目前研究学者尚未涉及与研究的内容。因此，第十二章以“太平天国王府建筑与壁画艺术”为题，进行论述。

太平天国运动，是集农民反抗思想之大成、数百万太平军民投身起义浪潮的革命运动，具有深刻的正义性，其历史影响深远，并值得认真总结与借鉴。受时代和阶级的局限，太平天国提不出新的社会改造方案，始终难以突破前朝旧制。太平天国的民众基础，从最初阶段军民关系融洽，促进经济发展，到后期实践上背离《天朝田亩制度》的基本主张，未能很好解决土地问题。加上后期腐败问题严重，各项措施愈加繁杂无序，苛捐杂税不胜其滥，导致民变情况不断发生，从而丧失了民众的基础与支持。

洪秀全等太平天国领袖找不到走出农民战争失败宿命的新路，历经14年的革命运动，在清政府与美英法三国侵略者的联合夹击下，最终归于失败。但是，太平天国革命运动代表了19世纪中叶，中国人民反抗压迫剥削、反抗外来侵略的时代诉求，其革命性与进步性影响深远。

彭 靖

2024年3月1日

写于上海海上书屋

2025年3月修改

2025年6月定稿

目 录

第九章　湘军崛起与太平天国兴亡

第十章　民众基础变迁与太平天国兴亡

第十一章　美国与太平天国兴亡

第十二章　太平天国王府建筑与壁画艺术

田憑

右四軍中浩 旅帥統下花戶□□□名下自置

田一十八畝□分 產落□鄉□□

地方每年遵照

天朝定制完納銀糧不得違悞所有自份田產並無假

冒隱匿等弊給憑之後如有爭訟霸佔一切情

事准該花戶據實完治為此給憑永遠存執須

至田憑者

天父天兄天王太平天國壬戌拾貳年　月　日給

上篇◎太平天国科举史

第一章 太平天国前的中国社会

在鸦片战争过后，太平天国起义之前，中国社会的弊端更加深重，清政府的威望几乎全部丧失，出现了前所未有的危机局面。鸦片战争中，国家军费开支增加，战后支付巨量赔款，这些负担最后都落到了农民身上。全国各地战乱的形势更加迫切，各地人民反抗清朝统治者的大小暴动连连发生，且此起彼伏。再加上自然灾害层出不穷的因素，由此拉开了太平天国起义的序幕。

一、前所未有的危机局面

1842 年 8 月 29 日，耆英代表清朝政府，在英军炮口的威逼下，签订了丧权辱国的《南京条约》，这是中国晚清时期签订的第一份不平等条约。次年，耆英又在广州与英方先后订立《五口通商章程》和《五口通商附善后条款》，作为对《南京条约》的补充条款。鸦片战争期间，接二连三的惨败与沉重打击，如同五雷轰顶一般，令一直沉湎于“天朝上国”梦幻中的道光帝及其文武百官们极为震惊。此前，他们对外部世界，特别是欧美国家的真实情况几乎一无所知。

从公正的角度评价道光皇帝，他亲政勤政，生活俭朴，对于被迫签订的《南京条约》，他抱恨终生，也常常觉得愧对列祖列宗，故在弥留之际留下遗诏：“朕万年之后，断不可行郊配之礼。”不可为他设立“神圣功德碑”。[①] 由此说明，他自身并不糊涂。

然而，作为清朝的最高统治者，他太愚昧于世界形势，天朝上国之梦积习实在太深。对于西方殖民主义者的贪得无厌的欲望和本性，他明显缺乏清

① 马平安：《晚清殇史：大清王朝灭亡之谜》，北京：中国文史出版社，2012年，第36页。

醒的认识和作为。以为中英议和条约既然已签，英夷的愿望已经得到满足，中国就会像从前那样恢复永久性的平静。鸦片战争过后，他不积极去总结失败的教训，力求中国的改革振兴，反而堵塞言路，讳谈西方之事。直到道光三十年（1850年）去世为止，大清帝国在政治、军事、经济和文化等各个方面，仍然原封未动，中国现代化根本还没有启动。因此，战后十年的黄金岁月，就这样像流水一样白白流失掉了。

鸦片战争之后，清政府也误认为西方国家入侵中国是暂时的，他们的要求满足之后便不会再来，签订的《南京条约》不过就是一次“暂事羁縻”。但事实远非如此，外国殖民主义者的野心与欲望永远是不会满足的。

咸丰十年（1860年），英法两国发动了第二次鸦片战争，清政府又以失败而告终，被迫再次先后签订《天津条约》《北京条约》。中国不得不再次向英、法支付巨额赔款，增开通商口岸，并且允许外国公使进驻北京等等。

第二次鸦片战争改变了清政府对西方国家的短视看法。此后，西方国家也认清了大清帝国的虚弱本质，他们频频挑起事端，对中国的权益要求不断增加。与此同时，清政府经过两次惨败的沉重打击，对西方国家的看法也逐渐由蔑视变为恐惧。但是，失败一个接着一个，除了满足西方列强要求之外，清政府已经别无选择。[①] 自古以来，中国至高无上的皇权破天荒地受制于西方列强，并开始出现前所未有的危机局面。

面对西方列强的入侵可能给中国政治带来重大影响这一问题，早在一百多年前，马克思就敏锐地观察到：“随着鸦片日益成为中国人的统治者，皇帝及其周围墨守成规的大官们也就日益丧失自己的权力。”[②] 不仅如此，伴随着巨额赔款的出现，外国公使的进驻北京，不平等贸易的往来与扩大，通商口岸的开放与增加，传教士的纷纷到来等情况，西方对于中国的影响逐步扩大并不断深入。西方政治、文化终于成为中国人关注的焦点，中国在被动挨打中被纳入了以西方文化为霸主地位的世界文明体系之中。

---

① 马平安：《晚清殇史：大清王朝灭亡之谜》，北京：中国文史出版社，2012年，第3—4页。

② 马克思、恩格斯：《马克思恩格斯选集》第2卷，北京：人民出版社，1972年，第2—3页。

西方上帝中国行的第一个成果，就带动了一个叫洪秀全的落第秀才，于咸丰元年（1851 年）初在帝国的南方，发起了一次中国历史上规模最大，由社会底层知识分子组织的造反运动。清政府没有想到的是，他们赖以生存的经制军：八旗、绿营等部队，在这场战争中很快被消灭殆尽。为了整治与自救，清政府被迫下放紧握在手中的权力，开始允许地方汉人自建军队，同时授权兵为将有。从此，“内轻外重”的政治格局开始形成。而且，汉人的建国意识也因此而开始复苏。以太平天国运动和第二次鸦片战争为分水岭，清朝帝国在瑟瑟秋风中，终于步入了它的晚期。

鸦片战争之所以成为大清帝国历史上的一个转折点，是由战争双方不同文明、不同军事实力、不同武器装备之间的冲突和较量所决定的。

胡绳在《从鸦片战争到五四运动》一书中，提出了这样一个值得深思的问题。这就是：在鸦片战争中，英国军队的人数不过七千，而且还是不识地理、不谙地形、劳师远征的疲惫之师，充其量不过是一批规模较大的海盗而已，为什么清政府调集的十万军队，在数量上占据绝对的优势，却不能应付这群远道而来的七千海外之人？

通过大量的战报与奏章的分析之后，胡绳发现：从内地调来的清军虽然人数众多，但却是军饷严重缺乏的军队，他们行动迟缓，战斗力极低。等到他们赶到广东，机动灵活的英军早已杀向内地。于是，这帮饥饿之师，便就地抢掠百姓，“遇避难百姓，指为汉奸，攘夺财物”。这样的军队完全是一群严重缺饷的乌合之众，他们不去祸殃地方就已经不错了，还能指望他们去为国杀敌？由此，胡绳得出结论：鸦片战争失败，是由于清军的腐败，以及英军采取了清军不擅长的海洋战争的手段所致。① 此外，还有清军武器装备极度落后等方面的因素。

当时，清军武器装备落后，主要以弓箭、大刀与长矛等冷兵器为主，少量装备火绳枪、滑膛炮等老式武器。战船很多以“薄板旧钉”制成，“遇击即破”。这样的军队，难以担负起保卫国家的重任。

---

①胡绳：《从鸦片战争到五四运动》，上海：华东师范大学出版社，2021年，第34—36页。

同时，英军拥有坚船利炮，清朝军队若在沿海地区和他们硬拼，期望速战速决，是没有胜利希望的。但是，如果不与敌人在海上交锋，而把敌人引入内河与内地，坚持持久作战，使敌人失去所长，导致其后援不济，清军就可以扬长避短，取得最后胜利。日后，中国抗日战争的胜利，就是最好的佐证。

二、反清运动此起彼伏

鸦片战争过后，中国社会的弊端更加深重，清政府的威望几乎全部丧失，全国各地民变的形势愈发严峻。各地人民反抗清朝统治者的大小暴动连连发生，此起彼伏。在北方有捻军的反抗斗争；在南方有“天地会”的暴动；在少数民族聚居的地方，有回、苗、壮、瑶等各族人民的起义斗争；在浙江也发生许多次农民暴动和起义。最后爆发了太平天国农民运动。

在《中国近百年政治史》一书中，李剑农指出：从 1841 年到 1850 年的十年间，全国无一年没有民乱发生。他将收藏于《东华录》中的谕旨所涉及的内容摘录如下：①

> 1841 年，湖北崇阳县人钟人杰聚众三千人，设立都督大元帅府，自称钟王，攻占崇阳、通城两县，到次年始平定。1843 年，湖南武冈人曾如炷、曾以得，因阻米出境，聚众戕官，据守洪崖洞，谋起事，旋被捕。1844 年，台湾嘉义县人洪协，与武生员郭崇高聚众二千余人谋起事，旋被捕；又湖南耒阳县段、阳二姓因抗粮起衅，聚众千余人，由阳大鹏统率进攻县城，经月始平。1845 年山东捻军滋事，聚众拒捕，与官兵接仗。又广东各属土军四起，谕军机谓：有人奏称广州府一带土匪，劫掠为生，结党聚会数万余人；其著名积匪，如香山、新会、顺德等处，姓名皆历

① 李剑农：《中国近百年政治史》，武汉：武汉大学出版社，2006年，第48—49页。

历可数；上年查拿之卧龙、三合等会匪，搜捕未静，嗣后复有新安、新宁各县匪徒，在香山之港口及隆都乡，引人入会，千百为群，肆行无忌；又香山、下沙地面，近来匪类渐多，地方文武，不肯实力查拿，以致农民不安耕作……又香山县城内外，自上年冬至今年春夏之交，报劫者不下数千案……并有香山巡检鲁凤林，被盗劫去，剃须勒赎等语。

1846年，山东峄县兰山等处，盗劫频行，并有掳人勒赎之案，谕令剿捕；又因广东盗劫频行，谕令认真清查保甲。1847年，湖南新宁县与广西全州交界之黄坡岗瑶人雷再浩，与市民李辉、陈名机结党纠众，谕湘桂两省合力剿办，经年未平。1848年，谕军机谓："有人奏广西盗劫各案……北流县境有陈、李二姓，于道光二十六年为盗匪掳掠，横州所属南乡墟地界，本年五月内有商船二十余号，并遭劫抢，计赃一万余金……"命桂抚郑祖琛认真查办。1849年，广东阳山、英德等县盗徒滋事，命徐广缙等剿办。又广西盗徒在广东毗连一带地方，聚众滋事，都司邓宗珩督兵追捕，负伤毙命；该徒并有铁炮甚多，被官兵夺获十二尊。又湖南新宁县城被盗徒攻陷，戕杀知县全家，经月始收复。1850年，因湘抚冯德磬剿乱不力，谕令两湖总督裕泰督兵，会同广西员弁进剿由湘窜桂之匪。

经过鸦片战争之后，国内阶级矛盾主要是地主阶级和农民阶级这两大阶级间的矛盾更加尖锐化了。战争暴露了封建专制政府在外国侵略者面前的无能，也暴露了它外强中干的本性。鸦片战争中，国家军费开支增加，战后支付巨量赔款，这些负担最后都落到了农民身上。他们遭受更加沉重的封建剥削，许多人纷纷破产，或者失去仅有的田地。

我们现以浙江省为例。在浙江省博物馆藏有一批土地买卖契约，写有破产农民出卖土地的原因。如道光二十七年（1847年），永康十二都水碓头农民周三元在卖给王俊卿的土地契约上写道："今因年岁荒歉，口食缺需。"①

① 王兴福：《太平天国在浙江》，北京：社会科学文献出版社，2007年，第10页。

由此说明，周三元就是因为荒年口食无着落，而出卖赖以生存的土地。又如道光二十八年（1848 年），桐庐县皇袁氏在卖给族内亲人明灼的土地契约上写道："今因口食无办"，出卖"三十六会一股田六厘，得银三钱"。[①]这是因为皇袁氏没有饭吃，只得将庙会中一股土地卖掉，得些钱来买粮充饥。

当时，浙江省漕额重、漕弊深，也有不少农民为了纳钱粮而出卖土地。浙江省博物馆所藏契约文书中，在乾隆十年，永康农民徐有汉出卖土地的契约，就写有"因钱粮无办"而出卖土地。最典型的要算桐庐皇姚氏，她在道光十八年，"因夫故男幼，所欠钱粮无办，自情愿将夫遗民地一处"出卖给皇甫坤。她契约中写得原因很清楚，丈夫死了，儿子幼小，欠下大量钱粮，官府催逼紧迫，只得出卖土地，将所得之钱用来交纳钱粮。有学者估计，在太平天国运动前夕，浙江等 14 省的土地中，40% ~ 80% 集中在 10% ~ 30% 的少数人手中，占有 60% ~ 90% 比例的多数人没有土地。[②]

除农民之外，手工业者、小商贩等劳动人民也深受封建剥削之苦。当时，浙江各地关卡林立，捐税繁多。仅杭州一地，各式各样的杂税就有 14 种以上，城郊附近设征收关口 15 处，稽查关口 20 处。同时，这些关卡"征税繁苛，关胥巡役等向来视为利薮，借端需索，肆意诛求，商民视为畏途"。遂昌从事冶铁的手工业工人较多，清政府就强迫冶铁手工业工人交纳铁税、铁炉税、砂炕税。富春江产鲥鱼，清政府除收鱼税外，又规定："渔人首获鲥，必献之官"；还有所谓"官价"买鱼，"半民间给钱"等等，有时官府人员连半价也不给。

劳动人民在封建统治阶级敲骨吸髓的剥削下，过着悲惨的生活，遇到灾荒，人们往往被迫"吃草吃糠，釜中食与喂猪料溲相似，甚有数日不举火者"。有的农民甚至忍痛卖儿，如浦江县有一诗人写了一首写实的《卖儿行》："囊无余布炊无烟，不惜孤儿换斗粟……可怜母泣牵儿衣，儿将别母儿未知。"赵钧在《过来语》中也载："闻（温州）南陈有卖一女，得钱八千，除开销，

---

① 王兴福：《太平天国在浙江》，北京：社会科学文献出版社，2007年，第11页。

② 王瑛：《太平天国革命前夕的土地问题》，转引自牟安世《太平天国》，上海：上海人民出版社，1979年，第10页。

到手只有数百，可怜屠极矣。”[①] 因此，这些典型事例，都是导致全国各地爆发农民起义运动的重要原因。

三、自然灾害层出不穷

从道光二十一年（1841 年）起，黄河曾连续三年三次决口，使得河南、山东、安徽等很多地方被淹没，死亡的人数以百万计。道光二十六年至三十年间（1846—1850 年），黄河流域和长江流域各省连续遭到严重的水灾、旱灾。尤其是道光二十九年（1849 年），湖北、安徽、江苏和浙江等省水灾之重，为这些地区百年来前所未有。道光二十八年（1848 年），广东、广西两省又出现大旱天气。这些所谓天灾因素，很大程度上是在腐朽贪污的清代官僚机构把持下，水利长年失修的结果。

清朝统治者自己也承认，封建官僚机构已不能对人民做任何有利的事。两江总督耆英在道光二十三年（1843 年）上皇帝密折中说："自古远猷，攘外必先安内……今之牧令，不理民事，不问疾苦，动辄与民为难，以致民情涣散，内不自安，何暇攘外？"他又说："官与民，民与兵役，已同仇敌，良民与莠民亦成水火。"[②] 耆英把这种现象说成是"坏官员"造成的，但他承认"好"的官员实在很难找到。他所说的实际上是腐朽的封建专制统治下尖锐的阶级矛盾，这种阶级矛盾是封建统治者自己解决不了的事。道光皇帝看了他的奏折，只好批道："所论一切情形均非虚妄，朕翻阅再三，倍觉可叹可恨！"[③] 当然，他不可能解决，也提不出任何解决办法。

在这样的社会背景下，被压迫的农民大众为解决这些矛盾站起来了。在

---

① 王兴福：《太平天国在浙江》，北京：社会科学文献出版社，2007年，第13页。

② 故宫博物院编：《史料旬刊》第三十五期，北京：北京图书馆出版社，2008年，第291—293页。

③ 胡绳：《从鸦片战争到五四运动》，上海：华东师范大学出版社，2021年，第65页。

鸦片战争后的几年内，全国许多地区农民骚动以聚众抗粮、持械戕官等各种形式零星地爆发，各种不同名目的秘密结社在农民和其他劳动群众中十分活跃。特别是广东、广西和湖南一带，在道光二十七年（1847 年）以后，发生了若干次农民武装起义。虽然这些起义规模还比较小，但是充分反映出晚清时期民间反对清朝统治的现状。至于纯粹经济性的盗匪现象的出现，更是几乎无处不在。在这样的社会形势下，在国内外都有深刻影响的太平天国革命运动就此酝酿并发动起来了。

第二章

咸丰与同治时期的科举历程

在太平天国运动爆发初始，1850年正月，道光皇帝爱新觉罗·旻宁病逝，享年69岁。道光帝在位30年期间，内忧外患不断加剧，闭关锁国政策的弊端日渐凸显。接下来的两任皇帝咸丰、同治时期，中国虽然开展了洋务运动，但在资本主义列强的贪欲之下，无奈地逐渐步入半殖民地半封建社会。

而在1851年初，在广西爆发的太平天国农民起义，则更令清政府左支右绌、狼狈不堪，耗时20余年，费尽无穷国力，才最终将太平军镇压下去。再加上自然灾害导致的“科举展期”。如1855年，黄河在河南省兰考县铜瓦厢地区决口。此时，清朝各省的科举乡试不得不加以适当调整，采用展缓、补科和借浙闱补行等特殊方式得以延续。

一、会试恩科、展缓与补科

自康熙五十二年（1713年），康熙皇帝的六十大寿开始，每逢新皇帝登极，或者皇帝、皇太后和太上皇的诞辰日，朝廷便开例乡会试恩科，以示优待所有士子，普天同庆。咸丰、同治年间，因新皇登极及皇帝诞辰，共增加三次恩科乡会试，其中登极恩科二次，万寿恩科一次。[①]

（一）会试恩科

在咸丰年间，根据史料记载，有“庆榜两开，正科四举”[②]的记录。所谓“庆榜”，是指恩科乡会试，一为咸丰皇帝登极恩科，二为咸丰皇帝30周岁万

① 刘海峰主编，王日根等著：《中国科举通史·清代卷》，北京：人民出版社，2020年，第352页。

② （清）载淳《清文宗实录》序，《清文宗实录》（一），北京：中华书局，1986年，第3页。

寿恩科。

道光三十年（1850年）正月，清宣宗旻宁驾崩，清文宗奕詝即位。是年二月丙子（13日）下旨：

为政以得人为首务。我朝列圣御极建元，均于三年大比之外特开乡会恩科，广罗俊彦。今朕缵承大统，宜遵成式，嘉惠士林。着于咸丰元年（1851）举行乡试恩科，二年举行会试恩科，用副朕作育贤才至意。①

按照清代科举管理制度，每三年举行一次正科会试的正常运行轨迹，道光三十年（1850年）已经举行过一次。因而，接下来的正科会试应该是在咸丰三年（1853年）举行。但是，因为适逢新皇登极，因而仿照道光元年、二年举行恩科乡会试之例，直接在咸丰元年（1851年）八月举行恩科乡试，次年三月举行恩科会试。

是年，会试正考官为刑部尚书周祖培，副考官为兵部右侍郎杜翻、内阁学士载龄和兵部右侍郎何桂清。② 三月壬申，礼部将各省入场考试人数及拟录取的贡士名额奏请文宗钦定。按照这项旨令，全国各省共应录取贡士244人。四月辛丑，“策试天下贡士孙庆咸等二百三十九人于保和殿”③，以大学士裕诚、协办大学士杜受田等八人为殿试读卷官。乙巳，于太和殿传胪，“赐一甲章鋆、杨泗孙、潘祖荫三人进士及第，二甲彭瑞毓等一百八人进士出身，三甲何桂芳等一百二十八人同进士出身”④，所取进士人数与会试贡士人数相同。

清文宗奕詝，出生于道光十一年（1831年）六月初九日，咸丰十年（1860

① （清）奎润等纂修：《钦定科场条例》，载沈云龙编《近代中国史料丛刊三编》第471册，第129页。在《清文宗实录》中，“嘉惠”应为“嘉会”。

② 刘海峰主编，王日根等著：《中国科举通史·清代卷》，北京：人民出版社，2020年，第353页。

③《清文宗实录》卷六〇，咸丰二年四月辛丑，《清实录》第44册，北京：中华书局影印本，1987年，第789页。

④《清文宗实录》卷六〇，咸丰二年四月乙巳，《清实录》第44册，北京：中华书局影印本，1987年，第792页。

年）时正好是他的30周岁。尽管此前，历任皇帝从未有30周岁便举行万寿恩科的先例，但清文宗依然于咸丰九年正月，命令礼部着手组织咸丰十年庚申恩科会试：

> 朕自御极之初，特开恩榜，迄今已阅数年。缅惟皇考宣宗成皇帝五旬、六旬万寿，均降旨特开乡会试恩科，仰见宏敷教泽，行庆作人，有加无已。兹于咸丰十年届朕三旬万寿，允宜特开庆榜，嘉惠士林。着于本年八月举行恩科乡试，明年三月举行恩科会试，以副朕简拔人材至意。[①]

在咸丰十年三月会试期间，礼部将各省应试人数，以及拟录取贡士人数奏请文宗钦定，奉旨满洲、蒙古、汉军、直隶和奉天等，合计取中贡士190人。四月乙酉举行殿试，“策试天下贡士徐致祥等一百九十人于保和殿”[②]；壬辰，于正大光明殿传胪，“赐一甲钟骏声等三人进士及第，二甲黎培敬等八十二人进士出身，三甲崇谦等九十八人同进士出身”[③]，合计该科共录取进士183人。而据《明清历科进士题名碑录索引》记载，该科进士共有189人，其中一甲3人，二甲80人，三甲106人。[④] 两者对比略有差异。

在同治执政时期，历时共计有13年，也有“正科五举，庆榜一开”的记录。清穆宗载淳5岁登基，18岁病故。其间，除了举行五次正科乡会试之外，仅举行了一次登极恩科会试，未及举行万寿恩科会试。咸丰十一年（1861年）七月，清文宗病逝，刚刚开始接受启蒙教育的皇长子载淳被立为皇太子。同年十月，经过一番残酷的政治斗争，载淳才得以“御太和殿即皇帝位”，慈安、慈禧太后垂帘听政。于是，他在十月辛巳下旨：

---

①《清文宗实录》卷二七三，咸丰九年正月癸酉，《清实录》第44册，北京：中华书局影印本，1987年，第3页。

②《清文宗实录》卷二七八，咸丰十年四月乙酉，《清实录》第44册，北京：中华书局影印本，1987年，第654页。

③《清文宗实录》卷二七八，咸丰十年四月壬辰，《清实录》第44册，北京：中华书局影印本，1987年，第666页。

④ 朱保炯、谢沛霖：《明清进士题名碑录索引》，上海古籍出版社，1980年。

为政以得人为首务，我朝列圣御极建元，均于三年大比之外，特开乡会试恩科，广罗俊彦。今朕缵承大统，宜遵成式，嘉惠士林。着于同治元年举行乡试恩科，二年举行会试恩科，用副朕作育贤才至意。①

要求礼部按照咸丰初年的成例，举行登极恩科。同治元年三月丙戌下旨：

本年壬戌科会试场期已近，各省来京会试举人，有因道途梗阻，到京迟误，未与复试者，照例不得会试。惟念该举人等志切观光，远道跋涉而来，或因经过水陆阻滞，并非有心迟误。若照定例不准入场，未免向隅。所有各省现在到京未与复试之举人，着加恩准其先行一体会试，俟场后再补行复试。其中如有应行罚停会试者，即由礼部知照知贡举、将该卷扣除。并着礼部即日出示晓谕。于卷箱未经封送贡院以前，迅速办理，俾得同沾嘉惠。此系因各省军务未竣，道路多梗，用特格外加恩，嗣后不得援以为例。②

举行该科会试时，正考官为工部尚书倭仁，副考官为兵部尚书万青藜、署户部左侍郎郑敦谨，以及户部右侍郎熙麟。考生入场后，礼部上报各省入场考生人数，奉旨合计，可以取中贡士 196 人。各省具体取中名额如下：

礼部以会试中额请。得旨：满洲取中六名，蒙古取中一名，汉军取中三名，直隶取中二十名，奉天取中二名，山东取中十六名，山西取中十一名，河南取中十七名，陕甘取中二十四名，江苏取中十三名，安徽取中七名，浙江取中九名，江西取中十四名，湖北取中九名，湖南取中

① 《清文宗实录》卷八，咸丰十一年十月辛巳，《清实录》第44册，北京：中华书局影印本，1987年，第226—227页。

② 《清穆宗实录》卷二一，同治元年三月丙戌，《清实录》第44册，北京：中华书局影印本，1987年，第567页。

五名，福建取中三名，广东取中八名，广西取中十一名，四川取中七名，云南取中六名，贵州取中四名。[①]

在是科殿试中，大学士桂良、周祖培等八人被任命为读卷官。因四月二十五“恭遇崇上母后皇太后、圣母皇太后徽号”[②]，礼部奏请同治帝，将原本在此日举行的进士传胪的日期，修改为五月初五，并相应将本年的殿试日期推迟到五月初一。殿试当日，因查出有“怀挟”（特指应试中的挟带行为，或挟带的文字等），贡士陈倬、程光溥和卢龙光三人被“斥革治罪”[③]。五月丙戌传胪，“赐一甲徐郙、何金寿、温忠翰三人进士及第，二甲陈彝等七十二人进士出身，三甲李江等一百十八人同进士出身”[④]，合计该科共取中进士 193 人。

（二）会试展缓与补科

清代武会试与文会试一样，也是逢辰、戌、丑、未年举行，九月初五至十三日为外场，考试马步与射箭技能，十六日入内场，默写《武经》。咸丰九年（1859 年）十一月，兵部曾根据清文宗旨意，议定将武会试提前至八月初五举行。但是，这一规定并未在次年举行的庚申恩科会试中得到执行。

咸丰十年（1860 年）七月，“军机大臣面奉谕旨，本年庚申恩科武会试着仍于九月举行”[⑤]。同年八月，因英法联军侵入北京，咸丰帝仓皇逃往热河“举行秋狝”。八月庚辰，内阁奉旨“本年庚申恩科武会试着展至壬戌

①《清穆宗实录》卷二三，同治元年三月丙午，《清实录》第44册，北京：中华书局影印本，1987年，第623页。

②《清穆宗实录》卷二四，同治元年四月丁巳，《清实录》第44册，北京：中华书局影印本，1987年，第652页。

③《清穆宗实录》卷二七，同治元年五月壬午，《清实录》第44册，北京：中华书局影印本，1987年，第725页。

④《清穆宗实录》卷二七，同治元年五月丙戌，《清实录》第44册，北京：中华书局影印本，1987年，第732页。

⑤（清）奎润等纂修：《钦定武场条例》，载沈云龙编：《中国史料丛刊三编》，第396页。

科一并举行，加倍取中”[①]。也就是说，计划将该科武会试直接向后延缓二年，归入即将到来的咸丰十二年举行。但令清文宗始料未及的是，他的咸丰纪年只有 11 年，计划中的咸丰十二年变成了同治元年。

咸丰十一年（1861 年）七月，清文宗驾崩之后的第四天，赞襄政务大臣载垣、端华、肃顺等人便下令“展顺天文乡试于九月举行，恩科武会试于十月，顺天武乡试于十一月”[②]。同治二年（1863 年）十月，在清文宗驾崩 15 个月后，作为万寿恩科的庚申科武会试终于得以举行。“补行咸丰十年恩科武会试，派署兵部左侍郎王发桂知武举，以刑部尚书赵光为正考官，翰林院侍讲学士杨秉璋为副考官”[③]。十一月己丑，马宏图、刘英杰、德绶 3 人被赐为一甲武进士及第，周克恭等 3 人被赐为二甲武进士出身，周杏林等 19 人被赐为三甲同武进士出身。[④]

同治年伊始（1862 年），随着太平天国起义逐渐被平定，加之北京地区本来就远离战争中心，社会环境相对稳定，故而会试展缓情况未再发生。不过，同治七年（1868 年）曾因捻军起义军队逼近京城，几乎引发会试延期。是年，给事中福宽上奏同治帝：

> 本年会试届期，捻逆挠至直隶，道路梗阻。现在新科到京举人，尚属无几。各省士子进京，必出河间、保定两道，传闻警信，时有戒心。倘于试期无几，势必折回。本年闰在四月时尚宽。恳饬部查照科场改期例，速展缓一月，并请于议行后明降谕旨，飞饬各省督抚予沿途晓谕，俾士子咸知会试缓期，仍得踊跃赴试。[⑤]

---

①《清文宗实录》卷三二八，咸丰十年八月庚辰，《清实录》第44册，北京：中华书局影印本，1987年，第891页。

②《清史稿》卷二二《穆宗本纪》，第770页。

③《清穆宗实录》卷七，咸丰十一年十月戊辰，《清实录》第44册，北京：中华书局影印本，1987年，第183页。

④《清穆宗实录》卷九，咸丰十一年十一月乙丑，《清实录》第44册，北京：中华书局影印本，1987年，第241页。

⑤（清）奎润等纂修：《钦定科场条例》，李兵、袁建辉点校，长沙：岳麓书社，2020年，第11—12页。

“给事中”一职，秦汉为加官，晋以后为正官。明代给事中分吏、户、礼、兵、刑、工六科，辅助皇帝处理政务，并监察六部，纠弹官吏。清初沿明制，亦设给事中一职，但无员额限制。雍正七年，给事中升为正五品。

在奏文中，福宽强调指出：因为张宗禹率领的西捻军扰乱直隶，导致道路梗阻，新科举人抵京参加会试的人并不多。因为各省士子进京必经河间与保定两条路，而现在路途险阻，可能会使应试举人迟滞甚至折回住所不参加本年会试，而且结合本年闰四月，时间尚为宽松，因此他建议皇帝下旨给礼部，要求他们将会试展缓一月举行。

这一奏折由同治帝转发给礼部。后经众人研究认为不宜采纳，理由有三个方面。第一，如果清廷贸然决定展缓会试，已经到达京城等待会试的考生则会因为“资斧维艰”，难以久候；第二，即便是展缓一月再行会试，也会因为各种原因，无法使考生全部知晓会试延期的消息；第三，会试涉及人数太多，即便是誊录、对读等人员已有近千人之多，无法等待一月之久。因此，礼部主张可以视具体情况，临时决定是否需要展缓试期。如届时到京举人数量并不少于往届，则不必展缓试期。到了三月初，礼部收到呈奏到部，报名的举人人数已经达到 3600 多人，较此前几科的考试人数相差不大，因而奏准本年会试仍旧按期举行。

1868 年，主持会试的正考官为协办大学士、吏部尚书朱凤标，副考官为吏部尚书文祥、兵部尚书董恂和都察院左副都御史继格，共取贡士 270 人。殿试读卷官为大学士倭仁、吏部尚书单懋谦等 8 人。其中，录取一甲进士为洪钧、黄自元、王文在 3 人，二甲进士为许有麟等 127 人，三甲进士为郑贤坊等 140 人。①

在咸丰、同治年间，清廷除了根据时势变化而适时调整会试的试期之外，还曾就其他相关考试事项实施调整。如咸丰十年（1860 年）三月辛卯，针对礼部所奏，新中举人到京逾期请求准其补行复试的情况，清文宗下旨，“所有江西举人欧阳衔等及广西举人梁嵘椿到京已逾复试之期，实因道路梗阻，事出

① 刘海峰主编，王日根等著：《中国科举通史·清代卷》，北京：人民出版社，2020 年，第357页。

有因，着准其补行复试，以示体恤”，并特别强调，“嗣后不得援以为例”。①

二、乡试加科、展缓与借浙闱补行

在咸丰、同治时期，乡试恩科与会试相一致，即咸丰元年（1851年）八月、同治元年（1862年）八月均为清文宗、清穆宗的新皇登极恩科，咸丰九年八月为清文宗三十寿诞的万寿恩科，前文均有交代。值得关注的是，咸同时期因太平军起义及各地反清斗争的影响，南方各省乃至北方省份多有乡试展缓之事，但事后都曾设法补救，不令士子有向隅之叹。根据最早奏请乡试延期的时间次序，咸同时期各省乡试展缓的情形如下。

（一）广西省

广西省是太平天国起义最早爆发的地区，也是清朝各地最早奏请展缓乡试的省份。太平军挥师北上以后，大批清军尾随而去。天地会首领朱洪英、胡有禄等人，利用这一有利时机，也率众发动了大起义，并建立“升平天国”。之后，太平军转战湘、桂、黔三省，直至1864年才告平息。此外，在广西境内，还有1855年建立于浔州府的大成国，1861年在太平府建立的“延陵国”等各种天地会农民政权，反清斗争历经十余年。在此期间，广西省多科乡试因战乱原因被迫延期，并与其他年份的科次合并举行。

咸丰元年（1851年）六月，广西巡抚邹鸣鹤奏报，广西军务未竣，各属士子大多在组织团练保卫乡里，而文武官员也都无法抽身参与乡试事务，请求将广西乡试展期举行。经由礼部议准后，广西辛亥恩科文乡试展期至本年十月举行，武乡试则展缓至次年四月举行。礼部传令已经启程，赶往广西的两位乡试正、副考官，编修刘崑和给事中汪元方“无论行抵何处，着即驰

①《清文宗实录》卷三一一，咸丰十年三月辛卯，《清实录》第44册，北京：中华书局影印本，1987年，第566—567页。

驿回京”。[①]

咸丰元年八月，广西巡抚邹鸣鹤、广西学政孙锵鸣再次上奏，因军务未靖，本年十月依然无法举行乡试。礼部再次议准，将本年辛亥恩科乡试“展至来年与壬子正科一并举行，倍额取中”[②]。然而，到了咸丰二年三月，清朝再次降旨规定，如果咸丰二年八月依然无法举行乡试，那么可以在咸丰三年，为广西省“特开一科，仍倍额取中，并予广额”[③]。这就意味着，因为军情紧急，清廷愿意特准广西突破科举制度规定，可以在并非法定的年份举行乡试。

到了咸丰三年四月，广西巡抚劳崇光再次上奏，请求再顺延一年。咸丰四年四月甲戌，咸丰皇帝谕令内阁，广西巡抚劳崇光、学政吴福年共同奏请，将咸丰元年（1851年）辛亥恩科、咸丰二年壬子正科文武乡试再展缓一年，原因是“各属土匪尚未净尽，士子等办理团练保卫乡间，势难赴省应试”。由此说明，咸丰皇帝准奏，将这两科乡试分别归并到咸丰五年乙卯科、咸丰八年戊午科举行，其中的录取名额，“乙卯科照本科定额及辛亥科定额、广额取中，戊午科照本科及壬子科定额取中”[④]。然而，到了咸丰五年（1855年）四月丁巳，朝廷再次下旨，因广西巡抚劳崇光奏请，准许广西省“于来春体察情形，如果地方安靖，即行奏请，于咸丰六年特开一科，将乙卯、辛亥两科归并举行，并按照定额、广额取中，以昭慎重”。[⑤]

另据《清秘述闻续》卷六记载，咸丰六年（1856年）广西补行辛亥、乙卯两科乡试，考官为侍讲学士毕道远、编修丁绍周，解元为苍梧人李燧。[⑥]

---

①《清文宗实录》卷三六，咸丰元年六月庚寅，《清实录》第44册，北京：中华书局影印本，1987年，第492页。

②（清）奎润等纂修：《钦定科场条例》，载沈云龙编《近代中国史料丛刊三编》第471册，第60页。

③《清文宗实录》卷五七，《清实录》第44册，北京：中华书局影印本，1987年，咸丰二年三月己卯，第759页。

④《清文宗实录》卷一二六，咸丰四年四月甲戌，《清实录》第44册，北京：中华书局影印本，1987年，第224页。

⑤《清文宗实录》卷一六六，咸丰五年四月丁巳，《清实录》第44册，北京：中华书局影印本，1987年，第826页。

⑥（清）王家相、魏茂林、钱维福：《清秘述闻续》，北京：中华书局，2010年，第695页。

侍讲学士，为中国古代中央政府官职之一，明朝为从五品，清为从四品。该官职主要配置于内阁或翰林院，辖下有典簿、待诏等职位，主要任务为文史修撰、编修与检讨。1912 年，清朝灭亡后，该官职废除。

据咸丰七年（1857 年）礼部议准，两科举人可归科的原则，咸丰六年所录取的 100 名广西举人，名义上虽然分别属于辛亥、乙卯两科，但为了便于吏部铨选与礼部复试，他们最终全部被算作咸丰五年乙卯科的举人。而此后，所有因延期而归并到后科录取的举人，他们也都只能算作最晚科份考中的举人。如江南、江西两省于咸丰九年己未恩科带补，咸丰五年乙卯科乡试，福建省于咸丰九年己未恩科带补，咸丰八年戊午科乡试，经咸丰十年奏准，均“照成案归入己未恩科，以昭画一”①。

咸丰八年，广西省本应举行本年戊午科，以及补行咸丰二年壬子科乡试。但这年五月壬午，巡抚劳崇光上奏，因“军务未竣，请将本年戊午科乡试展限办理”②。朝廷下旨，广西省可以再次打破科举制度规定，在非乡试年份的“来年春间，察看情形，再行援照成案奏请特开一科”③。

然而，咸丰九年是清文宗三十万寿恩科乡试之期，广西省本应举行己未恩科乡试。五月丙子，巡抚劳崇光再次上奏，“请将应行文武乡试展缓到来年秋天举办”，清廷也没什么更好的办法，只能批复“从之”。④广西省乡试再度展缓一年。

转眼到了咸丰十年，广西省再次面临要补行三次乡试的局面，而咸丰十一年又是正常的乡试年份。为此，新任广西巡抚刘长佑奏请，“本年应补行九年己未恩科乡试，展至来年秋间举行，仍将壬子科归并办理。其来年辛

---

①（清）奎润等纂修：《钦定科场条例》卷一《乡会试期》，载沈云龙编《近代中国史料丛刊三编》第471册，第142页。

②《清文宗实录》卷二五三，咸丰八年五月壬午，《清实录》第44册，北京：中华书局影印本，1987年，第927页。

③（清）奎润等纂修：《钦定科场条例》卷一《乡会试期》，载沈云龙编《近代中国史料丛刊三编》第471册，第73页。

④《清文宗实录》卷二八二，咸丰九年五月丙子，《清实录》第44册，北京：中华书局影印本，1987年，第140页。

酉正科及戊午一科，展至十二年奏请特开一科举办”①。咸丰十一年四月丁丑，朝廷下旨：“着照所请，广西省己未恩科并壬子正科文武乡试，准其于本年归并补行。所有本年辛酉科及戊午科乡试，着于明年特开一科，归并举行”②，批准广西巡抚刘长佑奏请补行文武乡试的公文。

此道谕旨为咸丰十年四月发出，而七月咸丰皇帝去世，同治皇帝继位，下旨以明年，即同治元年举行登极恩科乡试。故而在四月份谕旨中，确定的广西于次年补行咸丰八年戊午科、咸丰十一年辛酉科的计划也不得不予以变通。于是，咸丰十一年（1861 年）八月，广西省合并举办了两科乡试，即咸丰九年己未恩科及咸丰二年壬子正科乡试，乡试正、副考官分别为编修洪调纬和礼部员外郎龚家俊；与咸丰六年一样，虽然录取的举人数是平常的两倍，但解元则只有一人，为灌阳县人唐景崧。③

同治四年（1865 年），唐景崧赴京参加会试、殿试，考中二甲第八名，赐进士出身。接着，他再次参加朝考，授翰林院庶吉士。后来，唐景崧的两个弟弟也相继中进士、点翰林，遂有“同胞三翰林”的佳话。1895 年，在 34 年之后，唐景崧被推举为“台湾民主国”的总统。④

同治元年（1862 年）壬戌九月，恩科乡试开科，并带补了咸丰八年戊午科，乡试正、副考官分别为修撰章鋆和检讨赵新，解元为镇平人钟觉藜。⑤之所以没有在法定时间的八月举行，依然是因为“现在剿办极紧，各属士子齐团

①（清）奎润等纂修：《钦定科场条例》卷一《乡会试期》，载沈云龙编《近代中国史料丛刊三编》第471册，第78页。奏文中“十二年”，指“咸丰十二年”。当时谁都想不到，年仅30岁的咸丰皇帝仅在位十一年便突然驾崩。

②《清文宗实录》卷三四九，咸丰十一年四月丁丑，《清实录》第44册，北京：中华书局影印本，1987年，第1161页。

③（清）王家相、魏茂林、钱维福：《清秘述闻续》，第705页。按，《清秘述闻续》未注明补行壬子、己未乡试。

④唐景崧（1842—1903），字维卿（又作薇卿），号南注生，广西灌阳县人。清末爱国官员、将领。唐景崧于同治四年（1865年）中进士，选为庶吉士，后授吏部主事。光绪十三年（1887年）正式赴任台湾，光绪十七年（1891年）迁台湾布政使，光绪二十年（1894年）署理台湾巡抚。光绪二十一年（1895年），中日缔结《马关条约》，台湾被割让给日本，唐景崧被台湾军民推举为抗日政权“台湾民主国”的总统。

⑤（清）王家相、魏茂林、钱维福：《清秘述闻续》，第710页。

唐景崧早年像

广西灌阳县唐景崧故居，唐氏三翰林群像

捍卫，遽难轻去其乡”，因而只能选择“酌量变通，将场期展限两月。本年八月有闰，展至九月举行，尚未过迟”①。同治三年（1864 年），广西各地起义军多被镇压，地方渐趋稳定。巡抚张凯嵩奏请，除按期举行本年甲子科乡试外，并将咸丰十一年辛酉科乡试“归并补行办理”②。五月，编修黄锡彤、吏部郎中王祺海分别被任命为广西乡试正、副主考官。八月，广西省举行了同治甲子科并带补辛酉科乡试，富川县人毛色馨被录取为解元。③

综上所述，广西省乡试从咸丰元年（1851 年）展停，至咸丰十一年（1861 年），共展停六科。从同治六年（1867 年）丁卯科开始，广西省乡试开科期限复归正常，而展缓与补科的情况未再次出现。

（二）湖南省

洪秀全、杨秀清在广西境内转战 17 个月，在攻打省城桂林未果后，再也难以在广西徘徊了，他们选择了进攻湖南的战略。咸丰二年（1852 年）五月，

① （清）奎润等纂修：《钦定科场条例》卷一《乡会试期》，载沈云龙编《近代中国史料丛刊三编》第471册，第86页。

② （清）奎润等纂修：《钦定科场条例》卷一《乡会试期》，载沈云龙编《近代中国史料丛刊三编》第471册，第148页。

③ （清）王家相、魏茂林、钱维福：《清秘述闻续》，第715页。

太平军用地雷轰陷城墙攻占全州后，水陆并进，直逼湖南道州。

全州贴近湖南道州，是广西入湘之路。听说太平军游弋于境内，湖广各界都为之震动，两湖天地会亦响应太平军发动起义。道州知州曹燮培临时对外招募民团，勒令居民登城防卫，并邀请路过的都司武昌显部四百人马协助守城。[①]

太平军原先是要绕过全州进入湖南境内的。可是就在全州战斗中，太平军主要领导人之一冯云山不幸受伤。后来在附近的蓑衣渡，他因伤势过重而身亡。冯云山之死，是太平天国的巨大损失。

1852年五月癸酉，咸丰帝在批复湖南巡抚骆秉章的奏折中，准其将湖南省壬子科文武乡试改于次年举行。十月，太平军围攻长沙不下，乃挥师东进，进逼湖北与江西省，次年正月中旬攻占武昌，下旬攻占九江。兵锋所指，长江下游安徽、江苏两省，人心尽皆惶惶。

咸丰三年（1853年）四月，湖南巡抚潘铎奏请，将壬子科乡试"仍缓至下科一并举行"[②]。所谓下科，即咸丰五年乙卯科，清廷批准所请。然而，咸丰五年五月，骆秉章再次上书，禀称：湖南"现办防剿，体察情形，仍难举办"，请求展缓乡试。清廷准其所请，命令将咸丰二年壬子科、咸丰五年乙卯科分别与咸丰八年戊午科、咸丰十一年辛酉科"次第归并，分别额数，加倍取中，以昭慎重而广登进"。[③]不过，咸丰七年闰五月乙巳，根据湖南巡抚奏报，湖南全境已经肃清太平军，可以补行此前展缓的乡试。

为此清廷下旨，要求礼部先期具题正副考官。[④]六月己未，翰林院编修杨泗孙、山西道御史钱桂森，分别被派充湖南乡试正、副考官。[⑤]此次，湘

---

①盛巽昌：《实说太平天国》（增订本），上海：上海书店出版社，2023年，第136页。

②《清文宗实录》卷九一，咸丰三年四月庚寅，《清实录》第44册，北京：中华书局影印本，1987年，第236页。

③《清文宗实录》卷一六四，咸丰五年四月辛丑，《清实录》第44册，北京：中华书局影印本，1987年，第806页。

④《清文宗实录》卷二二八，咸丰七年闰五月乙巳，《清实录》第44册，北京：中华书局影印本，1987年，第553页。

⑤《清文宗实录》卷二二九，咸丰七年六月乙未，《清实录》第44册，北京：中华书局影印本，1987年，第574页。

乡人龙汝翼考中解元。[①] 咸丰七年虽然不是法定乡试年份，但这次开科却使得咸丰八年戊午科乡试可以正常开科，不必补行此前展缓的相关科次，应该说是一件好事。

咸丰九年，湖南军务再次吃紧。五月，巡抚骆秉章上奏，“防剿未竣，请暂缓本年文武乡试”[②]，得到清廷批准。咸丰十一年七月，清廷本已派出王澎、胡家玉为湖南本年乡试正、副考官，因新任湖南巡抚毛鸿宾上奏“邻氛逼近，驿路梗阻”，他请旨展缓举行本年辛酉科及补行己未恩科乡试。清廷无奈准其所请，并下旨命令两位主考官“无论行抵何处，着即驰驿回京”。[③]

同治元年，为清穆宗登极恩科乡试之期，本年四月，湖南巡抚毛鸿宾奏请，“将辛酉科乡试归并本科举行，并带补已未恩科文武乡试”，清廷回复“从之”。[④] 五月，内阁学士绵宜、礼部员外郎王堃分别被任命为湖南乡试正、副主考官。

据《清秘述闻续》记载，同治元年壬戌恩科仅带补咸丰九年己未恩科乡试，解元被长沙县人周绶荣夺得；而咸丰十一年辛酉科则归入同治三年甲子科乡试一同办理，正、副主考官分别为礼部侍郎庞钟璐、编修祁世长，解元则是长沙县人曹应祥。[⑤] 另据查湖南地方志所知，《清秘述闻续》的记载内容是正确的。据同治十二年成书的《衡阳县志》记载，[⑥] 同治时期考中举人者一共有四人。其中，胡镇非、祝松云为“元年壬戌恩科并补行己未恩科”举人，王朝弼、彭寅为“三年甲子并补行辛酉科”举人。

综上所述，湖南乡试自咸丰二年（1852 年）展停，至咸丰十一年（1861 年），共展停四科。自同治六年（1867 年）丁卯科开始，湖南省乡试开科期限复归正常。

---

① （清）王家相、魏茂林、钱维福：《清秘述闻续》，第695页。

② 《清文宗实录》卷二八二，咸丰九年五月甲戌，《清实录》第44册，北京：中华书局影印本，1987年，第138—139页。

③ 《清文宗实录》卷三五六，咸丰十一年七月甲午，《清实录》第44册，北京：中华书局影印本，1987年，第1250页。

④ 《清穆宗实录》卷二五，同治元年四月丁卯，《清实录》第44册，北京：中华书局影印本，1987年，第676页。

⑤ （清）王家相、魏茂林、钱维福：《清秘述闻续》，第708—709、712—713页。

⑥ （清）彭玉麟、殷家俊：《衡阳县志》（同治）卷七，《人物第十五》，第461页。

（三）湖北省

湖北省是太平军起义进展较为顺利的省份。1853 年 1 月 12 日清晨，太平军于武昌文昌门下，采用挖掘地道的方式，用城下所埋火药爆炸成功。林凤祥率军首先冲进缺口，李开芳、罗大纲等人相继登上城楼。武昌是太平天国占领的第一座省城，也是从广西山沟里出来后，所夺得的第一座大城市。

自金田团营吹起造反号角，太平天国军人先后围攻过广西省城桂林和湖南省城长沙。他们苦战多日，将士死伤数千，仍都没有攻下；相比之下，攻打武昌却容易得多了，从围攻动员令发布，到登上武昌城楼只用了十六天时间。[1] 这表明太平军的战斗力正在迅速强大起来。

太平军攻占武昌之所以顺利，还有一个重要因素，就是得到了本地民众的拥护。当太平军兵临城下时，城里冷街僻巷就时常发现，有欢迎他们进城的布告张贴；当太平军进城时，人山人海的民众焚香摆设供桌、夹道相迎，家家户户门上张贴“顺”字。太平军是在欢呼声中进驻武昌的。而常大淳等清朝官员为了抵御太平军进城，采用拆毁、焚烧民房的举措则不得人心。

武昌是中华大城，号称“九省通衢”“神州中央”，长江、汉江在此交汇，十里长街，百货充盈，千门巨室，万家灯火。这对长年在农村转战、生活的太平军将士和他们的领袖们来说，真像是到了一个洞天福地的花花世界。他们个个眼花缭乱，不知所措。

1854 年 6 月，太平军西征湖北，第二次攻克武昌。与此同时，曾国藩在湖南组建湘军，以湖南为基地，向东进击，并于 1854 年 10 月迫使太平军撤出武昌，重新控制湖北全境。曾国藩本以为可以“直捣金陵”，彻底镇压太平军起义，没想到却在鄱阳湖大战中被石达开迎头痛击。在此情形下，太平军由秦日纲、陈玉成率领，向湖北发动大规模战略反攻，1855 年 4 月第三次占领武昌。直至次年年初，湘军再次发动反击围攻武昌。1861 年太平军英王陈玉成联合捻军，率部攻占湖北省德安、黄州等县城。由此可以看出，

---

①盛巽昌：《实说太平天国》（增订本），上海：上海书店出版社，2023年，第156页。

湖北全境都属两军长期对垒僵持之地。

在此战争背景下，湖北省乡试自然无法顺利举行。咸丰五年（1855年）六月丙申，湖北学政冯誉骥上疏，提出因“军务未竣，防堵紧要，依限举行，恐赶办不及”，请求展缓本年乙卯科乡试。清廷下旨，“准其展至戊午科归并举行，按照两科定额取中”。[①]

咸丰六年（1856年）十一月，清军从太平军手中夺回武昌城。然而，此时贡院已毁于战火，荡然无存，因经费无着，一直未予重建。咸丰八年又值乡试正科，且需补行乙卯乡试，湖广总督官文命令，各府县绅士劝谕士商捐输，于四月开工重修贡院。但是，因湖北生监之应乡试者向有八九千人，而贡院旧号舍数仅存7000间，不敷使用，遂于贡院附近购买民地，拓出号舍3000余间，共兴建号舍1万余间。[②]五月庚子，鉴于工程浩大，湖北巡抚胡林翼上奏：“湖北连年军务，乙卯正科乡试未能举行，现值武汉肃清，规模粗定，所有本年戊午科及上届乙卯科文武乡试应即归并举行，以拔真才而扬士气……八月场期紧迫，未能一律告竣，拟请展至九月举行。即以九月初八日为正场，以次扃试。至文闱事竣，已届初冬，武闱应请展至九年三月举行。”[③]5月26日，奉朱批“著照所请，礼部知道”。七月，翰林院侍讲许彭寿、编修俞奎垣被分别派充湖北乡试正、副考官。[④]八月，贡院竣工。九月，在湖北武昌举行了戊午科并带补乙卯科乡试，9300余名士子如愿入闱应试。[⑤]黄安县人徐宗一被录取为该科解元。[⑥]

咸丰八年（1858年）戊午科乡试、咸丰九年已未恩科乡试都未停科，

①《清文宗实录》卷一六九，咸丰五年六月丙申，《清实录》第44册，北京：中华书局影印本，1987年，第868页。

②王立新：《咸同年间文闱停科问题考订》，载《近代史研究》2016年第5期，第144页。

③胡林翼：《奏为查明试院现未修竣湖北本年乡试请展限办理事》（咸丰八年五月十八日），中国第一历史档案馆藏，录副奏折，03/4528/053。按：其中“九年”，应该为“次年”。

④《清文宗实录》卷二五八，咸丰八年七月乙酉，《清实录》第44册，北京：中华书局影印本，1987年，第1011页。

⑤官文：《奏为湖北省城贡院捐造完竣请奖捐监工尤为出力各绅士事》（咸丰八年十一月二十六日），中国第一历史档案馆藏，录副奏折，03/4424/017。

⑥（清）王家相、魏茂林、钱维福：《清秘述闻续》，第696页。

在湖北省顺利举行。①

咸丰十一年二月，太平军英王陈玉成联合捻军，率部攻占湖北德安、黄州等府县，湖广总督官文奏请将本年湖北省辛酉科乡试，“展至明年秋间举行”②。同治元年六月，翰林院侍读学士颜宗仪、编修谭钟麟被派遣担任湖北乡试正、副主考官。③八月，湖北举行了壬戌恩科带补辛酉科乡试，东湖县人王赓飏被录取为解元。而该科的湖北武闱乡试，则展限到同治二年三月才告举行。因为鄂皖边境均战事吃紧，湖北巡抚严树森被派往巡察防剿，乡试监考临时改由湖广总督官文代理。④

同治年间，湖北乡试未曾见停科记录。仅在同治三年（1864年）六月，湖广总督官文上疏，称“湖北防堵吃紧”，请求将本年乡试展至九月举行，清廷准奏后执行。⑤是年，主考官为侍读梁肇煌、编修王珊，解元为麻城县余雅祥。

综上所述，在咸同年间，湖北省乡试先后展停过两科，即咸丰五年乙卯正科、咸丰十一年辛酉正科。前者补行于咸丰八年，后者补行于同治元年。自同治六年（1867年）丁卯科以后，湖北省乡试开科期限复归正常。

（四）江苏与安徽省

1853年2月9日，太平军离开武昌，过五关斩六将，先后占领江西九江、安徽省城安庆，只用了一个月时间。真可谓兵贵神速，势如破竹。沿途虽关口重重，可是几乎没有硬仗，清军闻风而溃，长江下游各要塞形同虚设。相

---

①（清）昆冈、徐桐等纂：《钦定大清会典事例》第330卷“礼部·贡举·乡会试期”，载《清会典事例》第4册，中华书局，1991年，第912—919页。

②（清）奎润等纂修：《钦定科场条例》卷一《乡会试期》，载沈云龙编《近代中国史料丛刊三编》第471册，第79页。

③《清穆宗实录》卷三〇，同治元年六月丙辰，《清实录》第44册，北京：中华书局影印本，1987年，第813页。

④《清穆宗实录》卷六〇，同治二年三月乙酉，《清实录》第44册，北京：中华书局影印本，1987年，第162页。

⑤《清穆宗实录》卷一〇五，同治三年六月戊寅，《清实录》第44册，北京：中华书局影印本，1987年，第319页。

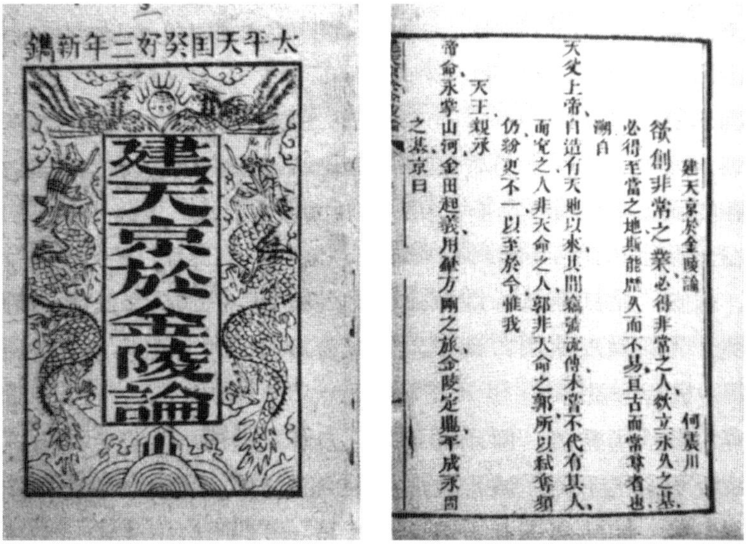

收藏于纽约公共图书馆的《建天京于金陵论》

传前锋打着双旌绣旗，上绣“龙飞九五，重开混沌之天；虎贲三千，直抵幽燕之地”，不日便兵临南京城下。

南京曾是明初朱元璋的都城，此前也曾是七朝古都（如东吴、东晋、南朝宋、齐、梁、陈、五代十国南唐等），虎踞龙盘，江阔山险，城高墙厚。内城由江宁将军祥厚等人率八旗兵防守，外城由绿营兵防守。因为前线形势吃紧，临时又招募壮丁，增设保卫局和筹防局。这些人虽多达万人，却从未受过训练打过仗。

太平军对南京发动多次进攻，一度冲过吊桥，直抵城楼下；还在雨花台报恩塔上架炮轰城，炮弹如注，守军畏缩不动。至晚，太平军又抬出西天寺泥塑五百罗汉，排列成作战队形，前后左右中，插上战旗，雄赳赳的样子，再点燃蜡烛，烟雾腾腾，远远望去，在若明若暗的闪光里，宛如一群人马。守军以为敌人攻城，集中炮火猛轰，直到天明方才看清，可弹药都耗费完了。

1853 年 3 月 20 日，太平军终于占领南京全城。

9 天后，洪秀全下令建都南京，并改为天京。建都天京，是太平天国自金田起义后胜利的顶峰。自此直至 1864 年天京陷落，南京一直是太平天国起义军的中心所在，但也是太平天国开始走下坡路的起点。清朝在江南贡院举行的科举考试也被太平天国科举考试所取代，清朝江南乡试不得不一再改期，甚至借闱浙江补行乡试。①

咸丰五年（1855年）五月壬午，两江总督怡良奏请清廷，展缓江南省乙卯科文武乡试，因“军务未竣，现在试期已近，体察情形，不能依限举行”。清廷下旨，“准其展至戊午科归并举行，按照两科定额取中，以昭慎重”②。当年的乙卯科乡试最终不得不停科。咸丰八年四月，两江总督何桂清奏请，“江宁省城未复，本科文武乡试请展缓举行”③，清廷下旨“奉旨准行”。不久，由于清军江南、江北大营再次形成对天京的合围之势，何桂清再次奏请清廷，认为“现在官兵已将金陵合围，指日克复”，等到八月时节，应该可以按期举行本年的戊午科乡试并带补咸丰五年的乙卯科乡试，不过因为“贡院残甚，非两三月所能修葺完竣”，所以依然请求将这两科乡试暂行展缓，等攻克南京后，再奏请开科，“按照定额归并取中”④。言外之意，自然是对当年开科没有信心。

有研究学者发表论文指出：在太平军占据江宁之前，江南贡院的号舍最大规模为17200余间；太平军占据江宁期间，江南贡院其他建筑几乎被毁殆尽，但因其号舍用作考场和监狱，幸存约15000间。⑤但是，作者经过查询史料、仔细研究后，认为此结论有误。可以确认，太平天国时期江南贡院幸存号舍为16000多间。⑥

---

①彭靖：《江南贡院与太平天国时期的变迁》，载《科举文化》2024年第1期。

②《清文宗实录》卷一六八，咸丰五年五月壬午，《清实录》第44册，北京：中华书局影印本，1987年，第857页。

③《清文宗实录》卷二五一，咸丰八年四月丁巳，《清实录》第44册，北京：中华书局影印本，1987年，第883页。按：此处“江宁省”应该为“江苏省”。清朝康熙六年（1667年），康熙做出决定，将原来的江南省拆为两个省，即将“江宁”和“苏州”二府首字的合成，改“江南右布政使司”为“江苏布政使司”，建立“江苏省”；取“安庆”和“徽州”二府首字的合成，改“江南左布政使司”为“安徽布政使司”，建立“安徽省”。

④（清）奎润等纂修：《钦定科场条例》卷一《乡会试期》，载沈云龙编《近代中国史料丛刊三编》第471册，第70页。

⑤顾建娣：《咸同年间的江南贡院》，《近代史研究》2022年第3期，第154页。

⑥详见彭靖：《江南贡院与太平天国时期的变迁》，《科举文化》2024年第1期。

作为贡院主体的号舍大多得以幸存，与太平天国亦实行科举制度有关。1853年3月太平天国定都天京后，8月即开科取士：“八月十二日，杨逆传令，凡各馆书手，均于贡院考试，不从者加以鞭扑。是日即以伪书命题，不拘各体，于是皆写百余字以塞责。次日又令再试，仍以伪书命题，限五百字，六韵诗五首。伪官亦有应试者，约三百人。数日发榜，有一、二、三甲名目，状元、榜眼、探花俱金陵人。十月又试三日，规模与前相类。”①有关洪秀全在太平天国时期举行科举考试的详细内容，详见本书的专门章节论述。

同治三年（1864年）六月十六日，湘军攻克江宁（南京）。清廷询问曾国藩：“贡院是否损坏，应如何修葺？”七月十七日，曾国藩专程视察贡院。八月十三日复奏，称贡院“至公堂、衡鉴堂、明远楼未经毁坏，号舍一万六千余间，亦多完好，惟号板全数毁失；监临、主考、房官、提调、监试各屋，誊录、对读、弥封、供给各所，片瓦无存，均须盖造”。②因此，根据曾国藩所述，按照江南贡院当时的情况，“非两三月所能修葺完竣”是有道理的。

1853年3月，太平天国占领南京后仅十天，尾追的钦差大臣向荣率领清军1.7万人赶到了，在城东南孝陵关、淳化镇一带连扎十八座大营，这就是长年围困天京的“江南大营”；几天后，又一钦差大臣琦善，也就是鸦片战争时期的那个两广总督，率北路清军赶到扬州附近扎营，威胁扬州和天京，这就是所谓的“江北大营”。向荣奉命尾追，但所率领的军队极不争气，没有一路是他的嫡系，都是来自各省的兵员。主要兵员有四川、湖北、湖南、云南和广西等处的地方军，他们各有统领，各有体系，真可谓是七拼八凑。在行军作战中，各路军入芜湖时，南京已经失陷。为此，他首次挨了年轻气盛的咸丰皇帝一顿臭骂。③

清廷对“江南大营”还是寄以消灭太平军的希望。向荣也曾不遗余力，

---

①佚名：《粤逆纪略》，太平天国历史博物馆编：《太平天国史料汇编》第14册，南京：凤凰出版社，2018年，第6268页。

②《复奏谕旨垂询诸事折》（同治三年八月十三日），载《曾国藩全集》第7册，长沙：岳麓书社，2011年，第397页。

③盛巽昌：《实说太平天国》（增订本），上海：上海书店出版社，2023年，第275页。

指挥各路人马猛扑天京。但是，他所部实在是不争气，往往是雷声大，雨点小。在包围天京前期，能称得上主动进攻的只有两仗：一次是夺紫金山之战，一次是雨花台之战；其中雨花台之战，乃是时为都司的张国樑乘着重雾弥漫，杀进雨花台，因为兵力少，打了一阵子就退回了。

江南大营任务重大，不仅负责围攻、夺取天京的大任，还须分攻镇江，呼应江北大营，并从镇江东和东坝等地预防太平军进攻苏常。太平军如从上游赣东、皖南等地东进，威胁苏南、浙西，江南大营又须抽调军队驰往防堵。可是向荣所辖的兵力有限，咸丰帝并没有授权向荣兼任地方督抚大权，对当地行政无管辖权，因此军队人员不能就地招募，也不能调令地方部队包括民团武装。

在军饷发放方面，主要由朝廷指定与划拨。因为即使指定向地方督抚索取，也得看他们脸色，如果地方困难，军饷就会中断。在清军与太平军作战期间，清廷专门组建了江北和江北两个粮台，以管理军队行军期间的军粮分配，支撑着江南和江北两个阵营。他们的主要任务是满足前线军队的补给需求。下图为收藏在美国国会图书馆中，关于《江北粮台支发官兵领项数目》的截图。

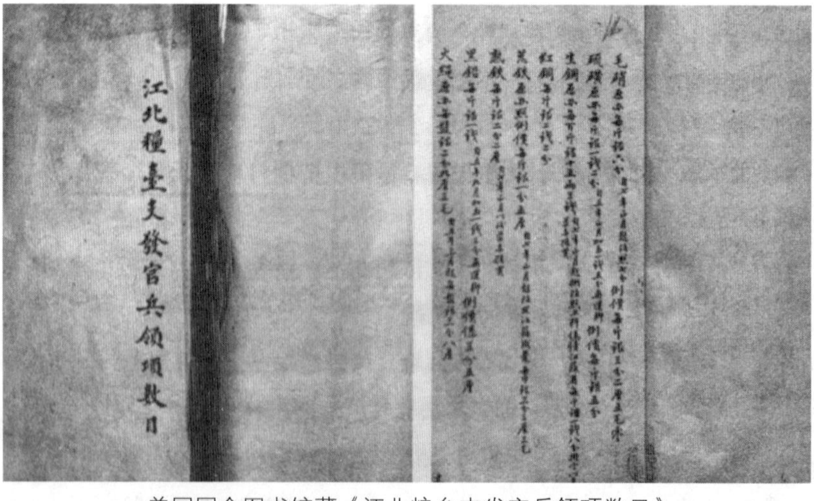
江北糧臺支發官兵領項數目

美国国会图书馆藏《江北粮台支发官兵领项数目》

1858年9月27日，在李秀成、陈玉成两位青年将领的率领下，太平军二破江北大营，江南大营亦大为松动。

二破江北大营之后，李秀成率部东进，于10月4日占仪征，9日占扬州。清军不战而逃，德兴阿北逃邵伯镇。15日，江南大营帮办军务张国梁率兵6000余人由镇江渡江北援。在李秀成率部东进的同时，陈玉成率部由浦口北攻六合，由于道员温绍原据城死守，直至24日，江南大营才被太平军攻克。在这种历时数年的战争条件下，清廷按期举行本年江南乡试的计划也便无法实现。

咸丰九年（1859年），清廷在万不得已的情况下，经江苏、安徽两省督抚往返商议，江苏、安徽两省乡试采取了借助浙闱考试的办法。借闱考试，首先由两江总督何桂清会同江苏学政向朝廷请旨提出。四月，浙江巡抚胡兴仁会奏，声称“浙闱号舍不敷，且虑皖省应试人多，奸宄未易稽查；并商之浙省绅士，所见略同，佥称窒碍”。为此，咸丰皇帝建议：“将江苏、安徽两省士子，分作两次考试，十月内江苏士子入场，安徽于十一月另为一次。”①

何桂清、徐有壬、胡兴仁等人面对皇帝诏谕，他们自然不敢怠慢，只得按照皇上旨意，于五月上奏，请求于本年十月借闱浙江，举行江苏省咸丰九年己未恩科并补行乙卯正科乡试。同时，他们也提出，安徽“距浙较远，贼氛未靖，且岁科两试久停，士子等未能一律应试，拟分别办理，以昭慎重”②。然而，安徽官绅却不以为然。安徽学政张芾奏称，“浙江贡院号舍甚多，即江苏、安徽两省同场合考，无虑号舍不敷”，请求将江苏、安徽两省合并借闱考试。不过，紧接着安徽巡抚翁同书又上奏，认为安徽北部战事吃紧，本年如果借浙闱乡试，则大约只有南部的徽州府、宁国府和广德直隶州的士子能够入场应试，其他各府考生依然无法“普沾庆典”，因此请求“展至来年秋特开一榜”。

①《清文宗实录》卷二八〇，咸丰九年四月辛丑，《清实录》第44册，北京：中华书局影印本，1987年，第104页。

②《清文宗实录》卷二八四，咸丰九年五月庚寅，《清实录》第44册，北京：中华书局影印本，1987年，第152页。

最终，朝廷下旨定夺，由于安徽只有徽州、宁国和广德三地士子入试，故本年借闱浙江举行的安徽己未恩科乡试，以及咸丰五年乙卯科乡试，录取人数只能占应取举人数的 40%，加上定额、广额等，合计可录取人数为 38 名。其余录取名额归入下届补行取中。[①]

这年七月，朝廷下旨，本次江苏省借闱浙江，其相关考试官员均由江苏选调充任。其中，江苏省学政孙葆元代替江苏省巡抚入闱监临，江苏省按察使蔡映斗等派充外帘提调。其余内外帘官员亦一并由江苏省调派，而巡查、弹压、搜检等考务人员则由浙江巡抚就近派充。因系两科合并录取，考生人数较多，同考考官的人数亦增加为十房。[②]

朝廷派出的是科正、副主考官分别为礼部侍郎杨式穀、国子监祭酒阜保。[③] 十月乡试期间，安徽学政邵亨豫上奏，本年参加借闱乡试的安徽考生并不仅限于徽州、宁国二府及广德一州，请求增加该省录取名额。礼部奏定，按原定名额的六成即 54 名录取，加上捐输加广名额 4 名，共为 58 名；其余四成即 36 名，归入下届录取。[④] 两省共录取举人 202 名，副榜 37 名。解元获得者为安徽徽州府婺源县人余鉴。[⑤]

咸丰十一年到同治元年（1861—1862 年），太平天国进入了一个相对稳定发展的时期。因此，清廷在南京的科举乡试依然无法恢复。咸丰十一年礼部议准，“江、安各属军务未竣，应将江南辛酉科并补行戊午科乡试展缓举行”；同治元年，两江总督曾国藩奏请展缓本年壬戌恩科乡试。[⑥]

同治三年（1864 年）五月，两江总督曾国藩以“江南军务尚未肃清”，

---

① （清）奎润等纂修：《钦定科场条例》卷一《乡会试期》，载沈云龙编：《近代中国史料丛刊三编》第471册，第138—140页。

② 《清文宗实录》卷二八八，咸丰九年七月壬午，《清实录》第44册，北京：中华书局影印本，1987年，第229—230页。

③ （清）王家相、魏茂林、钱维福：《清秘述闻续》，第699页。

④ 《清文宗实录》卷二九六，咸丰九年十月癸卯，《清实录》第44册，北京：中华书局影印本，1987年，第332页。

⑤ （清）李铭皖、冯桂芬：《光绪苏州府志》卷六五《选举七》，第1661页。

⑥ （清）奎润等纂修：《钦定科场条例》卷一《乡会试期》，载沈云龙编《近代中国史料丛刊三编》第471册，第81、88页。

曾国藩像

请求“展缓本科及应补戊午、辛酉、壬戌各科乡试”①。不过，同治三年六月，天京陷落后，清廷认为江南地区“亟宜振兴文教”，便谕令两江总督曾国藩亲至南京贡院勘察。七月十七日，曾国藩经过勘察后，最终确定“至公堂等处号舍均尚完好，惟号板毁失；监临、主考、房考官等屋片瓦无存”，②只需抓紧兴修，便可于十一月份举行乡试，不必等到次年特开一科。于是，曾国藩派遣专人“采办木料，赶紧兴修”。是年八月，曾国藩上奏，请求朝廷于九月选派考官，准许江南省于十一月举行本年甲子科乡试，同时带补咸丰八年戊午科，获准执行。③同时礼部议准，将咸丰九年借闱浙江时，安徽所留的“四

①《清穆宗实录》卷一〇二，同治三年五月甲辰，《清实录》第44册，北京：中华书局影印本，1987年，第246页。

②《复奏谕旨垂询诸事折》（同治三年八月十三日），载《曾国藩全集》第7册，长沙：岳麓书社，2011年，第397页。

③《清穆宗实录》卷一一三，同治三年八月乙丑，《清实录》第44册，北京：中华书局影印本，1987年，第503页。

成中额三十六名”分成两半，分别归入本年及下科同治六年丁卯科乡试录取。[①]九月，太仆寺卿刘琨、编修平步青被任命为正、副主考官。[②]十一月闱后发榜，合计录取举人273名，副榜48名，解元为江璧，系江苏扬州府甘泉县人。[③]

综上所述，因太平天国占领江宁，咸丰五年（1855年）乙卯科江南乡试展缓，但允许有能力者到北场应试，附廪生一起考试。[④]太平天国时期，咸丰五年（1855年）乙卯科、咸丰八年（1858年）戊午科、咸丰十一年（1861年）辛酉科、同治元年（1862年）壬戌恩科、同治三年（1864年）甲子科江南贡院的乡试均未能如期举行，只有咸丰九年（1859年）己未恩科借助浙江贡院举行。

接下来，同治六年（1867年）丁卯科带补了咸丰十一年辛酉科乡试，正、副主考官分别为通政司副使刘有铭、编修王荣琯，合计录取举人285名，解元为颜驯，系扬州府人；同治九年，庚午科带补同治元年壬戌恩科乡试，正、副主考官分别为内阁学士铭安、赞善林天龄，合计录取举人305名，副榜44名。解元为许时中，系荆溪县人。

综上所述，江苏省乡试自咸丰五年（1855年）展停，至同治元年（1862年），中间借浙闱补行一科，实则江苏省展停过五科。自同治十二年（1873年）癸酉科开始，江苏省乡试开科期限复归正常。[⑤]为何江苏省乡试在十一年后才复归正常，有待进一步考证。

（五）江西省

为了进一步打击清朝势力，巩固天京安全，并补充军用给养，1853年6月，太平军发动了西征战役。西征军先后分两批离开天京。

---

①（清）奎润等纂修：《钦定科场条例》卷一《乡会试期》，载沈云龙编《近代中国史料丛刊三编》第471册，第150—152页。

②（清）王家相、魏茂林、钱维福：《清秘述闻续》，第711页。

③（清）李铭皖、冯桂芬：《光绪苏州府志》卷六十五《选举七》，第1662页。

④（清）柯悟迟：《漏网喁鱼集》，北京：中华书局，1997年，第24页。

⑤刘海峰主编，王日根等著：《中国科举通史·清代卷》，北京：人民出版社，2020年，第368页。

第一批西征军，由春官正丞相胡以晃、夏官副丞相赖汉英和检点曾天养、林启容、陈宗胜等人率领，乘船千艘，溯江而上，先后占领安徽和州、芜湖、安庆等地。清军城守薄弱，且多座城未见有严密防务，守军一哄而散；长江江面上，太平军水师更具绝对优势，所谓往来如飞，飘忽莫测，几乎看不到清军一舟一筏。

6月，第二批西征军由胡以晃、陈宗胜等率一万余人守安庆。赖汉英、曾天养等则率一万余人继续乘船，向江西省会南昌挺进，先后攻占江西彭泽、湖口，横渡鄱阳湖。所到之处，当地民众箪食壶浆，携钱背米前来犒师，使西征军给养辎重，不须后方供应、运输，亦不须野掠，就地采办，足可保证前进。西征军纪律严明，受到沿途民众拥护；南康府民众还将知府恭安、知县罗云锦捆绑了，押送到太平军前。①

江西省是太平军西征的主战场之一。从1853年6月24日开始，西征军围困江西省城南昌达93天，且久攻不下。8月4日，韦志俊、石祥祯等率二万余人来到南昌城下，与赖汉英合力攻城，他们仍采用地道、地雷和云梯攻城法，但是却没有得逞。两路西征大军屯扎南昌城下，而偏师曾天养在南昌周边地区攻城略地，堵截敌援，希望大展宏图。南昌久攻不下，太平军西征主力被牵制，而清方各路援军仍不断开拔前来，围军被夹在其中，再要取城更是倍加困难。于是，杨秀清下令撤围。

1853年9月下旬，当西征军由南昌回撤后，至九江即转向湖北，这时原在安庆周边活动的太平军首领胡以晃指挥东路人马北上，向庐州（合肥）进攻。庐州是清王朝在安庆失陷后所设的安徽临时省会。经过34天围城之战，1854年1月14日，太平军终于夺取了庐州城。

武昌扼守江汉枢纽和南北要冲，自古即为兵家必争之地。新任湖北巡抚胡林翼、湖北提督杨载福和道员罗泽南等湘军主力，都分路赶来争夺。

1855年2月11日，太平军取得湖口—九江大捷，湘军统帅曾国藩羞愤之极，几欲自杀。2月16日，秦日纲、陈玉成等乘杨霈军欢庆除夕之时，

① 盛巽昌：《实说太平天国》（增订本），上海：上海书店出版社，2023年，第210页。

位于广西贵港市中山公园的石达开雕像

袭击广济大营，把湖北地方军打得落花流水，溃走蕲州。秦日纲等循杨霈逃跑路线尾追，连占蕲州、黄梅和汉阳；他们与另外一支由田家镇、兴国、通山而来的韦志俊部在武昌城郊会师。4月，秦日纲、韦志俊联军又攻占武昌。三克武昌，标志着太平军西征战场的凯歌高奏，湖北巡抚陶恩培自杀。

在1855年12月至1856年4月期间，石达开自湖北进入江西境后，在新昌，经上高人严守和介绍，接纳了来自广东北上的红巾军（天地会）首领周春、陈寿、葛耀明等所率的十余万众，其队伍声势浩大。[①]在前后不到半年时间里，便攻占了江西13府1直隶州所辖81州县中的8府50个县。直至咸丰九年（1859年）六月湘军大举反扑，江西战场都是太平军与湘军鏖战的主战场之一。[②]

石达开大军入江西初时，兵力仅1万余人，为何他能以暴风吹黄叶之势，

① 盛巽昌：《实说太平天国》（增订本），上海：上海书店出版社，2023年，第244页。

② 冯凤珠：《评太平军、湘军在江西战场上的对峙》，《江西大学学报（哲学社会科学版）》1987年第2期。

席卷全省，占领府县50余处？其中有一个重要原因，就是他建立了严格的军事纪律。石达开懂得管理谋略，他在太平天国征战中，并非死守太平天国固有的政策，在新占领区，他于设置乡官、建立基层政权、编查户口等基础上，实行按亩输钱粮、减轻税额等政策，同时又特别制定了关于军民关系的十条章程，要求全军奉行。这是非常值得太平军其他将领学习的事。

在此战争期间，江西乡试也不得不为之展缓、补行。咸丰五年（1855年）四月癸丑，江西巡抚陈启迈、学政廉兆纶上疏，以江西省“现办防剿，体察情形，实难依限举行”，请求展缓本年乙卯科乡试。咸丰皇帝下旨称，可“着照所请，准其展至戊午科归并举行，仍按照两科定额取中”[①]。然而，到咸丰八年五月乙未，江西巡抚觉罗耆龄上奏，“军务纷繁，省城防守紧要，本年文武乡试未能举行”[②]。他奏请将咸丰五年乙卯科、本年戊午科乡试，两科向后顺延两三年，“察看情形，临时奏请归并举行，按照两科定额取中”[③]。

咸丰九年，觉罗耆龄再次上奏，请求将咸丰五年乙卯科、咸丰八年戊午科，都合并到本年的己未恩科举行，按照三科定额，一并取中。但是，清廷认为，“一科而取三科之额，为数太多，不足以昭慎重”[④]，因此只允许每次合并二科录取。觉罗耆龄不得不再次上奏，他表示“贡院修造总须九月底方能告竣，恳于十月间，举行本科己未恩科并补行乙卯正科乡试”，[⑤]这次获得清廷批准。

至咸丰九年十月十八日，江西举行了己未恩科并补行乙卯正科文乡试，大理寺卿晏端书、检讨赵新被派充正、副主考官。金溪人许廷桂考中解元，

---

①《清文宗实录》卷一六六，咸丰五年四月癸丑，《清实录》第44册，北京：中华书局影印本，1987年，第823页。

②《清文宗实录》卷二五五，咸丰八年五月乙未，《清实录》第44册，北京：中华书局影印本，1987年，第954页。

③（清）奎润等纂修：《钦定科场条例》卷一《乡会试期》，载沈云龙编《近代中国史料丛刊三编》第471册，第73页。

④（清）奎润等纂修：《钦定科场条例》卷一《乡会试期》，载沈云龙编《近代中国史料丛刊三编》第471册，第135页。

⑤（清）奎润等纂修：《钦定科场条例》卷一《乡会试期》，载沈云龙编《近代中国史料丛刊三编》第471册，第77页。

次年连捷成进士。[①] 然而，当年的武科乡试依然无法举行，是年十二月丙申，江西巡抚恽光宸“奏请已未恩科并补行乙卯正科武闱乡试展缓举行”[②]，获得清廷批准。

咸丰十一年（1861 年）三月，李秀成率领太平军攻克广信府城，进而围攻建昌、抚州两府，江西省城为之震动。为此在六月份，本来计划于本年举行的辛酉科并带补咸丰八年戊午科乡试未能按期举行。同治元年八月，江西举行了壬戌恩科带补戊午科乡试，赞善罗家福、编修薛春藜被派充正、副主考官。义宁州人卢炳炎考中解元。在闱中期间，副主考官薛春藜病逝。[③]

咸丰十一年十二月，沈葆桢被超擢为江西巡抚后，与曾国藩协同作战，使得太平军在江西的军事进展日趋艰难。同治三年四月，沈葆桢上奏清廷，以“防剿吃紧”，请求将本年乡试展缓举行。同年八月，沈葆桢再次上奏，称“江省军务稍松，拟将本年甲子科并补行辛酉科乡试于十月间举行”[④]，均获清廷议准后执行。数日后，内阁学士许彭寿、翰林院编修林蔚两人被派充江西乡试正、副主考官。十月乡试过后，赣县人许崇鼎夺得解元。

综上所述，江西省乡试自咸丰五年展停，至咸丰十一年，中间借浙闱补行一科，实则江西省展停过四科。自同治六年（1867 年）丁卯科后，江西省乡试开科期限复归正常。

（六）河南省

1853 年 5 月，太平军由林凤祥、李开芳等率领，挥师北伐，直指北京。在进至安徽省宿州时，因清军重兵固守，乃转而向西北进攻河南。与此同时，因河南省南漕改为海运，导致大批失业的漕运工人也举行起义，加入捻军，

---

①（清）王家相、魏茂林、钱维福：《清秘述闻续》，第700页。

②《清文宗实录》（五），《清实录》第44册，北京：中华书局影印本，1987年，第407页。值得补充的内容：据《光绪抚州府志》卷四四《选举·武科附》（第744页）记载，该府武科举人中，依然有咸丰九年己未恩科，并补行乙卯正科乡试所取的邓联升等8名举人。

③（清）王家相、魏茂林、钱维福：《清秘述闻续》，第708页。

④《清穆宗实录》卷一一一，同治三年八月辛未，《清实录》第44册，北京：中华书局影印本，1987年，第456页。

捻军与清军作战图

与太平军一道向清朝发动猛烈进攻。

“捻”是淮北方言，意思是“一股一伙”。捻军起源于“捻子”，最初安徽、河南一带有游民捏纸，将油脂点燃，烧油捻纸用来作法，于节日时聚众表演，为人驱除疾病、灾难以牟利。早期捻子是向乡民募捐香油钱，购买油捻纸。后来，也有通过恐吓的方式，向乡民勒索钱财，实则与盗贼无异。而且，越是到了灾荒歉收之年，入捻的人数越多。所谓“居者为民，出者为捻”，清朝官方称之为捻匪。

1852 年，皖北大旱，入捻的农民增多。安徽亳州人张洛行、龚得树等人结捻聚众万人，攻占河南省永城县。当年 11 月，众捻人在安徽亳州雉河集（今安徽涡阳）歃血为盟，推张洛行为盟主，形成捻军起义抗清，号称“十八铺聚义”。

1853 年 1 月至 3 月，太平军连克武汉三镇、南京，并进入安徽和河南，在经过安徽、河南时，皖北捻军纷起响应，饥民到处揭竿而起。每年春秋二季，捻军集合外出夺取粮食。及至太平天国北伐军经过时，捻军已开始从分散斗争趋向联合作战。

6月，太平军攻下安徽亳州后，浩浩荡荡长驱入豫。9月初，太平军便已绕道山西，进击河北，但其对河南全省局势依然形成了重大影响，而捻军在河南的活动更令河南地方督抚焦头烂额。再加上黄河在河南省决口，综合因素造成河南乡试也不得不多次延期。

咸丰五年（1855年）六月二十日，黄河在河南省兰考县铜瓦厢地区决口，并告别经淮河入海的河道，时隔七百年后再次流经山东利津县入海。七月甲子，河南巡抚英桂上疏，称“河南南路尚未撤防，河工漫口，又须筹办赈抚，本年乡试势难兼顾”，请求展期举行本年乡试。清廷准其所奏：“着其缓至本年十月，再行察看情形，奏明办理”①。到了是年九月丁卯，英桂再次上奏，指出河南“东南各路，尚未撤防；河工被淹各处，筹办赈抚。体察情形，仍难举行乡试”。因此，他请求展期举行本年乡试。咸丰皇帝下旨：“着展至咸丰八年戊午科归并举行，按照两科定额取中，以昭慎重。”②

咸丰八年七月辛巳，右春坊右赞善邵亨豫、翰林院编修洪昌燕两人分别被任命为河南乡试正、副考官。③八月，河南举行了戊午科并带补乙卯科乡试，该科录取的解元，为尉氏县人石连城。④

咸丰九年己未恩科乡试，河南省按期举行。

咸丰十一年为辛酉科乡试之期。是年六月，翰林院侍讲学士杨秉璋、江南道御史徐启文被任命为河南乡试正、副主考官。不过，七月，因河南巡抚严树森奏称“防剿紧要，请将本年乡试展于十月举行”⑤，清廷乃下令，两

---

①《清文宗实录》卷一七一，咸丰五年七月甲子，《清实录》第44册，北京：中华书局影印本，1987年，第900页。

②《清文宗实录》卷一七六，咸丰五年九月丁卯，《清实录》第44册，北京：中华书局影印本，1987年，第970页。

③《清文宗实录》卷二五八，咸丰八年七月辛巳，《清实录》第44册，北京：中华书局影印本，1987年，第1007页。按，主考官邵亨豫的官职，《清秘述闻续》中载为“编修”。

④（清）王家相、魏茂林、钱维福：《清秘述闻续》，第697页。

⑤《清穆宗实录》卷一，咸丰十一年七月壬子，《清实录》第44册，北京：中华书局影印本，1987年，第84页。

1986 年，河南省人民政府为陈玉成建立的纪念碑

位主考官即刻回京。一个多月以后，严树森再次上奏，请求将本年乡试“展至壬戌年举行”。①

同治元年（1862 年）四月，庐州失守，太平天国起义军在安徽、河南遭受重创。陈玉成突围后受苗沛霖蒙骗，北上寿州（今安徽寿县）与苗沛霖会合，反被苗沛霖擒获交给清军。苗沛霖是介于清廷和太平天国之间的一个另类人物。他是滋生在清廷和太平天国生死搏斗的中间，朝秦暮楚、朝楚暮秦，得以左右逢源而成长的一个家伙。

六月四日，陈玉成囚车行至河南省延津县，河南巡抚郑元善上奏后，北京使者传旨：“将该逆就地凌迟处死，仍传首楚皖各营。”② 陈玉成遂被害于延津县西教场。英王陈玉成之死是太平天国的巨大损失，标志着太平军天京上游屏藩尽失。洪仁玕颇有感叹地说：“如英王不死，天京之围必大不同。因为若彼能在江北活动，令我等常得交通之利便，可获得仙女庙及其附近之源源接济也。英王一去，军势军威同时坠落，全部瓦解，因此清军便容易战胜。”③ 解放后，河南省人民政府在陈玉成被杀害处，建造了坟墓与纪念碑，

①《清穆宗实录》卷三，咸丰十一年八月甲申，《清实录》第44册，北京：中华书局影印本，1987年，第121页。

②《清穆宗实录》卷二十九，同治元年五月乙巳，《清实录》第44册，北京：中华书局影印本，1987年，第784页。

③盛巽昌：《实说太平天国》（增订本），上海：上海书店出版社，2023年，第435页。

以资纪念。

同治元年六月，郑元善奏请“将咸丰辛酉科文武乡试归并本科举行”。七月，编修吕朝瑞、洪调被任命为河南乡试正、副主考官。八月考试后，光山县人黄绢被录取为解元。

综上所述，河南省科举在咸丰五年、咸丰十一年，共展停二科。其中，咸丰五年乙卯正科，延续到咸丰八年举行；咸丰十一年辛酉正科，延续到同治六年举行。自同治三年（1864 年）甲子科开始，河南省乡试开科期限复归正常。

（七）浙江省

在 1858 年、1860 年和 1861 年，太平军曾三次向浙江省大规模用兵，尤其是在 1861 年秋冬季，太平军攻占了除衢州府城和温州府城之外的浙江省全境，并在攻克金华后，建立“浙江天省”，[①] 直至 1864 年。

1861 年 5 月，太平军忠王李秀成联合其弟侍王李世贤分路进军浙江省，倾全力“下取浙江”。事先，李秀成曾与李世贤商定，希望避实击虚，共同向清军布防薄弱的浙江进军，并且在 1 月份发布了一份“劝浙江太平子民各知效顺谆谕”。他的人马有十余万众。其中，人数颇多又有战斗力的一支军队，就是脱离石达开前来回归的广东红巾花旗起义军，是分别由周春、陈荣、谭星、陈寿、林彩新，以及谭体元等率领的部队。他们由江西省玉山进入浙江省，先期占领西部的常山县。[②]

李世贤率领的太平军势如破竹，很快就占领浙江中部江山、开化、龙游、汤溪和寿昌等县城，直指金华城下。金华位居浙江腹地，上通衢州、处州（丽水），下接绍兴、诸暨，西与严州接壤，东临仙居，为扼守浙江全省之要塞，有着极其重要的战略地位。

5 月 28 日，李世贤部所属鼎厌福、刘政宏偏师二千人马，攻占了金华。在攻占金华后，他们随即分兵攻取周边兰溪、武义、龙游、浦江、东阳、遂

① 刘晨：《太平天国社会史》，北京：中国社会科学出版社，2019年，第126页。
② 盛巽昌：《实说太平天国》（增订本），上海：上海书店出版社，2023年，第393页。

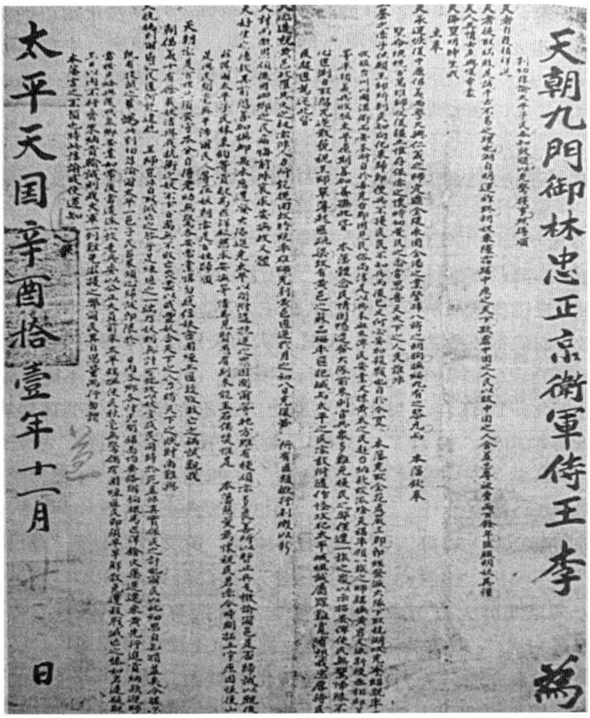
天朝九門御林忠正京衛軍侍王李為

太平天国辛酉拾壹年十一月 日

侍王李世贤发布“劝浙江太平子民各知效顺谆谕”

昌、永康等地。李世贤把浙东划定为自己领地，在金华建造了侍王府。

直到 1864 年，在左宗棠的统一指挥下，清军才逐渐收复了太平军占领的浙江各府州县。在此期间，清朝在浙江省的多科乡试均遭遇延期。

咸丰八年（1858 年）五月己亥，浙江巡抚晏端书上奏，因太平军攻占衢州府等处地方，不能依限期举行本年戊午科乡试，请求展至咸丰九年，特开一科，予以补行。[①] 但是，到了八月乙丑，新任浙江巡抚胡兴仁上疏，称浙江“全境肃清，多士志切观光”，请求即于本年择期举行乡试，不必等到次年特开一科。清廷下旨同意，“着准其于十月举行”[②]。五天后，八月庚午，

① 《清文宗实录》卷二五五，咸丰八年五月乙亥，《清实录》第44册，北京：中华书局影印本，1987年，第956页。

② 《清文宗实录》卷二六二，咸丰八年八月乙丑，《清实录》第44册，北京：中华书局影印本，1987年，第1059页。

户部右侍郎宝鋆、翰林院检讨马佩瑶被分别派充浙江乡试正、副考官。[①]不过，仅过了一个多月，九月甲戌胡兴仁再次上奏，请求将“浙省武闱乡试展至明年二月举行”[②]。是年十月，浙江举行了戊午科文乡试，嘉兴县人徐锦考中解元。戊午科武乡试则被推迟，在次年二月方告举行。

咸丰九年己未恩科乡试，浙江不仅按照试期在八月举行了本省乡试，而且在十月将贡院借与江苏省举行考试。

咸丰十一年四月，浙江巡抚王有龄奏请将本年辛酉科乡试“展至来岁举行”[③]，奉旨准行。然而，次年同治元年壬戌恩科，浙江省亦未能按期举行。同治三年五月，闽浙总督左宗棠上疏，称“浙省军务未平”，请求将本年乡试展缓举行，奉旨准行。[④]然而，本年六月之后，由于左宗棠的通盘调度，清军已将浙江省内除湖州府城之外的所有郡县“次第克复”[⑤]。

同治四年（1865年）初，因浙江军情渐趋稳定，浙江布政使蒋益澧捐廉倡议，各属官绅踊跃捐助，浙江贡院“工程已完者十之七八，至五六月中可以告成”。清廷为此于五月下旨，要求浙江巡抚马新贻调查浙江省是否有条件举行乡试。马新贻立即上奏，称浙江“边防安堵”，可以在本年八月补行咸丰十一年辛酉科及同治元年壬戌恩科乡试。[⑥]六月，国子监祭酒瑞联、翰林院编修董兆奎被派任浙江乡试正、副主考官。八月乡试，鄞县人张祥椿被录取为解元。[⑦]

---

①《清文宗实录》卷二六二，咸丰八年八月庚午，《清实录》第44册，北京：中华书局影印本，1987年，第1070页。

②《清文宗实录》卷二六三，咸丰八年九月甲戌，《清实录》第44册，北京：中华书局影印本，1987年，第1077页。

③《清文宗实录》卷三五〇，咸丰十一年四月癸未，《清实录》第44册，北京：中华书局影印本，1987年，第1174页。

④《清文宗实录》卷一〇四，同治三年五月壬戌，《清实录》第44册，北京：中华书局影印本，1987年，第288页。

⑤《清文宗实录》卷一〇七，同治三年六月戊戌，《清实录》第44册，北京：中华书局影印本，1987年，第362页。

⑥《清文宗实录》卷一三九，同治四年五月庚戌，《清实录》第44册，北京：中华书局影印本，1987年，第292页。

⑦（清）王家相、魏茂林、钱维福：《清秘述闻续》，第716页。

同治六年（1867 年），浙江巡抚马新贻上奏，称“浙省全境肃清，多士观光志切”[①]，可以按期举行本年丁卯科乡试，同时请求将同治三年甲子正科归并办理。在清廷批准后奉旨准行。六月甲午，光禄寺少卿张沄卿、翰林院编修张之洞被派任为正、副主考官。八月乡试过后，富阳县人朱彭年考中解元。

综上所述，自咸丰十一年至同治三年，浙江省乡试共展停过三科。其中，咸丰十一年辛酉正科、同治元年壬戌恩科，补行到同治四年举行；同治三年甲子正科补行到同治六年举行。自同治九年（1870 年）庚午科开始，浙江省乡试时间复归正常。

（八）云南省

1856 年，在太平天国起义的影响下，祖国西南边陲的云南，也爆发了声势浩大的各族人民反清大起义，它与太平天国遥相呼应，猛烈冲击着清王朝在云南的封建专制主义统治。其中，尤其以杜文秀领导的大理回民政权和李文学领导的蜜滴政权为重要力量。[②]

作为这次反清大起义中规模最大、影响最深远的两支队伍——杜文秀起义军和李文学起义军，在反清这个斗争大方向上同太平天国是一致的，客观上它们之间已经形成互相配合、互相声援的盟友关系。而处于全国人民反清革命运动中心的太平天国，给予杜文秀起义和李文学起义的影响，是通过参加这两支云南人民反清起义军的原太平军战士来体现的。他们与清朝地方军队展开殊死搏杀，均坚持到同治末年（1874 年）才告失败，同时也都与太平天国起义有着不同程度的关联。在此期间，清朝在云南的科举考试也多次遭遇延期。

首先展缓的是咸丰八年戊午科乡试。是年四月庚戌，云贵总督吴振棫上

① （清）奎润等纂修：《钦定科场条例》卷一《乡会试期》，载沈云龙编《近代中国史料丛刊三编》第471册，第153页。

② 蒋中礼：《太平天国革命与云南反清起义》，《云南社会科学》1992年第5期。

奏清廷，“云南军务未靖，请停本年乡试，并入下科举行”①，清廷同意后奉旨准行。咸丰九年为清文宗三十万寿恩科，是年四月壬子，云南巡抚徐之铭上奏，称云南“军务未竣，各属士子多有办理团练防守事宜，未能赴试，本年乡试难以如期举行”②，请求展缓举行恩科乡试，清廷准其所奏，命其于咸丰十一年辛酉科之后再为举行。然而，到了咸丰十一年，徐之铭再次上奏，称本年依然无法举行乡试，请求将所展缓的三科乡试即咸丰八年戊午科、九年己未恩科、十一年辛酉科全部归入下甲子科乡试带补举行。礼部讨论后认为，“一科而取四科之额，为数太多，殊不足以昭慎重”，肯定不行；但如果按期逐科带补，则需时过长。最好的办法，就是不拘年份，只需“军务稍靖，道路疏通”，即可援照成案，奏请特开一科，先补行戊午、己未两科，再将辛酉科归入甲子科带补，从而使“人材无虞滥取”③。

然而，令清朝君臣始料未及的是，(1861年8月22日)清文宗突然驾崩，辛酉科之后的乡试不是甲子科，而变成了清穆宗的登极恩科，即同治壬戌恩科。同治元年四月，云南巡抚徐之铭上奏，“云南抚局初定，各属尚未一律肃清”，加以“贡院尚须修理，试期已近，不及赶办”，请求“将本年恩科乡试暂行展缓，等到同治二年初春再行奏请补行”，④经清廷获准后执行。不过，同治二年，云南并未能补行此前任何一科乡试。至同治三年，按例又需举行甲子科乡试。是年四月，云南巡抚贾洪诏又以“军务未平”为由，奏请展缓本年乡试，清廷准其所奏。⑤同治六年丁卯科乡试，云南省同样未能举行。

---

①《清文宗实录》卷二五〇，咸丰八年四月庚戌，《清实录》第44册，北京：中华书局影印本，1987年，第869页。

②《清文宗实录》卷二八〇，咸丰九年四月壬子，《清实录》第44册，北京：中华书局影印本，1987年，第115页。

③(清)奎润等纂修：《钦定科场条例》卷一《乡会试期》，载沈云龙编《近代中国史料丛刊三编》第471册，第144—145页。

④(清)奎润等纂修：《钦定科场条例》卷一《乡会试期》，载沈云龙编《近代中国史料丛刊三编》第471册，第86—87页。

⑤《清穆宗实录》卷九九，同治三年四月戊寅，《清实录》第44册，北京：中华书局影印本，1987年，第189页。

同治九年（1870 年），云贵总督刘岳昭上奏，称云南军务渐次肃清，此前因战乱展缓的六科乡试终于可以设法补行。他请求本年三科并举，在举行本年庚午科乡试时，“援照贵州等省成案，带补戊午、己未两科，归并取中”。礼部讨论后认为，贵州虽曾在同治六年、八年接连三科并举，但属于特事特办，当时已经特别说明“嗣后不得援以为例”；虽然，云南停科的情形与贵州大致相同，但能否也三科并举，全凭“圣裁”。为此，清穆宗下旨，准其三科并举，于本年庚午科带补咸丰八年戊午科、九年己未恩科乡试。[①]是年八月，翰林院编修汪叙畴、王先谦被派任云南乡试正、副主考官。太和县人杨德高被取为解元。

同治十二年癸酉科云南省乡试，奉旨带补咸丰十一年辛酉科。右春坊右庶子昆冈、编修王文在担任正、副主考官。解元为邓川县人汤炳堃；光绪元年（1875 年）乙亥恩科云南省乡试，奉旨带补同治元年壬戌恩科。翰林院编修张楷、王荣琯担任正、副主考官，解元为建水州人王家轼；光绪二年丙子科云南省乡试，奉旨带补同治三年甲子科，翰林院编修龙湛霖、胡乔年担任正、副主考官，解元为永福县人李鹍年；[②]光绪五年己卯科云南省乡试，奉旨带补同治六年丁卯科[③]，翰林院编修李郁华、黄卓元担任正、副主考官，解元为元江县人刘永祚。

综上所述，从咸丰八年至同治六年（1858—1867 年），云南省乡试共展停过六科。自光绪八年（1882 年）壬午科乡试开始，云南省乡试复归正常开科期限。

（九）广东省

1853 年 5 月，在太平军席卷中国东南半壁江山之际，邻近广西的广东省也爆发了大规模的天地会起义。咸丰三年六月间，广东东莞、归善、博罗等县发生重大水灾，虽经政府赈济发给房屋修理费用，但当地农民、会众起

① （清）奎润等纂修：《钦定科场条例》卷一《乡会试期》，载沈云龙编《近代中国史料丛刊三编》第471册，第156—158页。

② 王家相、魏茂林、钱维福：《清秘述闻续》，第733、740、746—747页。

③ （清）朱占科、周宗洛：《光绪顺宁府志》，第653页。按，《清秘述闻续》光绪五年己卯科云南省条下未注明带补同治六年丁卯科。

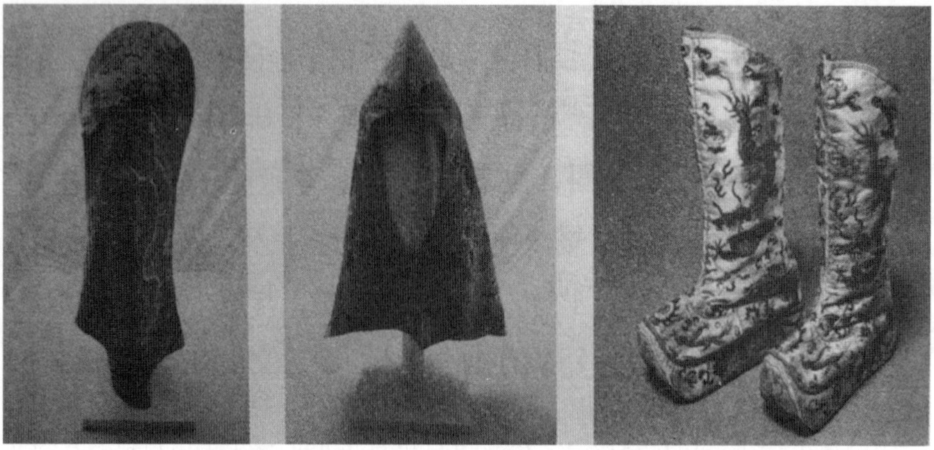

英国肯特郡皇家工程兵博物馆藏太平军将领的服饰

说明：这三幅图片分别为一位太平军将领在战斗中被杀时所戴的头饰和所穿的军靴。左图和中图分别为头饰的侧面与正面。头饰的外部由青铜丝制成，上面绣有大量金线、青铜线和蓝色线。头饰两侧有龙，从圆顶到头饰背面有一个脊状接缝。同时，还带有多种程式化的形状和几何刺绣；右图为一双白色的太平缎面军靴，上面有彩色的丝绸刺绣。它的两面都绣有龙的刺绣，龙身上还有青铜线。由此说明，在晚清太平天国时期中国纺织行业所能达到的工艺水平。

义仍持续爆发。其中，尤其以咸丰四年五月，东莞县“红巾贼起”“还逼省城”事件为最。[①] 咸丰四年（1854 年）八月，广东省高明、顺德、惠来等县及肇庆府城相继失守，天地会众人甚至包围省城广州，“广东情形，万分吃紧”，咸丰皇帝不断通过“六百里加急”谕令，指示各省督抚尽早镇压起义，并就近“调湖南、福建兵各一千名赴广东剿贼”[②]。直至次年正月，天地会因未能攻占广州，主力乃转战广西，而余部则依然坚持战斗。

在这种战乱背景下，广东省的乡试也自然不能按期举行。咸丰五年（1855 年）五月壬戌，广东巡抚叶名琛上疏，因广东全省“军务未竣”，不能按期举行本年乙卯科乡试，请求准予展缓。清廷下旨，“准其展至咸丰六年，特

① （清）叶觉迈、陈伯陶：《宣统东莞县志》，第1170页。

②《清文宗实录》卷一四二，咸丰四年八月癸丑，《清实录》第44册，北京：中华书局影印本，1987年，第501页。

开一科，补行乙卯科文武乡试”[①]。咸丰六年（1856 年）四月庚寅，叶名琛上奏，广东“地方业已肃清”[②]，请求循例补行咸丰五年乙卯科乡试，得到清廷批准。咸丰六年八月，在广东省丙辰补行五年乙卯科乡试中，太仆寺卿王发桂、翰林院编修张兴仁分别被任命为正、副主考官。因捐输军饷广额 8 名，合计录取 79 名举人。[③]

咸丰八年（1858 年）三月，第二次鸦片战争期间（1856—1860），英法联军攻占广州，并挟持两广总督叶名琛，向清廷提出“派员驻京、内江通商及内地游行、赔偿兵费始还广东省城”[④]等四项条件，而清廷也长期不予退让。是年四月癸亥，广东巡抚柏贵上奏，“军务未平，贡院号舍尚须修造，本年文武乡试，俟善后完竣，奏请开科”[⑤]，清廷获准允行。咸丰九年四月，即将调任四川总督的两广总督黄宗汉以“广东军务未竣”，奏请将本年恩科乡试展期举行。

咸丰十一年四月，两广总督劳崇光上奏，又称“贡院仅存基址，必须赶紧兴修，约在九月内方可竣工，断难赶及八月试期”[⑥]，请求将本年乡试展至十月举行，并将咸丰八年戊午科归入本年一并办理，获得清廷批准。此年十月，广东省咸丰十一年辛酉并补行戊午科乡试，内阁学士沈桂芬、编修周恒祺被派充为正、副主考官。戊午科共录取 75 名举人（含永额 4 名），辛酉科共录取 81 名（含永额 6 名，广额 4 名），两科合计共录取举人 156 名；次年六月，两广总督劳崇光奏请，将咸丰九年己未恩科，归并到本年即同治元年壬戌恩科补行，获得清廷批准。是年八月，广东省同治壬戌恩科，并补行咸丰

①《清文宗实录》卷一六七，咸丰五年五月壬戌，《清实录》第44册，北京：中华书局影印本，1987年，第837页。

②《清文宗实录》卷一九五，咸丰六年四月庚寅，《清实录》第44册，北京：中华书局影印本，1987年，第108页。

③（清）瑞麟、史澄：《光绪广州府志》卷四六《选举表》，第744页。

④《清文宗实录》卷二六四，咸丰八年九月丁亥，《清实录》第44册，北京：中华书局影印本，1987年，第1098页。

⑤《清文宗实录》卷二五一，咸丰八年四月癸亥，《清实录》第44册，北京：中华书局影印本，1987年，第893页。

⑥（清）奎润等纂修：《钦定科场条例》卷一《乡会试期》，载沈云龙编《近代中国史料丛刊三编》第471册，第80页。

己未恩科乡试，太仆寺少卿贺寿慈、户科给事中郭祥瑞担任正、副主考官，合计取中举人179名。[①]两科的解元分别为鹤山县人冯秩清、镇平县人钟觉藜。

综上所述，自咸丰五年（1855年）至咸丰九年（1859年），广东省共展停三科。自同治三年（1864年）甲子科开始，广东省乡试开科期限复归正常。

（十）贵州省

1854年3月，在太平天国起义军的影响下，杨元保在贵州省独山县率众起义，揭开了咸同年间贵州各族农民大起义的序幕。这支义军人数一度发展到数千人，曾聚众攻打独山县城。此后，贵州省的汉族和少数民族，包括苗、布依、侗、水、回、彝、瑶和仡佬等各族农民纷纷响应，先后组成了30多支起义队伍。其起义规模遍及贵州高原各地，攻克全省93%以上的城池，起义的时间延续23年之久。[②]出现了统治者所大为惊叹的“府无完县，县无完堡”的局面。平时作威作福的清朝各级文武官员，有600余名成了这次起义军的刀下鬼。云贵总督罗绕典被活活吓死，贵州提督孝顺被迫自杀，按察使黄润昌、提督赵德光、黄维善及总兵、副将、参将等40余名高级官员被起义军击毙。[③]

贵州省的起义军曾四次大举围攻省会贵阳，使“贵阳孤立贼中，巡抚号令不能出城外”，“附郭一带，烽火相望，阖城皆惊”。这几次大起义，基本摧毁了清王朝在贵州省的统治体系，在一定程度上打乱了清王朝镇压太平天国运动的战略部署。

此外，在川黔地区，由白莲教发动的“号军”起义也是重要的反清力量。[④]以汉族为主体的号军，又称为教军，是白莲教支派灯花教传入贵州后组织起

---

①（清）瑞麟、史澄：《光绪广州府志》卷四六《选举表》，第745—747页。

②侯哲安、翁家烈、杨有耕：《太平天国革命时期的贵州各族农民大起义》，《民族研究》1980年第1期。

③杨德芳、翁家烈：《关于太平天国革命时期贵州各族人民起义的几个问题》，《贵州文史丛刊》1981年第1期。

④刘海峰主编，王日根等著：《中国科举通史·清代卷》，北京：人民出版社，2020年，第371页。

“白号军”起义场景

来的队伍，因其成员以头巾为号，故被称为号军。咸同时期，“号军”是贵州各族农民起义中声势最大的一支，按头巾颜色不同，又有红、白、黄、青色等序列之别。1855 年 3 月，“红号军”首领徐廷杰、梅继鼎率众起义，活动区域主要在黔东北一带，曾先后占领铜仁等多座县城，一度攻入湘西，并联合苗族起义军共同作战。队伍几起几伏，一直坚持斗争到 1864 年。

1857 年，以何冠一领导的“白号军”举事，长期转战于黔东、黔东南地区。这支队伍推举灯花教主刘义顺为首领，曾建立起政教合一的政权，以朱明月为秦王，下设王、公、侯、乡正、元帅、将军等职官，刻印铸钱。“白号军”一度攻占多个府、县城。同时，“白号军”曾与红、黄号军联合作战，声势最大时，起义队伍人数发展到数十万，直到 1868 年才遭到失败。

黔东北地区的各路“号军”起义，从咸丰五年（1855 年）兴起至同治七年（1868 年），历时十四年，虽然最后被清王朝消灭，但是沉重打击了清王朝在贵州地区的腐朽统治，有力地配合了全国农民起义的大潮，极大动摇了清王朝在黔东乃至贵州的统治根基，削弱了清政府在黔东的国家控制力量。在此战争背景下，贵州省乡试也多次采取停科与展缓的措施。

咸丰五年（1855 年）七月甲戌，贵州巡抚蒋霨远上疏，称贵州省“夷苗滋事，办理堵剿”，势难兼顾本年乡试。清廷准其所请，下旨“所有本年贵州省乙卯科文武乡试，着准其展至戊午科归并举行，按照两科定额取中”；并命令本年已从京城派出的贵州乡试正、副考官编修王祖培、钱桂森，“无论行抵何处，着即驰驿回京”[①]。

咸丰八年四月丙午，云贵总督吴振棫上奏，“贵州军务未靖，请将本年乡试停止，展限举行”[②]，清廷准许执行。不久，贵州巡抚蒋霨远亦上奏，称贵州都匀等府“苗匪肆挠，察看情形，本年乡试仍难举行”[③]，请求将咸丰八年戊午科贵州乡试停止，等到军务完竣之后，再将乙卯、戊午两科归并补行，两科按原额数取中。

咸丰九年，石达开率领太平军转战贵州，各族起义军备受鼓舞，清朝在贵州的统治也受到了更严峻的挑战。为此，贵州巡抚蒋霨远再次上奏清廷，请求“将本年恩科乡试暂行展缓，如来年军务稍松，先期奏请特开一科，归并补行”。[④]

咸丰十一年，石达开率领太平军再次转战贵州境内。贵州巡抚何冠英为此上奏，称贵州已经连续三届乡试未能举行，本年即咸丰十一年辛酉科乡试，因“苗教、回夷各匪未尽歼除，筹剿设防，均关紧要”，亦难以按期举行；请求朝廷准许“俟地方肃清，不拘年份，先期奏请，特开一科，归并补行”。但是，礼部在讨论后奏称，各省在归并补行此前展缓的各科乡试时，“止准两科归并取中，以慎选举”，贵州虽然已经有四科乡试延期，但如果四科合而为一，“以一科而取四科之额，殊不足以昭慎重”；因此，礼部建议“分为两次，每次两科，咸丰五年乙卯、八年戊午为一次，咸丰九年己未恩科、

---

① 《清文宗实录》卷一七二，咸丰五年七月甲戌，《清实录》第44册，北京：中华书局影印本，1987年，第913页。

② 《清文宗实录》卷二五〇，咸丰八年四月丙午，《清实录》第44册，北京：中华书局影印本，1987年，第861页。

③（清）奎润等纂修：《钦定科场条例》卷一《乡会试期》，载沈云龙编《近代中国史料丛刊三编》第471册，第70页。

④（清）奎润等纂修：《钦定科场条例》卷一《乡会试期》，载沈云龙编《近代中国史料丛刊三编》第471册，第75页。

十一年辛酉为一次，分别由贵州巡抚奏请不拘年分开科”。[①]

同治元年（1862 年）正月，贵州代理巡抚田兴恕奏请，本年五月补行贵州乙卯、戊午两科文乡试，七月补行武乡试。经礼部回复后予以批准。数日后，都察院左副都御史王发桂、通政使司参议倪杰被任命为贵州乡试正、副主考官。然而到了二月，贵州巡抚韩超奏请，将本年乡试依然定为八月举行。为此清廷下旨，本年贵州壬戌恩科及补行乙卯科乡试将仍于八月举行，此前已经派出的乡试正、副主考官王发桂、倪杰，“无论行抵何处，均着即驰驿回京”。并按着礼部“照例题奏”，本年贵州乡试应行派出的正副考官。[②]

本年四月，贵州省乡试正、副主考官分别为翰林院编修欧阳保极、礼部员外郎孙恩寿。[③]但是，同年五月，贵州乡试再次展期，已经派出的主考官欧阳保极、孙恩寿不得不再次驰驿回京。[④]同治二年四月，云贵总督劳崇光上奏，称“贵州军务未平”，请求将本年甲子科乡试展缓举行。[⑤]至此，从咸丰五年乙卯科，至同治三年甲子科，贵州已经连续有六科乡试延期。

同治六年二月，代理贵州巡抚张亮基上奏，称贵州省乡试停科时间过久，请求特准于本年丁卯科带补咸丰五年乙卯、八年戊午两科乡试，三科并举。这一请求显然不符合各省止准带补一科乡试的定例。但是，清廷考虑到三个方面的因素：一来“贵州自军兴以来，已逾十载，停科最久”；二来贵州“山川险阻，筹费艰难”；三来贵州“士子等志切观光”。故特准其所请，本年乡试“按照定、广各额并数取中，以作士气”[⑥]。五月，翰林院编修廖坤培、

---

① （清）奎润等纂修：《钦定科场条例》卷一《乡会试期》，载沈云龙编《近代中国史料丛刊三编》第471册，第142—144页。

②《清穆宗实录》卷二〇，同治元年二月丁丑，《清实录》第44册，北京：中华书局影印本，1987年，第544页。

③《清穆宗实录》卷二七，同治元年四月辛巳，《清实录》第44册，北京：中华书局影印本，1987年，第721—722页。

④《清穆宗实录》卷二八，同治元年五月戊戌，《清实录》第44册，北京：中华书局影印本，1987年，第771页。

⑤《清穆宗实录》卷一〇〇，同治元年四月辛巳，《清实录》第44册，北京：中华书局影印本，1987年，第196页。

⑥《清穆宗实录》卷一九七，同治六年二月壬子，《清实录》第44册，北京：中华书局影印本，1987年，第537页。

于建章分别派充贵州乡试正、副主考官。因社会战乱道路险阻，两位主考官在八月十七日方才抵达贵州省城。为此，巡抚张亮基呈报朝廷，“诹吉于二十四入闱”[①]。闱后发榜，贵阳县人李嗣槐考中解元。

同治八年（1869年）三月，贵州巡抚曾璧光上奏朝廷，请求特开乡试，三科并举，补行咸丰九年己未恩科、十一年辛酉科和同治元年壬戌科乡试。礼部议定，如按各省定例，于非乡试年分特开乡试，只准带补两科；贵州应试人数不多，两年之中录取六科举人，“实不足以昭慎重”；但如果皇帝能够特恩准奏，则依然可以突破限制。为此清穆宗下旨，贵州本年补行己未乡试，同时带补辛酉、壬戌两科，但“嗣后不得援以为例”[②]。四月丁巳，翰林院编修郭怀仁、许振祎被派充正、副主考官。八月乡试过后，贵筑县人陈琅考中解元。

同治九年，贵州巡抚曾璧光再次上奏，请求于本年庚午科乡试时带补同治三年甲子科。礼部讨论后认为，贵州此前已经在同治六年、八年连续开科，录取了六科名额的举人；而根据当地官员的奏折，贵州各地战乱并未肃清，也就是有不少地方的考生因为战乱而无法参加乡试，已经未免有向隅之叹；如果本年再次两科并举，则不仅处于战乱的州县考生仍然无法参加考试，而方便参加乡试的地区则不免滥竽充数。为此，清穆宗批准了礼部关于贵州本年将只举行庚午科乡试，此前展缓的同治三年甲子科乡试，则“俟全省肃清时再行带补”[③]的建议。五月，翰林院编修张端卿、检讨刘青照，分别派充本年贵州省庚午科乡试正、副主考官。八月乡试过后，贵筑县人颜嗣徽考中解元。

颜嗣徽（1836—1902），字义宣，别号望眉，贵州省贵筑县（今贵阳市）人，祖籍山东临沂，系孔门高足颜渊七十五世孙，《颜氏家训》作者颜之推后代。同治九年（1870年）34岁时，以乡试第一解元夺魁中举，旋即北上

---

① （清）奎润等纂修：《钦定科场条例》卷一《乡会试期》，载沈云龙编《近代中国史料丛刊三编》第471册，第94页。

② （清）奎润等纂修：《钦定科场条例》卷一《乡会试期》，载沈云龙编《近代中国史料丛刊三编》第471册，第154—156页。

③ （清）奎润等纂修：《钦定科场条例》卷一《乡会试期》，载沈云龙编《近代中国史料丛刊三编》第471册，第161—162页。

进京会试不第。后以举人分发广西，历任迁江、昭平、凌云、苍梧、阳朔等地知县，镇安知府，曾多次出任乡试同考官。他一生勤奋好学，穷于披览经史子集，通达博贯。他笔耕不辍，著述宏富，且精于诗赋，更通于史志。

颜嗣徽仕粤后，陆续将其诗文等撰述，自行编纂成集，并于光绪十九年（1893年）在贵阳由文蔚堂刻版刊行，是为“黔版”《望眉草堂全集》（8卷）。另有“粤版”刊行，共12卷，系将“黔版”之不足部分作了补充，附有年谱、诗余、联语各一卷。另有诗集《望眉草堂侨梓联吟草》存世。

同治十二年三月，贵州巡抚曾壁光奏请“将辛酉、甲子两科乡试归并本科举行”①，清廷获准后执行。八月，贵州举行了癸酉科并带补甲子科乡试，主考官为光禄寺卿许庚身、侍读黄体芳，解元为贵阳县人赵福均。②

综上所述，贵州省乡试，自咸丰五年（1855年）至同治三年（1864年），共展停过六科。六科补行至同治十二年（1873年）才最后完成。从光绪元年（1875年）乙亥恩科开始，贵州乡试开科期限复归正常。

（十一）福建省

1852年，福建省闽江、九龙江地区发生大水灾。1853年，福建沿海遭受风灾，永春发生大饥荒。在这样的背景下，1853年，福建省永春州便爆发了以林万青领导的红钱会农民起义，并前后坚持达5年之久，③沉重地打击了清王朝在福建的统治。1853年5月，以黄威为首的福建小刀会起义军也占领了漳州和厦门等地；台湾府爆发了李石、林恭率领的响应太平天国的反清起义；1862年4月至1865年1月，台湾又爆发了以戴潮春领导的八卦会起义。台湾人民的反清起义也是一支重要力量，在中国近代人民革命斗争史册上，写下了不朽的篇章。④

①《清穆宗实录》卷二七，同治元年四月辛巳，《清实录》第44册，北京：中华书局影印本，1987年，第721页。

②（清）王家相、魏茂林、钱维福：《清秘述闻续》，第733页。

③邓华祥：《太平天国时期福建林万青起义的有关文物和遗址》，《文物》1977年第6期。

④殷常符：《太平天国时期台湾人民的反清起义》，《首都师范大学学报（社会科学版）》1988年第2期。

太平天国天京内乱之后，咸丰七年（1857 年）初，江西境内太平军在杨秀清族弟杨辅清、杨宜清的率领下进入闽北，攻陷多座府、县城池。1858 年 8 月，在率领太平军围攻浙江衢州府城不克后，受到排挤的翼王石达开在清军多路夹击之下，乃转向西南进军，经由仙霞岭进入福建。尽管由于清军的围追堵截和入闽太平军的内部分裂，石达开最后未能直扑福建省城福州，但依然在闽北建宁、延平、邵武、汀州等府攻克了多座府、县城池，并成功突破清军包围进入赣南。[①]在这种多方战乱的背景下，福建省乡试也曾遭遇了多次延期。

咸丰八年五月丙戌，兵部右侍郎徐树铭、翰林院编修浦安被派任福建省乡试正、副主考官。然而，仅过了 10 天，五月丙申闽浙总督王懿德上奏，因“军务吃紧，本年戊午科文武乡试，请展限两月举行”[②]，并表示将根据地方情形，倘若到时候战乱依然没有结束，再将专折驰奏，请求展缓。七月乙酉，代理闽浙总督庆端上奏，本年乡试因“军务未竣，恐届时仍难举行”，清廷下旨“福建省乡试着准，其展至咸丰九年秋间特开一科，补行戊午科文武乡试”[③]。

咸丰九年三月，王懿德、庆端、徐树铭联衔上奏，请求于本年己未恩科补行戊午正科文武乡试。清廷下旨“准其归并举行，其应中名数，即照两科定额取中”。[④]本年十月，福建省己未恩科并补行戊午科乡试举行，内阁学士袁希祖、编修杨泗孙担任正、副主考官，漳州府龙溪县周庆丰被取为解元。[⑤]前翰林院编修林春溥因系嘉庆三年戊午科举人，本届恰逢甲子重周，获准重宴鹿鸣。[⑥]

咸丰十年至同治元年间，福建境内并未有大批太平军活动，其余大规模会众起义亦未出现，福建地方官的主要任务是防堵浙江、江西太平军入闽。

---

①茅家琦：《太平天国通史》，南京：南京大学出版社，1991年，第76—80页。

②《清文宗实录》卷二五五，咸丰八年五月丙申，《清实录》第44册，北京：中华书局影印本，1987年，第954—955页。

③《清文宗实录》卷二五八，咸丰八年七月乙酉，《清实录》第44册，北京：中华书局影印本，1987年，第1010页。

④《清文宗实录》卷二七九，咸丰九年三月庚寅，《清实录》第44册，北京：中华书局影印本，1987年，第92页。

⑤（清）王家相、魏茂林、钱维福：《清秘述闻续》，第700—701页。

⑥《清文宗实录》卷三〇三，咸丰九年十二月甲寅，《清实录》第44册，北京：中华书局影印本，1987年，第438页。

咸丰十一年福建巡抚瑞瑸上奏，以“闽省军务未竣，邻省道途梗阻”[①]为由，请求将本年福建辛酉科乡试展缓举行。同治元年五月，新任福建巡抚徐宗幹上奏亦称，福建军务未平，请求“将本年恩科乡试展至十月举行”。[②]八月，国子监祭酒衍秀、司业马寿金被委任福建乡试正、副主考官。但因其沿途阻滞，两位主考官在十月十二日才到达福州；四日后，福建省举行了同治元年壬戌恩科并带补辛酉科乡试考官入闱仪式；十月十八日，士子入闱开考头场。[③]闱后发榜，闽县人王彬中得解元。[④]

同治三年七月，根据福建地方官拟将本年乡试展缓至十月举行的请求，清廷派遣内阁学士殷兆镛、宗人府理事官阿克丹担任福建乡试正、副主考官。十月，福建巡抚徐宗幹上奏，称福建“现办军务，仍难如期考试”，请求再行展缓。为此，清廷下旨，命令两位福建主考官“无论行抵何处，即着驰驿回京”[⑤]。

同治四年（1865年），福建巡抚徐宗幹奏准，福建“军务渐竣，人心安定，各属士子观光志切，佥望补试乡闱”，请求在本年补行同治三年甲子科乡试，清廷获准后执行。[⑥]本年六月，太仆寺少卿丁绍周、国子监祭酒丁培镒被派任福建乡试正、副主考官。德化县人郭尚品考中解元。

综上所述，福建省在咸丰八年、咸丰十一年、同治三年，共有三科乡试展停。自同治六年（1867年）丁卯科以后，福建省乡试举行时间复归正常。

（十二）四川省

咸丰年间，中国西南多地爆发少数民族起义。太平天国的制度、政策在

---

①（清）奎润等纂修：《钦定科场条例》卷一《乡会试期》，载沈云龙编《近代中国史料丛刊三编》第471册，第80页。

②《清穆宗实录》卷二八，同治元年五月壬辰，《清实录》第44册，北京：中华书局影印本，1987年，第748—749页。

③（清）奎润等纂修：《钦定科场条例》卷一《乡会试期》，载沈云龙编《近代中国史料丛刊三编》第471册，第89页。

④（清）王家相、魏茂林、钱维福：《清秘述闻续》，第708页。

⑤（清）奎润等纂修：《钦定科场条例》卷一《乡会试期》，载沈云龙编《近代中国史料丛刊三编》第471册，第93页。

⑥（清）奎润等纂修：《钦定科场条例》卷一《乡会试期》，载沈云龙编《近代中国史料丛刊三编》第471册，第152页。

位于广西贵港市的石达开雕像

少数民族起义中影响深远，不仅为一些少数民族起义创造了有利条件，而且鼓舞了周边省份发动反清起义。石达开回师西南以后，推动少数民族起义进入新的高潮。起义军之间建立了密切的联系，沉重地打击了清王朝的统治基础。西南数省少数民族反清起义令清朝地方督抚格外心惊。①

同治元年初，石达开率领的太平军辗转浙江、福建、江西、湖南、广西、湖北等省，转战千里之后，第四次来到四川边境，试图创建西南后方根据地。1863 年 4 月，石达开大军从米粮坝顺利渡过金沙江。北岸布防的清军已被后军李福猷所吸引，往东去了。但自此以后，由于战线拉长，石达开和李福猷、赖裕新两军都失去了联络，他们只能是各自为战的孤军了。

当时四川境内形势对石达开不利。原与石达开有联系、呼应的李永和、

① 王博、郭惠：《太平天国时期少数民族起义地位探析——以云桂黔为例》，《文物鉴定与鉴赏》2016年第8期。

蓝大顺起义已陷低潮，李永和被俘死难，蓝大顺溃走陕西。四川总督骆秉章得以全力对付石达开。5月14日，石达开全军到达大渡河南岸的紫打地。紫打地是越巂西北境地的一个小市镇，东南俱是层峦叠嶂的山群，其形势险仄，成为兵家难以回旋之地，石达开就此开始长达二十九天的大渡河危难历程。然而，因为庆祝又一个儿子诞生和暴雨河水骤增，石达开耽误了三天黄金时机。[①] 6月10日，石达开多次强渡大渡河失败。在湘军将领骆秉章率队围追堵截之下，他被俘身死，所率领太平军全军覆没。6月27日，石达开就义于成都，去世时年仅32岁。

石达开是太平天国叱咤风云、威震清军的英雄人物，也是太平天国上下称颂的杰出军事统帅。他曾经驰骋万里河山，纵横大江南北十多年，却如此轻易地自投罗网、被清军俘杀，这简直有点令人不可思议。在此战争往复期间，清朝在四川省的乡试也不得不延期举行。

咸丰十一年（1861年）五月，代理四川总督崇实上奏，称“川省军务未竣，本年乡试请缓至来年办理”[②]。同治元年（1862年）五月，四川总督骆秉章上奏，称“川省军务吃紧，各属赴省道路通塞靡常，且省垣为根本重地，多士毕集，防范难周”，[③]请求将本年壬戌恩科，暨补行辛酉科乡试展缓至来年办理。同治二年六月，礼部奏称，四川展缓的两科乡试，此前本拟于本年举行，但目前已经超过了五月二十三日从京城派出主考官的期限，请旨饬下四川总督上奏是否依然在本年补行乡试。为此，骆秉章上奏，因“川省军务吃紧，各属士子皆筹办团练以卫身家”，本年补行乡试的条件并不成熟，请求再行展缓到来年一并举行，而将来年同治三年甲子科乡试，顺延至同治六年丁卯科。[④]

同治三年（1864年），四川省境内太平军基本被镇压下去，四川乡试

---

① 盛巽昌：《实说太平天国》（增订本），上海：上海书店出版社，2023年，第549—555页。

②《清文宗实录》卷三五一，咸丰十一年五月戊子，《清实录》第44册，北京：中华书局影印本，1987年，第1181页。

③（清）奎润等纂修：《钦定科场条例》卷一《乡会试期》，载沈云龙编《近代中国史料丛刊三编》第471册，第88—89页。

④（清）奎润等纂修：《钦定科场条例》卷一《乡会试期》，载沈云龙编《近代中国史料丛刊三编》第471册，第89—91页。

条件再次成熟。本年五月初旬，骆秉章上奏，称按照各省补行乡试的惯例，不管此前展缓了多少科乡试，补行之年逢有正科，本年下科乡试一律不顺延。故本年应该举行甲子科带补辛酉科乡试，同治元年壬戌科则归入同治六年丁卯科乡试带补，奉旨准行。[①] 五月，四川乡试正、副主考官为光禄寺卿胡家玉、山西道御史张晋祺[②]。南充县人冯明玉被录取为解元。同治六年八月，侍读学士孙毓汶、编修李文田来到四川省，担任乡试正、副主考官。万县人刘家谟被取为解元。[③]

综上所述，四川省乡试在咸丰十一年、同治元年展停，共展停过二科。从同治九年庚午科开始，四川省乡试的试期复归正常。

（十三）山东省

在太平天国发动北伐前夕，山东省的民众已经不堪清朝反动统治阶级虐政压迫，纷纷举行起义，进行各种形式的反抗。其中，活跃于山东省鲁南地区的幅军，是形成时间最久、影响力较大的农民武装。[④]

康熙年间，运河沿岸的漕运船夫，因用“匹布分幅帕头”，组成秘密团体，被称为幅党。同治初年黄河改道，漕粮改为海运，许多失业船夫和贫苦农民纷纷参加幅党。咸丰十一年（1861 年）春，捻军进入山东，幅党首领刘双印、刘平等人于峄县云谷山寨起义。他们经常与捻军、长枪会配合作战，后被称为幅军。自咸丰三年（1853 年）公开武装起义，至同治二年（1863 年）最后失败，幅军在山东省坚持武装斗争十年，逐渐形成四个根据地。

自 1853 年太平天国发动北伐以来，活跃在安徽、河南、江苏、山东一带的捻军便成为太平军的重要盟友。1864 年 6 月太平天国失败后，以太平天国遵王赖文光为首的太平军余部，便与以梁王张宗禹为首的捻军合并，并

---

①（清）奎润等纂修：《钦定科场条例》卷一《乡会试期》，载沈云龙编《近代中国史料丛刊三编》第471册，第148—150页。

②《清穆宗》卷一〇三，同治三年五月乙卯，第271页。

③（清）王家相、魏茂林、钱维福：《清秘述闻续》，第714、719页。

④江地：《论太平天国时期的北方农民起义（上）》，《山西大学学报（哲学社会科学版）》1978年第2期。

在1865年5月全歼清军劲旅僧格林沁所部骑兵。1866年10月，捻军分为东捻、西捻两支军队。东捻军由赖文光率领在中原地区活动，而西捻军则由张宗禹率领进入陕西活动。直到1868年8月，东、西捻军分别被清军镇压。另外，1860年以来，白莲教起义也对清朝山东地方政权形成了一定的冲击。[①]在此期间，山东以及河南、陕西省，乃至顺天府的乡试亦不得不延期举行。

咸丰十一年（1861年）六月，山东巡抚谭廷襄上奏，称山东省东昌府“剿匪吃紧”，江苏徐州一带“南捻复分股窜入东境”，[②]因此，“体察情形，本年辛酉科乡试似难依期举行”，请求“展至来岁奏明办理，以昭慎重”。[③]同治元年（1862年）五月，山东巡抚谭廷襄上奏，称山东军务稍定，请求归并举行本年壬戌恩科，并带补咸丰十一年辛酉科乡试。[④]本年八月，光禄寺卿潘祖荫、编修杨泗孙被派往山东，任乡试正、副主考官，宁阳县人魏培楠考中解元。[⑤]

同治三年，山东省甲子科乡试正常开科。

同治六年（1867年）六月，山东巡抚丁宝桢上奏，称山东“军务未竣”，请求将本年乡试展缓举行。[⑥]同年十月，丁宝桢再次上奏，称山东“军务未竣，请将本年文武乡试展至下科一并举行”[⑦]，清廷获准。同治九年七月，山东庚午科带补丁卯科乡试举行，翰林院编修朱迪然、右春坊右中允徐致祥被任命为正、副主考官，八月考试。闱后发榜，解元为莱阳县人王兰升。[⑧]

---

①刘海峰主编，王日根等著：《中国科举通史·清代卷》，北京：人民出版社，2020年，第380页。

②《清文宗实录》卷三五四，咸丰十一年六月辛酉，《清实录》第44册，北京：中华书局影印本，1987年，第1226页。

③（清）奎润等纂修：《钦定科场条例》卷一《乡会试期》，载沈云龙编《近代中国史料丛刊三编》第471册，第82页。

④《清穆宗实录》卷二九，同治元年五月乙酉，《清实录》第44册，北京：中华书局影印本，1987年，第792页。

⑤（清）王家相、魏茂林、钱维福：《清秘述闻续》，第7099页。

⑥《清穆宗实录》卷二〇六，同治六年六月甲辰，《清实录》第44册，北京：中华书局影印本，1987年，第665页。

⑦《清穆宗实录》卷二一三，同治六年十月甲午，《清实录》第44册，北京：中华书局影印本，1987年，第781页。

⑧（清）王家相、魏茂林、钱维福：《清秘述闻续》，第725页。按：《清秘述闻续》误载为“带补乙卯科”。

综上所述，山东省乡试咸丰十一年、同治六年展停，共展停二科。随着战乱的逐渐平息，从同治十二年（1873 年）癸酉科开始，山东乡试的试期复归正常。

（十四）顺天府

在太平天国起义尚未平息之际，1856—1860 年第二次鸦片战争爆发，又将清朝推向了内忧外患交相煎熬之中。1860 年 9 月，咸丰皇帝以北狩为名，离开顺天府逃往热河，英法联军攻占北京，清朝最终被迫与英国、法国、俄国三国分别签订《北京条约》，作为《天津条约》的补充条款。

第二次鸦片战争的硝烟刚刚平息，清廷内部又生事变。英法联军从北京撤走后，奕䜣等人一再奏请咸丰帝尽快回京。咸丰帝仍心有余悸，迟迟不愿返京，与此同时越来越消极颓废，倦怠于政事，沉湎于酒色，不久于 1861 年 7 月 15 日在热河行宫病逝，年仅 31 岁。临终前遗命以载淳为皇太子，以载垣、肃顺等八人赞襄政务，将一个残破的江山丢给了 6 岁的儿子。这个 6 岁幼子的母亲，就是日后赫赫有名的慈禧太后。

肃顺等人随咸丰帝逃往热河，此后一直陪伴左右，深得倚重。咸丰帝病逝后，肃顺等人遂以顾命大臣身份，实际执掌清廷最高权力，恭亲王奕䜣等近支亲王反被排斥于权力中心之外，两宫皇太后也仅有“钤印”的权力，清廷内部权力斗争很快白热化。[①]

顾命大臣，是指帝王临终前托以治国重任的大臣。中国历史上从秦朝的赵高开始，一直有“顾命大臣”摄政一说。1861 年 7 月 19 日，咸丰皇帝在承德避暑山庄驾崩四天后，顾命大臣以皇帝名义下旨，将“本年顺天乡试着展期于九月内举行”。同时，兵部在谕旨要求下，奏请将延期到本年九月的咸丰十年庚申恩科武会试，再延期到本年十月举行，本年的顺天武乡试延期到十一月举行。[②] 九月，都察院左都御史万青藜、刑部右侍郎麟魁、兵部右

① 戴鞍钢：《晚清史》，上海：复旦大学出版社，2020年，第106—109页。

② 《清穆宗实录》卷一，咸丰十一年七月丙午，《清实录》第44册，北京：中华书局影印本，1987年，第79页。

侍郎毕道远，分别被派任顺天乡试正、副主考官。[①]闱后发榜，宁河县人李敬亭被录取为解元。[②]十一月，吏部尚书朱凤标、詹事府少詹事许彭寿，分别被派充顺天武乡试正、副主考官。[③]

同治元年七月，内阁学士倪杰上奏，称顺天贡院“号舍地本卑狭，暑湿又盛，加以人数众多，秽气易于触犯”，而京城近日恰逢时疫流行，难免传染之虞，请求仿照道光元年之例，将顺天乡试延期一月举行。礼部讨论后认为，京城内外时疫已经逐渐减轻，而且距离开考时间尚有半月，“转瞬秋凉，自当平复”，而且内外帘人数众多，考生亦已云集京城，若下旨乡试延期，则必将多守候一月，“转非所以示体恤”，建议本年顺天乡试不必延期举行。[④]从此一直到清末废除科举，顺天乡试试期复归正常。

综上所述，作为各直省乡试风向标，且具有特殊地位的顺天文武乡试与会试，在咸同年间并未停科，而仅仅“展期”1—2个月。

（十五）陕西省

1862年春，扶王陈得才率领太平军逼近西安，关中地区大震。正当太平天国与清朝封建统治者在南方展开生死搏斗之际，陕西省爆发了震动全国的回民大起义。同年，以任武、赫明堂领导的渭南、华州回民率先起义，各地回民纷纷响应，起义遍及陕西全省，并迅速扩大到甘肃。钦差大臣胜保率军攻剿，连战连败，被解京问罪。清朝团练大臣张芾被杀，起义军迅速扩充到30多万人。他们的反清斗争坚持了12年，直到1874年方告失败。[⑤]

这次起义的发生不是偶然的，它是清政府残酷的封建剥削和民族压迫政

---

①《清穆宗实录》卷四，咸丰十一年九月辛卯，《清实录》第44册，北京：中华书局影印本，1987年，第125页。

②（清）王家相、魏茂林、钱维福：《清秘述闻续》，中华书局，1982年，第703—704页。

③《清穆宗实录》卷一〇，咸丰十一年十一月丁酉，《清实录》第44册，北京：中华书局影印本，1987年，第260页。

④（清）奎润等纂修：《钦定科场条例》卷一《乡会试期》，载沈云龙编《近代中国史料丛刊三编》第471册，第103—104页。

⑤韩敏、邵宏谟：《论清代陕甘回民起义的性质》，《人文杂志》1980年第3期。

策的必然结果。清朝统治者对广大农民的压迫和剥削本来是极其残酷的。鸦片战争以后，为了支付巨额的战费、赔款和弥补对外贸易上的亏空，更加紧了对劳动人民的搜刮和掠夺。陕西省是全国赋徭繁重的地区之一，因此发生大规模农民起义有其必然性。

同治元年五月，陕西巡抚瑛棨上奏，以本省军务未竣，请求将本年壬戌恩科乡试展缓举行。[①] 同治三年五月，陕西巡抚刘蓉再次上奏，称“陕甘军务未平”，请将本年甲子科乡试展缓举行。[②] 七月，护理陕甘总督恩麟再次奏请，将本年甲子科武闱乡试展缓举行。[③] 同治六年五月，陕西巡抚乔松年上奏，以军务未靖，“请将补行壬戌、甲子及本年乡试仍展限举行”[④]。

同治八年五月，左宗棠上奏，称“陕甘乡试前因军务久未举行。现在陕甘全境肃清，甘肃之泾、庆各属亦已安谧”，本年虽非乡试年份，请求特准开科，补行同治元年壬戌恩科及同治三年甲子科乡试；同时，因甘肃战乱并未平定，多地士子无法补试，也请求为其“酌留中额，以昭平允”[⑤]，清廷获准执行。七月己卯，翰林院编修卢士杰、刑部员外郎周瑞清被任命为陕西乡试正、副主考官。八月闱后发榜，武功县人徐骐考中解元；同治九年六月丁巳，翰林院编修陆尔熙、国子监司业孙诒经被派任陕西庚午科，并带补丁卯科乡试正、副主考官，长安县人刘登瀛被取为解元。[⑥]

在咸同年间，陕西、甘肃两省乡试并未停科。从同治十二年（1873 年）癸酉科开始，陕西（甘肃）省乡试试期复归正常。

---

①《清穆宗实录》卷二九，同治元年五月庚戌，《清实录》第44册，北京：中华书局影印本，1987年，第796页。

②《清穆宗实录》卷一〇四，同治三年五月甲子，《清实录》第44册，北京：中华书局影印本，1987年，第293页。

③《清穆宗实录》卷一〇九，同治三年七月壬子，《清实录》第44册，北京：中华书局影印本，1987年，第408页。

④《清穆宗实录》卷二〇三，同治六年五月丁卯，《清实录》第44册，北京：中华书局影印本，1987年，第618页。

⑤《清穆宗实录》卷二五九，同治八年五月戊戌，《清实录》第44册，北京：中华书局影印本，1987年，第606页。

⑥（清）王家相、魏茂林、钱维福：《清秘述闻续》，第721、725—726页。

（十六）甘肃省

在光绪元年（1875 年）之前，虽然甘肃省早在康熙年间便与陕西分省而治，但本省士子参加乡试，则必须到西安贡院，与陕西省士子同场考试。咸同时期，在陕西回民大起义的影响下，1862 年至 1872 年间，甘肃、宁夏的回民亦发动起义，如马化龙为领袖的宁夏地区起义。但是，最终都被左宗棠率领的湘军击败。

在这种战乱期间，甘肃士子与陕西士子一样，均经历了相应的乡试延期。如同治六年（1867 年）四月，陕甘总督杨岳斌便特为上奏，称“军务未竣请展缓本年甘肃武闱乡试”。[①] 但是，甘肃与陕西不同的是，由于两省战争平息时间不同，陕西省补行乡试时，甘肃部分地区的考生无法到场考试。于是，清廷便特意为其保留了一定的录取名额。

光绪元年以后，与陕西正式分闱考试的甘肃省，也分别于光绪元年举行乙卯恩科乡试、光绪二年举行壬子科乡试，并且带补了同治元年壬戌恩科、同治三年甲子科乡试。其中光绪元年的正、副主考官分别是侍讲学士徐郙、御史刘瑞祺，解元为秦安县人安惟峻；光绪二年的正、副主考官是侍读黄毓恩、御史胡聘之。解元为洮州人包永昌。[②]

光绪五年（1879 年）己卯科后，甘肃省乡试归于正常。

三、乡试展停、补行的原则与特点

清朝在康熙时期，由“三藩之乱”导致第一个“展期”高峰所波及的省份，主要集中在中国的西南边陲地区，作为当时全国经济中心的江苏、浙江

---

① 《清穆宗实录》卷二〇〇，同治六年四月丙戌，《清实录》第44册，北京：中华书局影印本，1987年，第574页。

② （清）王家相、魏茂林、钱维福：《清秘述闻续》，第739、745页。

商衍鎏（1875—1963）

与政治中心的京师（顺天）几乎未受影响。[①] 而在咸同时期，由“咸同军兴”导致的清代第二个“展期”高峰，所波及的省份已经由西南边陲蔓延至江苏、浙江两省，并达至北方部分地区，从而出现较多“停科”现象。对于这一极端情形，作为清末“探花”的商衍鎏（1875—1963）先生曾经记述道：“自咸丰元年至同治六年，十七年间停科者共十四省，除顺天、山西外，盖无有不停之省。”[②] 商衍鎏先生的记述亦有不足之处，即顺天、山西、陕西和甘肃四省（市）未曾停科。但是如前文所述，在英法联军逼近顺天时，咸丰帝曾仓皇“北狩”，后病逝于热河，亦直接导致顺天乡试延展举行；陕西、甘肃省也均经历了相应的乡试延期。

在咸同时期，由于受到太平天国反清运动以及其他反清起义的影响，加上河南自然灾害的冲击，清朝各省乡试不得不进行停科、展缓，并于战争平复后予以补行。清代末年乡试展停的十四省，按照展停科数，其排列次序如下：

展停六科者：为贵州、云南和广西三省。贵州省自咸丰五年（1855 年）

① 贾琳：《时间延展与制度变迁：清代科举“展期”考论》，《中国史研究》2018年第1期。

② 商衍鎏：《清代科举考试述录》，北京：故宫出版社，2014年，第124页。

展停，至同治三年（1864年）复归正常；云南省自咸丰八年（1858年）展停，至同治六年（1867年）复归正常；广西省自咸丰元年（1851年）展停，至咸丰十一年（1861年）复归正常。[①]

展停四科者：为湖南、江南（含江苏、安徽）三省。湖南省自咸丰二年（1852年）展停，至咸丰十一年复归正常；江南两省自咸丰五年展停，至同治元年（1862年）复归正常。其间，江苏、安徽两省曾经借浙闱补行一科，实则江南两省展停五科。

展停三科者：为广东、江西、福建、浙江和陕西五省。广东省自咸丰五年展停，至咸丰九年；江西省自咸丰五年展停，至咸丰十一年，中间借浙闱补行一科，实则江西展停四科；福建省在咸丰八年、咸丰十一年、同治三年展停；浙江省自咸丰十一年展停，至同治三年；陕西省自同治元年展停，至同治六年复归正常。

展停两科者：为河南、山东、四川和湖北四省。河南省咸丰五年、咸丰十一年展停；山东省咸丰十一年、同治六年展停；四川省咸丰十一年、同治元年展停；湖北省咸丰五年、咸丰十一年展停。

在此时期，关于乡试展停的补行办法，清廷基本遵循如下原则："补行之制复不许过两科，是以于停科之补行者，或特开一科。"对于乡试之年带补科目，"则只限补一科，以合之正科已为两科之故。"对于超过二科的省份，"停试至三科以上者，分别归并，或先补近科，或先补远科，则临时斟酌行之"。[②]总体来看，这一时期各省乡试的延期与补行有以下特点。

第一，南方省份多于北方，西部省份多于中部；少数民族聚集、经济相对落后的边缘省份，多于中部汉族聚集、经济较为发达的省份。作为各直省乡试风向标，且具有特殊地位的顺天乡试、会试并未停科，而仅仅"展期"1—2个月。此外，京畿虽然被焚，京师却未沦陷，作为国家级别的会试与殿试依旧可以正常举行，并未受到丝毫影响。

---

① 刘海峰主编，王日根等著：《中国科举通史·清代卷》，北京：人民出版社，2020年，第385—387页。

② 商衍鎏：《清代科举考试述录》，北京：故宫出版社，2014年，第122页。

第二，各省展缓、补行乡试的程序，均遵循由当地巡抚奏报，礼部批复后执行的制度。从《清实录》的记载来看，虽然各省展缓、补行乡试的所有奏折不一定都有记叙，但差不多每次展缓、补行乡试均有相关奏报、批复的记载。这充分体现出，即便在战争年代，面临政权危机的严重局面时，清朝中央与地方政府也遵循严格的政府审批制度，不愿对科举制度采取苟且态度。

第三，补行乡试的形式，既具有明确的严肃性，同时也具有相对的灵活性。在严肃性方面，主要体现为即便已经有多科乡试延期，也不轻易一次性补行三科以上乡试，一般都是补行两科。在涉及补行乡试的 16 个省份中，只有贵州、云南曾经三科并举，其他省份均只补行一科乡试。尤其是贵州省，在经历了同治六年、八年连续三科并举之后，虽然还有展缓的乡试未曾补行，但清廷为了慎重起见，驳回了在同治九年，贵州督抚上奏的两科并举的请求，而将剩余的一科展缓乡试放到同治十二年癸酉科带补。又如安徽、甘肃两省，因部分地区未曾安定，清廷为了“以昭慎重”，特意为战乱地区的考生保留一定数量的录取名额，等到地方安宁之后再补行录取。

在灵活性方面，主要体现为在并非法定的开科年份，亦可奏请特开一科。如咸丰六、七两年均非法定开科的子、卯、午、酉年份，亦非恰逢恩科，但这两年分别补行了广东乙卯科，广西辛亥、乙卯两科和湖南壬子、乙卯两科乡试；同治四年本为法定会试年份，但此年补行了浙江辛酉、壬戌两科乡试；同治八年补行了陕西壬戌、甲子两科，贵州己未、辛酉、壬戌三科乡试。

科举是士子进入仕途的主要通道，因而成为统治者笼络人心的重要手段。为此，即便是在战乱频发之际，清廷也抓住一切机会举行或补行乡试。在太平天国战乱年代，咸同时期的清朝政府仍能保证科举考试相对正常运转，这是科举制度能够持续 1300 年的根基。

第三章

咸丰与同治期间乡会试的应试特色

在咸丰与同治时期，由于许多省份受到太平天国战争的影响，士子们的赴考旅途变化莫测，而由京赴任的主考官们也同样面临许多风险。因此，清廷对于部分乡会试政策采取了较为人性化的执行策略。另一方面，为了能够延续清王朝的命运，清廷还推出了鼓励地方士绅踊跃捐资的“捐输广额”政策。与此同时，洪秀全领导的太平天国在定都南京之后，也实行过科举考试，并与清廷的科举考试有明显不同，有其独有的特色。

一、变化莫测的赴考旅途

太平天国战争时期，社会动荡不安，旅途更多艰辛。士子长途跋涉到省城、京城应试的赴考旅途，较之和平年代自然具有更多艰险。安徽铜陵县举人曹蓝田的赴考旅途，就是典型的事例。

咸丰二年（1852 年）年底，太平军初次攻破湖北武昌，清朝派河南巡抚张芾固守九江，江苏提督陆建瀛固守安庆。咸丰三年正月，因战事尚未延及铜陵，安徽铜陵县举人曹蓝田第八次进京，便准备参加会试，并看望已在京城内等候参加会试的弟弟。正月十二启程时，他看到有“浙省援皖兵二千、舟数十泊县西小矾头”，[①] 一幅战事即将到来的景象。故而虽然风向极佳可以行军，却“以索县令费，留滞不进，已数日矣”。

正月十五，曹蓝田到达繁昌县荻港村，他看到传说中的两千驻兵，却不过只是“席屋数十间卓立风雪中，大炮数尊横卧江岸。兵士散处嬉戏而已”；正月二十六到达江苏淮安清江浦，便见“饥民夹道，愁苦之声，颠连之状，

① （清）曹蓝田：《癸丑会试纪行》，载太平天国历史博物馆：《太平天国史料丛编简辑》（二），北京：中华书局，1962年，第319—320页。

惨不忍言”；而渡过淮河后行经邳州、桃源、宿迁等地，又见“沿途饿殍，市井街巷多弃尸”，都是因为此前黄河两次决口泛滥，“死者过多，故收葬者少”。令其后怕不已的是，他们前脚行抵德州时，身后太平军即攻破安庆，不到数月间“连破三大省”。

四月十九，第八次会试失败，曹蓝田与其余六位落第举子只能离京返乡。他们进京时只用了20天，返乡时却用了近两个月。主要原因是在从安徽寿州正阳关到六安州的水路上，因“被土匪阻塞，舟居将近一月”，以至于同行的两位举人，石埭县杨达卿和贵池县曹弼我不得不“移居佛寺”。曹蓝田等其他四位举人则“将行李送至典肆，舍舟登陆”，步行通过六安、舒城、庐江等州县返回家中。

与此同时，在科考的行进路上，不仅考生赴考困难，派往主持各省乡试主考官的行程同样步步惊心。咸丰六年，两广总督叶名琛因“地方业已肃清”，奏请补行乙卯科乡试。清廷在批准其请求的同时，更要求兵部将本次主、副考官“应如何改道赴粤之处”查明具奏。① 清廷之所以要知照兵部，无外乎是因为兵部对各地军情的进展情况了解得更为清楚与及时。

咸丰十一年，湖南省本应举行辛酉科并补行己未恩科乡试，朝廷选派的湖南省乡试主、副考官王澎、胡家玉已经上路。不料，本年七月湖南巡抚毛鸿宾上奏，称湖南“邻氛逼近，驿路梗阻”，请求将乡试展缓举行。在不得已的情况下，清廷只得命令礼部，转告两位主考官驰驿回京，并要求其“相应再行知照兵部飞咨该考官经由驿站之各该督抚，转行知照该考官，无论行抵何处，即行回京”。

另外，由于出京赶赴各省的道途险阻，不少省份的乡试主考官入闱监考的日期也变得难以控制。按照清代科举管理制度，为了严密关防，防止因各省乡试主考官到省日期过早，而与地方官绅有接触机会，他们由京城派出的具体日期均有保密限定。其中，云南、贵州为四月下旬；广东、广西和福建为五月上旬；四川、湖南和甘肃为五月中旬；湖北、浙江和江西为六月上旬；

---

①（清）奎润等纂修：《钦定科场条例》卷一《乡会试期》，载沈云龙编《近代中国史料丛刊三编》第471册，第130页。

陕西、江苏和安徽为六月中旬；山东、山西和河南则为七月上旬。[①]

但是，在太平天国战争时期，主考官们因道途梗阻，而不能按时到达的情况也时有发生，成为在所难免之事。例如，在同治元年，福建省壬戌恩科并带补辛酉科乡试被批准延期到十月举行。然而，因“闽省军务未竣，邻省道途梗阻”，两位来自国子监的主、副考官祭酒衍秀、司业马寿金在十月十二日才到达福州，十六日才在福建省举行主考官的入闱仪式，十八日才开始的头场考试，比正常的初八日整整晚了10天。[②]再如，在同治六年，贵州省被特准举行补行丁卯科并带补乙卯、戊午科乡试。由于太平天国战乱的原因，两位来自翰林院的主、副考官编修廖坤培、于建章未能按时到达，他们在八月十七日才抵达贵阳，而本年乡试也不得不“诹吉于二十四日入闱”。[③]

二、宽严相济的考试策略

由于处于太平天国战争时期，清廷对于部分乡会试政策采取了较为人性化的执行策略，主要表现为因战乱原因，而错过考期者可以特许参加或补行相关考试。

咸丰三年（1853年），湖北省郧阳府学训导徐恒参加会试，但是因省城失守，未能通过郧阳府发文赴省请咨，只好回孝感县呈请本县出具印结。礼部审议后，认为徐恒的情况系因军务紧急，与“寻常现任教职未请该抚咨文，仅携府县文结呈请会试者”有所不同，故准许其参加会试。[④]咸丰六年，

① （清）奎润等纂修：《钦定科场条例》卷九《乡试考官》，载沈云龙编《近代中国史料丛刊三编》第471册，第755页。

② （清）奎润等纂修：《钦定科场条例》卷一《乡会试期》，载沈云龙编《近代中国史料丛刊三编》第471册，第89页。

③ （清）奎润等纂修：《钦定科场条例》卷一《乡会试期》，载沈云龙编《近代中国史料丛刊三编》第471册，第94页。

④ （清）奎润等纂修：《钦定科场条例》卷七《杂项人员会试》，载沈云龙编《近代中国史料丛刊三编》第471册，第605页。

安徽举人胡肇发、江苏举人蔡嵩年，均在吏部授职后，因战争的原因，未曾赴任职省份。本年会试时间迫近，呈请取结，申请参加会试。清廷认为，他们的情况与平常违例并不相同，均特准其参加会试。① 类似的情形，还有如下事例：

咸丰九年十月，台湾举人王献瑶向礼部递呈，称“前次会试因道路梗塞折回，今又因航海遭风，以致迟误”，从而触犯“已满三科复试”之例限，即将被褫夺举人功名。礼部代为呈奏之后，清廷认为其“远隔重洋，事出有因”，特准其于次年补行复试。② 咸丰十年三月，新中江西举人欧阳衔、广西举人梁嵘椿到京复试，因战乱动荡道路梗阻，到京之后已过复试期限，乃呈请准其补行复试。礼部在查核后上奏，称其逾限乃“事出有因”。清廷乃下旨准许补行复试，“以示体恤”。不过，清廷要求其他举人“嗣后不得援以为例”。③

再如同治元年，江苏省拔贡黄师虞、龚实英，浙江省拔贡张翊俊等向礼部呈报，他们在考取拔贡后，因本省频年军务，试事久辍，未能参加本省会考。本年到北京后，因为“格于成例，不准顺天府乡试”，乃恳请准其先行赴国子监参加乡试录科考试。经礼部将其请求上奏后，清廷认为，虽然有拔贡未经会考则不得送监录科的规定，但“惟念江、浙二省大半为贼蹂躏，兵燹余生，尤堪矜悯。该省现尚不克举行会考，该生等并非有心迟误。今远道北来，若照例不准入场，未免向隅”。④ 因此，清廷特恩准黄师虞等三人，可以先行取具同乡京官印结，至国子监参加录科，并一体参加顺天乡试。

还有同治三年八月，顺天举行甲子科乡试，国子监江南附监生洪钧等参加完顺天乡试并落第之后，恰逢江南战乱平息，两江总督曾国藩奏请，于十

① （清）奎润等纂修：《钦定科场条例》卷七《杂项人员会试》，载沈云龙编《近代中国史料丛刊三编》第471册，第607—609页。

② 《清文宗实录》卷二九八，咸丰九年十月己未，《清实录》第44册，北京：中华书局影印本，1987年，第357页。

③ 《清文宗实录》卷三一一，咸丰十年三月辛卯，《清实录》第44册，北京：中华书局影印本，1987年，第566—567页。

④ （清）奎润等纂修：《钦定科场条例》卷六《杂项人员科举》，载沈云龙编《近代中国史料丛刊三编》第471册，第443—444页。

月举行甲子科带补戊午科乡试，乃呈请洪钧等人回南京，再次参加江南乡试。礼部在接到其呈文后认为，“各省贡监应顺天乡试未经中式，其本籍有于本科展期乡试者，例内并无不准应考明文”。而且“江南频年兵燹，停科已久。本年应顺天乡试者至八百余人之多。现在该省举行乡试，若因该生等曾应北闱，即不准回籍考试，未免阻其上进之心”。[①] 因此，礼部建议朝廷特准其所请，所有本年参加顺天乡试而未考中之江南考生，均可参加本省乡试，清廷获准。

与此同时，在科举考试管理方面，尽管处于战争非常时期，对于涉及原则性问题的科场弊端，清廷依然采取了严厉处罚，乃至血腥的惩治措施。其典型事件，便是咸丰八年十月间，对于顺天乡试舞弊案的严厉查处。十月丁卯，咸丰帝颁发谕旨，严厉痛斥“本年乡试主考、同考各官荒谬已极，覆勘试卷应讯办查议者竟有五十本之多”。即刻命令将“正主考官柏葰着先行革职，听候传讯；副主考官朱凤标、程庭桂均着暂行解任，听候查办”，并要求钦派王大臣等“毋得含混了事，认真研鞫，按例从严惩办”[②]。面对皇帝的龙颜震怒，怡亲王载垣等王大臣不敢怠慢，经过两个多月的审议与查处，终于在咸丰九年二月上奏，并由咸丰帝通过御前会议，将查议后的五点结果颁布于众：

> 一、柏葰以家人求情，撤换试卷，即行处斩，并派肃顺、赵光赴市曹监视行刑；二、编修浦安、举人罗鸿绎、主事李鹤龄照例斩决；三、副主考户部尚书朱凤标失察革职；四、同考官编修邹石麟为举人平龄更改朱卷，革职永不叙用；五、其余徐桐等同考官、对读官及违例举人，由礼部查照《科场条例》议处具奏。[③]

---

① （清）奎润等纂修：《钦定科场条例》卷五《贡监科举》，载沈云龙编《近代中国史料丛刊三编》第471册，第327—328页。

② 《清文宗实录》卷二六八，咸丰八年十月戊辰，《清实录》第44册，北京：中华书局影印本，1987年，第1151页。

③ 《清文宗实录》卷二七六，咸丰九年二月甲寅，《清实录》第44册，北京：中华书局影印本，1987年，第50—51页。

咸丰九年七月，咸丰帝又召集御前会议，针对此次科场案其余几位涉案人员的行为，他又明确做出五点批示：

一、工部候补郎中程炳采与考生事涉交通嘱托、贿买关节，虽该考生未曾中式，但舞弊属实，即行处斩；二、程炳采之父左都御史程庭桂身任考官，包庇儿子舞弊行为，本应处斩，但父子概予斩首，于心不忍，改判发往新疆军台效力赎罪；三、工部候补郎中谢森墀、国子监学录王景麟均着革职；四、附贡生熊元培、候补郎中李旦华、候选通判潘敦俨、翰林院庶吉士潘祖同、候补员外郎陈景彦等均革职并发往新疆效力赎罪；五、其他监临、监试，内外帘执事官员、搜检王大臣等由礼部查照《科场条例》议处具奏。①

从咸丰帝的上述批示中，我们可以清晰地看到：在科举考试管理方面，他既有杀一儆百这种十分严厉的处罚措施，同时，对于程庭桂父子而言，如果同时处斩"于心不忍"，因此产生网开一面的怜悯心态，充分体现出其"宽严相济"的行事作风。

除了顺天乡试科场舞弊案之外，对于其他各省乡试的执行情况，咸丰帝也极为关注。就在顺天科场案的查处过程中，咸丰八年十二月，负责对各省乡试试卷磨勘的兼任吏部、户部尚书周祖培上奏，称本年山东、河南、山西和陕甘乡试中式各卷存在众多可议之处，其中河南省有 40 多份试卷存在"挖补"情况，"显有情弊"；② 山东省第 15 名贾元涛、山西省第 56 名刘元铠、河南省第 35 名部自枢等人的试卷中，或有笔迹不符，或有挖补洗改，"俱干例禁"。为此，咸丰帝极为震怒，指出"抡才大典，岂容违例将试卷任意

①《清文宗实录》卷二八八，咸丰九年七月乙酉，《清实录》第44册，北京：中华书局影印本，1987年，第230—232页。

②《清文宗实录》卷二七一，咸丰八年十二月乙巳，《清实录》第44册，北京：中华书局影印本，1987年，第1195页。

更改？”下旨命各省巡抚严格查处，据实上奏。

在同治时期，虽未查出科场大案，但是在各省乡试中，发现的小问题也层出不穷，充分体现出在科考管理过程中，清廷对于“抡才大典”所采取的严格、认真态度。例如，同治五年五月，福建巡抚徐宗幹上奏，福建台湾镇总兵曾玉明之子曾云登、曾云书乡试舞弊，曾玉明包庇纵容，拒绝配合有关调查。为此，清廷特命闽浙总督左宗棠将有关人员拘拿到案，严讯确情。最终认定，曾云登、曾云书因弟兄号舍相连，乃共商默写旧文，侥幸获中，并不存在枪替、怀挟等舞弊行为，应该按照“士子越号换写文字”之例减一等论罪，并将其父曾玉明革职。[①]

同治十二年十二月，因顺天乡试举人徐景春被磨勘官员查出“文理荒谬”，正考官全庆，副考官胡家玉、童华、潘祖荫均被降二级调用，同考官均“即行革职”。而负责查办此案的礼部尚书灵桂、万青藜，侍郎察杭阿、黄倬、绵宜、徐桐等人，因前次查奏办理“未能允协”，均被降一级留任。[②]同治十三年二月，清廷再次降旨，针对同治十二年癸酉科各省乡试中卷“疵谬甚多”问题，要求“嗣后乡会试考官务宜细心校阅，认真去取，毋得草率从事”。[③]由此可见，在太平天国战乱时期，清廷对于科举舞弊案件的查处依然十分严厉。

三、“捐输广额”政策的实施与废止

清朝大多数时候举行科举考试的目的，是为了选拔新的从政人才，咸同时期与之有所不同。在这一时期，清廷竭力维持科举制度持续运转的另一个

---

①《清穆宗实录》卷三六〇，同治十二年十二月戊子，《清实录》第44册，北京：中华书局影印本，1987年，第774页。

②《清穆宗实录》卷三六〇，同治十二年十二月戊子，《清实录》第44册，北京：中华书局影印本，1987年，第774页。

③《清穆宗实录》卷三六三，同治十三年二月辛巳，《清实录》第44册，北京：中华书局影印本，1987年，第805页。

目的，是通过科举制度笼络人心，将国家最大的依靠力量，即乡绅阶层控制在自己身边。同时，为了能够延续清王朝的命运，清廷还推出了鼓励地方士绅踊跃捐资的政策，许诺捐资者不但可以获得个人封赏，还能够为当地儒学获得新生扩招名额，以及为本省获得举人录取增广名额，这也就是所谓“捐输广额”的背景与内涵。当然，即便在这种情形下，清廷也没有将这一政策无限泛滥，而是采取了一定的限制，亦即《清实录》中所说的“其因捐输奏请加广中额学额者，既沛恩命以广登庸，复示限制以昭核实”。①

（一）“捐输广额”政策的形成

中国捐纳制度由来已久，清代捐纳始于康熙十四年（1675年），其开捐原因各不相同，大致有军需、河工、赈灾和营田等各类。②在清代，康熙时期是捐纳制度形成的奠基阶段，成为清朝中后期施行捐纳之样本。

从某种意义上说，捐纳是一场无数个体与国家之间特定的资源互换游戏。在国家的允许下，经过朝廷系列的精心制度设计，人们遵从特定的游戏规则，进行经济资本与其他社会资本，乃至权力资本的交换。捐纳对人们理解清代社会运作的特定逻辑，尤其是国家治理的核心规则，有着特殊的意义。③

太平天国起义爆发后，因“两粤用兵及常年支放各项需费浩繁”，道光三十年十一月，户部奏请援照往例开捐筹饷。不过，咸丰皇帝并未立即批准。他考虑近十多年来因水旱、河工等事由，已经多次动员捐输，因而登基之后便停止了各项捐例，以便与民休息、培养元气。当时，虽然因为战乱而“度支告绌”。但是，如果朝野上下齐心协力，“移缓济急，挹彼注此”，“部臣筹之于内，疆臣筹之于外”，应该能够同舟共济渡过难关，完全没有必要

---

①《清穆宗实录》首卷一，《穆宗实录序》，《清实录》第44册，北京：中华书局影印本，1987年，第3页。

②许大龄：《清代捐纳制度》，载《明清史论集》，北京：北京大学出版社，2000年，第16—24页。按：此书原为许大龄1947年在燕京大学的硕士学位论文，1950年由燕京大学哈佛燕京学社以《燕京学报》专号之二十二期正式出版。

③吴四伍：《清代捐纳与国家治理》，北京：社会科学文献出版社，2021年，第16页。

“遽议开捐”。①

然而，事实证明，咸丰帝的想法显然是过于乐观了。在豁免民欠和筹解军饷之后，各省藩库根本没有多少银两可以拨解到中央，通过开捐的方式向民间寻求解决经费筹集之道已经势在必行。咸丰元年（1851 年）正月，钦差大臣李星沅、广西巡抚劳崇光便上奏称，为了“两省剿匪”，广东已经“暂开捐输”，且“该省绅民及外省士商捐资助饷情形踊跃”，如果都去广东办理报捐，实在于事不便，请求“准其于广西省城设立分局，就近收捐”。咸丰皇帝不得不接受其请求，要求其“查照部行章程妥办”。②此后数月，针对两广军情，咸丰帝多次主动询问两省开捐筹款情形，反映出他对开捐的高度重视。

咸丰元年（1851 年）九月，户部奏定了两条开捐条例。一是减免手续费，“历届奏开事例，捐生赴部报捐，零费甚为繁重，应请将归公饭银照费、并四分平余、具呈领照诸费概行裁撤”；二是由中央户部收捐，外省不得染指：“外省捐输章程有加无已，所捐银数动用并不报销，无从稽核。此次拟开事例，系在部库交银，应将外省捐输一律停止。”③咸丰帝批准了该项条例。第二年三月，咸丰帝又下发了一道谕旨，表示“粤西一日不靖，朕心一日不安”，希望全国各省官绅士民能够和山西、陕西、河南、四川等省份一样，“同仇敌忾，踊跃输将”④，将开捐的范围扩大到了全国。

咸丰二年十月，经过内阁大臣定郡王载铨上奏，清廷颁发了一份《宽筹军饷章程》，⑤几乎称得上是号召全民“一体量力捐输”。为了体现一视同仁的政策，该章程各条均采用“第一”的形式表述，极具风格与特色：

---

①《清文宗实录》卷二二，道光三十年十一月乙巳，《清实录》第44册，北京：中华书局影印本，1987年，第314页。

②《清文宗实录》卷二六，咸丰元年正月乙巳，《清实录》第44册，北京：中华书局影印本，1987年，第368页。

③《清文宗实录》卷四三，咸丰元年九月癸亥，《清实录》第44册，北京：中华书局影印本，1987年，第600页。

④《清文宗实录》卷五六，咸丰二年三月甲子，《清实录》第44册，北京：中华书局影印本，1987年，第744页。

⑤《清文宗实录》卷七四，咸丰二年十月乙巳，《清实录》第44册，北京：中华书局影印本，1987年，第970页。

一、王公文武京外各官，及致仕、休致、降革、丁忧、告病大小官员，一体量力捐输。一、八旗已、未出仕之宗室量力捐输，应如何奖励之处，请旨定夺。一、翰詹科道准捐外任。一、京察一等记名道府各员准捐分发。一、京外各官已补缺者，试俸历俸年限准全行捐免。一、内阁中书准捐免试俸。一、各项回原衙门行走之员准报捐外任。一、告假、告病及丁忧服满在恩诏以前各员，准仍照原官捐请封典，并准加级请封。一、捐封不限服制，并准照例定应封品级酌加推广。一、准推广外姻尊长捐封。一、休致人员准照原衔捐封。一、降革不准捐复人员，除实犯赃私外，其余准加倍半捐复。一、举人及恩拔岁副优贡生准报捐国子监助教、学正、学录。一、文武各官分别京、外，准各按品级报捐花翎。一、降革一品以下文武官员向不在捐复之列者，准捐复原官顶带。一、军台效力官犯，准先缴台费，分别释回免遣。一、发遣新疆等处官犯，分别已、未到戍，酌定赎罪银数，准释回免遣。一、军营官员兵勇所得领项及商贾汇兑银两，暂行交官充饷，给与印单，酌定限期给领。一、用广储司旧存金牌，以抵军营赏需。一、照浙江夷务案内，用赏银九照。一、京外置买房田未税契者，于文到日，限三月内补税。一、招商开采热河及新疆各城，并各直省所属金银矿。

对于这一章程，咸丰帝只删除了“发遣新疆等处官犯”一条，其余各条全部保留依议颁行。一个月后，咸丰皇帝婉言拒绝了以德勒克多尔济为首的喀尔喀蒙古汗王、贝勒、贝子等，以及哲布尊丹巴呼图克图为首的喇嘛等分别捐输 2 万、1 万两白银以助军需的请求，并表示“军营应用银两现已备妥，足敷支用”[①]，各省大兵云集两广，必将克日扑灭贼匪。不过，此后清廷历次的诏谕表明，咸丰皇帝之所以拒绝蒙古贵族、僧侣的捐资，不是因为不需要，而是因为这点钱根本就是杯水车薪，无济于事。

---

①《清文宗实录》卷七七，咸丰二年十一月丁卯，《清实录》第44册，北京：中华书局影印本，1987年，第1002页。

咸丰三年正月，咸丰帝谕令户部查明山西、陕西、四川三省的捐输人数及捐款数额，开单呈奏，并谕令“着加恩将捐银较多之省酌加乡试中额，捐银较多之各州县酌加学额”，[①]从而揭开了“捐输广额”的序幕。接下来，经过户部、礼部官员近两个月的讨论，咸丰三年三月，清廷终于形成了一套“捐输广额”的方案，简单而言可以归纳为两条：

一、捐广一次性中额、学额（亦称暂额）文武各1名，分别需要捐银10万两和2000两。所广暂额可平均到多科录取，每次不得超过恩科广额大省30名、中省20名、小省10名的限制。

二、捐广永远中额、学额（亦称定额、永额）文武各一名，分别需要捐银30万两和1万两。所广定额均不得超过10名。[②]

为了能让百姓踊跃捐资，咸丰帝还特意颁发圣旨，诏告天下：

> 国家定制，岁入有常。惟正之供，不容短绌。此外一丝一粟，皆吾民勤动所余。苟非军国要需，何忍重劳百姓？比年以来各省奏报绅士商民输将踊跃，除随时奖叙外，并将捐数较多之山西、陕西、四川等省酌广乡试中额并生员学额，以昭激劝。现在大江南北军营，援剿之兵数逾十万。连日捷音叠奏，大挫凶锋。近复调集各路重兵，克期赴剿。合之前调之兵，不下二十余万。朕不惜帑金，为民除害，统计所拨，已及二千七百余万两。际兹大兵云集，需饷尤殷，仍不能不借资民力，以济军储。朕每览军营奏报，小民于流离失所之余，尚复输粟犒师，深为悲悯。即各省距贼较远地方，亦复因军行征调，供亿维艰。若再谕令捐输，实非朕心所愿。惟念贼匪一日不灭，民生一日不安。虽疆围远近攸分，而民情惊扰则一。恤邻有福，古训昭垂。朕之命将出师，原不仅为东南数省生灵救灾雪愤，但得欃枪迅扫，海宇乂安，薄赋轻徭，与民休息，升平之福，朕与天下共之。凡尔士民，

① 《清文宗实录》卷八三，咸丰三年正月癸酉，《清实录》第44册，北京：中华书局影印本，1987年，第60页。

② （清）奎润等纂修：《钦定科场条例》卷二四《捐输加广乡试定额》，载沈云龙编《近代中国史料丛刊三编》第471册，第1721—1725页。

谅能共喻。着照大学士等所请，由各省督抚妥为劝导：无论已捐、未捐省份，凡绅士商民捐资备饷一省至十万两者，准广该省文武乡试中额各一名；一厅州县捐至二千两者，准广该处文武试学额各一名。如应广之额浮于原额，即递行推展。倘捐数较多，展至数次犹有赢余者，准其于奏请时声明，分别酌加永广定额。加额银数及如何归并划除之处，悉照大学士等所议办理。其捐生本身应得奖叙，仍准奏请另予恩施。如有一人一家捐资累万，及毁家纾难、接济粮台者，破格殊恩，不在此列。此次捐输，乃朕不得已之苦衷，倘有墨吏奸胥藉端扰累，苛派侵吞，以朝廷不忍遽行之政，为若辈取携自便之资，病国虐民，情尤可恶，着该督抚立即严参，置之重典，切勿稍存姑息，致累民生。各路统兵大臣亦当念军士饷糈所出，皆吾民竭力输将，严饬所带官兵，迅速奏功，以苏民困。军中疲弱兵丁，必当随时裁汰，使兵归实用，饷不虚縻。粮台大员，收支销算，亦当力求撙节，不可稍事冒滥，庶上可以报国，即下可以对民。各该督抚等即将此旨刊刻誊黄，遍行晓谕，俾薄海臣民，咸知朕意。[①]

在执行“捐输广额”政策的初期阶段，清廷除了向全国各省发布了捐输号召，更采取了选取若干富裕省份进行试点推行的策略。咸丰三年四月，惠亲王绵愉、恭亲王奕䜣、定郡王载铨上奏称，广东、山西是全国最为富裕的省份，如果加大劝捐力度，“示以破格之赏”，必能“有济于事”。咸丰帝批准了其建议，下旨命令两广总督叶名琛、广东巡抚柏贵、山西巡抚哈芬选派“曾任京外各官、公正乡绅人望素孚者”出面，号召绅士商民人等踊跃捐输，并重申除捐资者可以获得相应官职、捐资者所属省份和州县可加广中额、学额外，捐资达到百万或数十万的富家大族还可以“赏加五等封爵”或“赏加轻车都尉”，这些爵位、官衔虽然是虚封，但都准许“予以袭次”[②]。次日，

①《清文宗实录》卷八九，咸丰三年三月丁卯，《清实录》第44册，北京：中华书局影印本，1987年，第190—191页。

②《清文宗实录》卷九一，咸丰三年四月乙酉，《清实录》第44册，北京：中华书局影印本，1987年，第228—229页。

咸丰帝又颁发圣旨，向陕甘总督舒兴阿和陕西巡抚张祥河下达了相同的劝捐命令，要求其在陕西境内选取公正绅士发动劝捐。到了七月，试点省份扩大到了广东、山西、四川、陕西四个省份。

对于个别特殊地区，“捐输广额”政策又略有放宽。如咸丰四年，福建台湾道兼台湾学政徐宗幹上奏，请求朝廷考虑“海外士子远涉重洋”，将台湾府捐输的钱款单独计算，并将加广中额的标准较其他省份降低一半，即每捐资十五万两即可加广乡试文武定额各一名。① 这一请求得到清廷的特许，在咸丰五年七月甲戌日颁发的一道谕旨中，福建台湾府被永远加广“闽籍乡试中额一名”②，成为《清文宗实录》中记载最早被加广乡试定额的地区。此道谕旨中同时涉及“捐输广额”的地区，还有福建漳州府龙溪县永广文武学额4名，福州府闽县、侯官二县永广文武学额各2名，泉州府同安县、漳州府诏安县、延平府永安县永广文武学额各1名。

（二）“捐输广额”政策的执行

在朝廷优惠条件的吸引下，开捐政策取得了清朝统治者梦寐以求的效果。咸丰年间，“各省疆臣奏请增加中额、学额，邀恩准者，指不胜屈”。③ 当然，这些捐输不可能都是出于心甘情愿。如咸丰八年六月，安徽学政张芾上奏，称安徽宁国府巨绅、原任河南总督潘锡恩“不念朝廷，不顾桑梓”，“贪吝成性，缺乏天良”，致仕回籍后虽然拥资数百万，却在朝廷号召捐输之时只肯“捐银二百数十两”，成为抗捐的典型，也使得“宁郡数属借口于泾县，泾县各户借口于潘锡恩”，在徽州府捐银七十余万两的情形下，宁国府劝捐局面竟然毫无起色。张芾认为，如果不令潘锡恩首先尽力倡捐，则“宁捐万不能办，宁捐不办则宁防万不能支，而徽、浙之遗患更不可言”。最终朝廷下旨将潘锡恩革职，并要求其在“捐银数十万两以赎前愆”的基础上，再好

---

① （清）奎润等纂修：《钦定科场条例》卷二十四《捐输加广乡试定额》，载沈云龙编《近代中国史料丛刊三编》第471册，第1728—1731页。

② 《清文宗实录》卷一七二，咸丰五年七月甲戌，《清实录》第44册，北京：中华书局影印本，1987年，第913页。

③ （清）载淳《清文宗实录》序，《清文宗实录》（一），北京：中华书局，2012年，第1页。

好赔补咸丰六年督办团练临阵脱逃时，遗失粮台军械等项损失。[①] 作为已经官至二品的潘锡恩来说，捐银购买虚衔自然非其所愿，广置产业、分析诸子才是其最为看重的目标。这和那些还从未获取过官职、还在梦想顶戴荣身甚至谋取实缺的童生、生员们的想法自然会有所不同。

最初，获准增广的是各州县儒学学额。如据《清文宗实录》，咸丰三、四年所记载的13次“捐输广额”事件，全部为捐广儒学永远学额。最早的一次，则是咸丰三年九月批准的河南怀庆府、湖南省长沙府、广西省桂林府相关府州县学因“绅士守城出力”而加广的永额。[②]咸丰四年二月批准的广东南海、顺德、新会三县，因“绅士捐输军饷”，三县儒学分别增加了4名、1名、1名的永远学额。[③]又如十一月，因捐输军饷，陕西省朝邑、泾阳、渭南、郃阳、咸宁、富平、三原、韩城、蒲城、岐山等县分别获得了7名到1名不等的永远学额。[④]

自咸丰四年开始，咸丰帝以上谕的名义确定各省乡试、各州县儒学增广永远中额、学额以来，全国各地捐输广额便不断涌现，并越来越频繁。在这一时期，江西省是最为积极，奏请加广中额、学额且得到恩准次数最多的省份，其次是江苏、湖北、安徽、广东、湖南、四川、浙江等省，[⑤]云南、奉天最少，只曾经两次奉准加广中额或学额。[⑥]

另外，各省能否最大限度加上广学额，除了与其实际捐输银钱、捐办团练、守城出力等因素有关，也和地方官员以及本籍在朝京官是否积极为当地谋求

①（清）张芾：《张文毅公奏稿》卷一《奏参抗捐巨绅》，载沈云龙编《近代中国史料丛刊》第23辑，第132—145页。

②《清文宗实录》卷一〇七，咸丰三年九月乙丑，《清实录》第44册，北京：中华书局影印本，1987年，第631页。

③《清文宗实录》卷一二〇，咸丰四年二月辛未，《清实录》第44册，北京：中华书局影印本，1987年，第57页。

④《清文宗实录》卷一五〇，咸丰四年十一月庚午，《清实录》第44册，北京：中华书局影印本，1987年，第627页。

⑤张仲礼：《中国绅士：关于其在19世纪中国社会中作用的研究》，李荣昌译，上海：上海社会科学院出版社，2002年，第94—96页。

⑥刘海峰主编，王日根等著：《中国科举通史·清代卷》，北京：人民出版社，2020年，第415页。

利益有关。如江西安远县，除咸丰四年曾因捐银 1 万余两，增加文武永额 1 名外，其余自咸丰六年以来历年军需报销等银，共 19 万余两均“未蒙恩典”，没有加广儒学永额或暂额。其原因在于“办理者未将督抚司书饭食银、部书饭食银赶早缴费，延至既奉新章后，势遂不能两全”[①]。

与之相反的是，同治四年浙江省地方官员奏请，加广乡试中额、儒学学额，却因“兵燹后省城案卷不齐”，本省无法确知捐输数额，请求“由部查明”，而户部又称“查算需时，请仍由浙江巡抚查明具奏”，眼看即将无法为所捐银钱加广中额、学额。此时，户部郎中朱勤等多名官员挺身而出，他们因为“隶籍浙江，同官户部”，有为浙江查算捐款的乡梓情感支撑和工作便利条件，“尽一年之句算，汇各项之捐输，缕析条分，稽知确数”，从户部底账中查明从咸丰九年十月到同治四年年底，浙江省绅民共计捐银 109 万余两，加上咸丰九年九月之前加广后剩余的 16 万余两，合计共有捐银 126 万余两。从而，最终使浙江省被加广了 4 名乡试永额。[②]

另外，从《清实录》的记载也可以发现，咸同时期清廷所颁布的 332 道谕旨，有些是专为一省永广乡试中额，如咸丰八年七月，因捐输军饷，先后颁布谕旨，永广山西乡试中额 2 名，[③]永广湖北乡试中额 3 名。[④]同治三年七月，因捐输军饷，永广湖北乡试中额 2 名，[⑤]山西乡试中额 2 名；[⑥]有些是专为一府、州、县永广儒学学额，如咸丰九年十月，因绅民捐输军饷，永广江苏泰兴县

①（清）黄瑞图：《同治安远县志》卷四《学校志·学额》，清同治十一年刻本。

②（清）奎润等纂修：《钦定科场条例》卷二四《捐输加广乡试定额》，载沈云龙编《近代中国史料丛刊三编》第471册，第1770—1771页。

③《清文宗实录》卷二五八，咸丰八年七月甲戌，《清实录》第44册，北京：中华书局影印本，1987年，第1001页。

④《清文宗实录》卷二五九，咸丰八年七月乙亥，《清实录》第44册，北京：中华书局影印本，1987年，第1026页。

⑤《清穆宗实录》卷一〇九，同治三年七月壬子，《清实录》第44册，北京：中华书局影印本，1987年，第404页。

⑥《清穆宗实录》卷一一〇，同治三年七月癸亥，《清实录》第44册，北京：中华书局影印本，1987年，第431页。

学额 3 名，又陕西候补道熊文华捐输军饷，永广其本籍四川绵州学额 1 名。[①] 同治三年七月因捐输军饷，永广江西德安县、山东聊城县学额各 1 名。[②]

需要指出的是，《清实录》记载的这些广额并非各省、各州县广额的全部。如广东南海县，《清实录》仅记载了两次广额，即咸丰四年二月的永广 4 名学额和咸丰七年十一月永广 10 名学额。然而，据该县志记载，南海县所广学额包括“咸丰乙卯加永额四名；丙辰加广额二十名，同治壬戌复加广额二十名，共广额四十名；己巳部议定永远广额共十四名”。[③] 也就是说，《清实录》只记载了 14 名永广学额，其余 40 名一次性学额则未予记载。又如山西太谷县，《清实录》仅记载了一次广额，即咸丰九年八月的永广 4 名学额，而据县志记载，“咸丰乙卯科以县人捐助军饷银较多，增取附学生员十二名”[④]，说明太谷县所捐广的学额并不只 4 名永额，还有其他一次性学额。

（三）“捐输广额”政策的调整

咸丰三年全面推行的捐输广额政策，不仅满足了地方士绅循例提升社会地位的个人愿望，同时也满足了其拓展本地政治资源的公共愿望，因而得到了广泛的响应，取得了预期的效果。不过，归根结底，科举制度作为清帝国选拔官员候选者的取才制度，毕竟不能任由候选者无限增多，从而导致政治成本不断增大。因此，在镇压太平天国农民起义的战争取得成功之后，清廷也不出所料地开始收紧捐输广额的标准，并最终废除这一制度。

同治七年七月，掌浙江道监察御史范熙溥上奏，针对各省广额繁多的情况，请求朝廷明定限制。随后，湖北学政张之洞也上奏，称“近来各省开办捐数，动多浮冒，以致各州县广额过多，其中根底浅薄文艺粗疏者滥竽充数，

---

①《清文宗实录》卷二九六，咸丰九年十月丙午，《清实录》第44册，北京：中华书局影印本，1987年，第337页。

②《清穆宗实录》卷一〇，同治三年七月癸亥，《清实录》第44册，北京：中华书局影印本，1987年，第431页。

③（清）郑梦玉、梁绍献：《同治南海县志》卷四《建置略一》，第109页。

④刘玉玑、胡万凝：《民国太谷县志》，第510页。

殊非朝廷培植人才之意”①。经礼部讨论后决定，变通广额章程。其主要内容有：

> 一、捐输者个人奖叙与广额奖励分开，“嗣后外省捐输各案，凡捐生已请奖叙者，不准再行加广中额、学额”；二、加广中额、学额的捐款数额延续咸丰三年所定标准，“加广中额银数仍照咸丰三年奏定章程办理”；三、中额、学额区分办理，“已广中额之银概不准再加学额，已加学额之银，概不准再加中额”②；四、限制每科录取的暂额数量，“除原额及永远定额照数取进外，所加一次广额，拟请比照恩诏加额之例，大学七名，中学五名，小学三名，以示限制”。③

从《清实录》的记载来看，变更捐输广额章程之后，各地获准捐广中额、学额的数量显著下降。其中，同治七年在七月更改广额章程之后，所捐广的乡试中额为0名，学额为136名；同治八年，乡试中额只有陕西省永广1名，学额为53名；同治九年，江苏因“厘捐充饷”，三年中达到750余万两，才被特许“加广江苏省文武乡试永远中额各八名”，并规定“嗣后他省不得援以为例”④；安徽因“前任直隶提督刘铭传所部捐输欠饷”，得以“永广文乡试中额一名”⑤。该年所广学额为108名。同治十年，乡试广额为0名，学额27名。同治十一年，乡试广额为0名，学额3名。

---

①《清穆宗实录》卷二三九，同治七年七月壬寅，《清实录》第44册，北京：中华书局影印本，1987年，第310—311页。

②（清）奎润等纂修：《钦定科场条例》卷二四《捐输加广乡试定额》，载沈云龙编《近代中国史料丛刊三编》第471册，第1731—1732页。按，据《大清会典事例》卷七二〇记载，同治七年复准，“各省加广学额银数，照旧章凡一厅一州一县捐银四千两者，准加一次学额一名，二万两者，准加永远定额一名”，所记与旧章不符。

③《清穆宗实录》卷二三九，同治七年七月壬寅，《清实录》第44册，北京：中华书局影印本，1987年，第311页。

④《清穆宗实录》卷二七九，同治九年三月丙寅，《清实录》第44册，北京：中华书局影印本，1987年，第874页。

⑤《清穆宗实录》卷二八二，同治九年四月乙丑，《清实录》第44册，北京：中华书局影印本，1987年，第896页。

尽管《清实录》所记载的“捐输广额”事例，并非全国各省实际捐输广额的全部，但确实在一定程度上体现了当时全国限制“捐输广额”的实际情况。

（四）“捐输广额”政策的废除

光绪二十七年（1901 年）七月二十九日，内阁奉旨上谕：“嗣后无论何项事例，均着不准报捐实官，自降旨之日起，即行永远停止。统限一个月内，截数报部，毋得请展限。其虚衔、封典、翎枝、贡监及现行常例准捐各项，究竟有无妨碍，着该部核议，奏明办理。”① 此时，虽然清廷宣布“永远停止”所谓“捐输广额”政策，但对于是否真正废除，学界仍颇有分歧。

作为研究清代捐纳制度的权威学者，许大龄先生并不否认，“捐输广额”政策尚未停止，并提及光绪三十年至三十二年之间，曾经一度又增添实官捐输，现行常例等仍准通行。② 此外，还有学者持有其他观点：（1）认可光绪二十七年，清廷最终停止了实官捐纳及各项花样。③（2）认为光绪二十七年有停实官捐之举，此后捐纳仍在实行，但其中的实官捐情况则语焉不详。④（3）泛泛而谈，实官捐经纳清末仍有。⑤（4）仅以捐复为由，认为实官捐延至清亡。⑥（5）否认光绪二十七年真正停止实官捐，惜未作任何解释与说明。⑦

2009 年，钞晓鸿通过查阅《东华续录》中，光绪二十七年八月初七日户部奏准的核议意见后，得出结论：光绪二十七年上谕，只是在政策上废止了根据当时的暂行事例，捐纳实官及其花样，既非标榜的“永远停止”，亦

---

①《清代起居注》光绪朝（第64册），联经出版事业公司，1987年，第032539—032540页。该上谕收录于多种文献，如《德宗景皇帝实录》卷485，光绪二十七年七月壬辰，北京：中华书局，1987年，第58册第416页上栏—下栏，等等。

②许大龄：《清代捐纳制度》，载《明清史论集》，北京：北京大学出版社，2000年，第70—72页。

③梁严冰、刘蓉：《清代的捐纳制度》，《历史教学》1996年第9期。

④谢俊美：《捐纳制度与晚清吏治的腐败》，《探索与争鸣》2000年第4期。

⑤刘次涵、张学明：《晚清捐输初探》，《兰州大学学报》1984年第4期。

⑥萧一山：《清代通史》第4册，上海：华东师范大学出版社，2006年，第58页。

⑦陈旭麓等主编：《中国近代史词典》，上海：上海辞书出版社，1982年，第562页。

未停止所有实官捐项。清廷所谓的废止捐纳实官，更多地表现为政治表态与名义变化，实官捐纳通过各种方式继续实施才是实情。[①]由此说明，实官捐纳的举措，延续至清代灭亡才终止。

但是，清代咸同时期的捐输广额政策，为这个没落老大之帝国能够平定太平天国之乱，确实起到了苟延残喘、饮鸩止渴的作用。民国时期，清朝遗民们依然对其抱着委婉的批评态度，民国《南昌县志》卷 54《兵革》的这段话颇具代表性："自咸丰癸丑以来，郡县之遭蹂躏者所在皆是，究其病实在于人心之各散。爱民足民之道，不裕于无事之日，临变而求其克济者，未之有也。"[②]所谓藏富于国，还是藏富于民，其实并不重要。重要的是，得人心者得天下。

张仲礼在他的著作《中国绅士研究》一书中，统计了太平天国运动前后绅士的数量，几乎成倍地增加，[③]而捐纳就是最为重要的因素。为了拯救自身，清朝政府对于捐纳制度的使用，达到了恶性透支的地步，大量的捐纳特别是地区性增广学额，使得科举制度的公正性遭受到前所未有的冲击。

四、太平天国科举考试的特色

在咸同年间，除了清廷举办的乡试与会试之外，洪秀全在定都南京之后，也曾连续十年举行过科举考试。太平天国科举有乡试、郡试、省试和殿试，有文科也有武科，并具有十分突出的特色。

洪秀全是因为没有考取功名，才走上了造反的道路，因此他有着很深的"科举情结"。当初，他第四次名落孙山走出考场的时候，曾经愤愤地发誓说："等我自己来开科取天下士吧！"从 1851 年太平天国起义后，他一直念念不忘这句话。太平军打下第一座城市永安后，即宣布开科取士，那一次

① 钞晓鸿：《清末废止捐纳实官考实》，《中国经济史研究》2009年第4期。

② 魏元旷：《民国南昌县志》，第1621页。

③ 张仲礼：《中国绅士研究》，上海：上海人民出版社，2008年，第113—115页。

科举的首名是南王冯云山。太平军第一次攻取武昌后，再次进行开科取士。

1853 年进入南京城以后，太平天国马上制定了自己的科举考试办法，并于当年开科取士。太平天国大体沿用了清朝的科举制度，考试分为乡试、县试、郡试、省试和京试，只是清朝三年一考，太平天国一年一考，且京试设天试、东试、北试、翼试，共有四次，试期分别以天王、东王、北王和翼王四人的生日为期。四次京试各自开科取士，各自出金榜，都产生状元、榜眼、探花。当时清代诗人马寿龄写了一首《金陵癸甲新乐府·点状元》："八月号东试，十月号天试，正月及二月，北试翼试又相继。六月阅耳四状元，唾手功名太容易。"

此处四次京试时间，就是十月初一幼主洪天贵福生日举办的"天试"；八月东王生日举办的"东试"；六月北王生日举办的"北试"；二月翼王生日举办的"翼试"。原定"天试"是十二月天王生日举办，但洪秀全为早日昭示儿子成为继位人，而改成了该日。

从太平天国政权统治模式而言，定都南京后并非由洪秀全一人掌控，而是由天王、东王、北王和翼王等少数几个人同时掌握着最高统治权。天试、

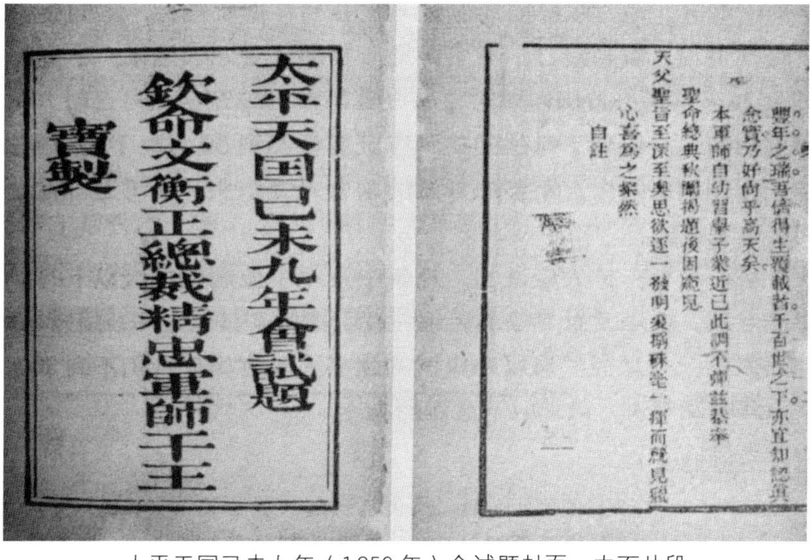
太平天国己未九年會試題
欽命文衡正總裁精忠軍師干王
寶製

太平天国己未九年（1859 年）会试题封面、内页片段

东试、北试和翼试等四种最高级别科举考试配合实行，则是太平天国统治模式在科举制度中的完美体现，也是科举最高话语权的平均分配。

1856 年，在“天京事变”之后，东王杨秀清、北王韦昌辉身死，翼王石达开出走，原有统治模式解体，变为天王洪秀全一人领导下的集权政治。统治模式的变化在科举制度中的反映十分明显。此时，东试、北试和翼试已全部终止，天试则成为唯一最高级别的科举考试。

太平天国科举试题，最初多带有鲜明的天国宗教色彩。其考试题目出处，多取自《旧约》《新约》《天王诏书》《天条书》《天父上帝言题皇诏》等内容。例如，癸丑三年（1853 年）东试，文题为：“皇上帝是万郭（国）大父母，人人是其所生，人人是其所养。”诗题为：“四海之内有东王。”论题为：“真道岂与世道相同？”再如庚申十年（1860 年）天试，文题为：“坦盘惑鬼语，洪水浸天下。上帝永约云，弯弯日教化。”诗题为：“求鱼得吴，犹饿人求饭得菜。五言八韵，不限韵。”论题为：“孝敬父母孝敬爷。”[①] 尽管考试题目不准用《四书》《五经》，但是其行文格式仍采用八股体，诗仍用试帖体，论策等也皆不出旧式范围。

太平天国科举考试应试资格极为宽松，不论门第、出身、职业，凡是不反对其统治者皆有应试资格。在清朝及前代，一些特殊身份的人群不具备应试资格，如倡、优、隶、卒等，但在太平天国却享有参加科举考试的权利。从这一点来说，太平天国科举考试是向全体社会成员开放的，其开放性远超过前代及清朝。

然而，太平天国放宽应试资格，有其背后的根本原因，那就是多数士人不愿参加其科举考试，更不愿配合其统治。据《贼情汇纂》载：“其应试者，多僧道巫觋、卦卜星相之流。以贼严禁醮祝、多毁寺观，此辈无栖身之所、求食之资，知读书有志者皆不屑为所污。”[②] 此说虽有所夸张，并掺杂有敌视情绪，但其所反映，许多士子不愿参加太平天国科举考试，这种情况应该

① 孟义昭：《太平天国科举制度探析》，《史志学刊》2020年第4期。

② 张德坚等辑：《贼情汇纂》卷三：《伪官制·伪科目》，载《续修四库全书》（第445册），上海古籍出版社，2002年，第564—565页。

是真实的。

最明显之例，莫过于1853年东试。当局令士子先期十日赴诏书衙报名，来者不及50人。于是展限十日，“鸣钲传令，不应试者斩。届期应试者并伪官，仍不及三百人”。即使当局采取恐吓等高压强制手段，士人应试者仍十分有限。当时被迫参加“东试”的士子，也有乘答题之机讽刺太平天国统治而遭受严惩者。[①] 这种情况不仅在南京，在江南其他各地也多有发生。1854年，太平天国在湖北开科，考试者不到1000人，竟录取了800多名举人；安徽省的一个县出了30多名举人，这与洪秀全当年参加考试之难形成鲜明对比。

因为太平军所到之处，吓走了大批书生，所以太平天国开科的时候，具备考试能力的读书人稀少了，太平天国放宽考生资格，“无虑布衣、绅士、倡优、隶卒”均可参加考试。后来，一个卖鸟的人参加考试，得中举人，引起轰动。

乡试亦同，甲寅四年（1854年）湖北乡试首题“真神独一皇上帝”，次题“皇上帝乃真皇帝”，诗题“天父下凡事因谁？耶稣舍命待何为？”同年安徽乡试，掌考官与天试状元武立勋所出别题，因出自“五经”，经举报，武被降为伍卒。他没有因犯规而杀头、点天灯，还算是宽大无边的。

在太平天国地区，地方政府要为保证考生数目，提出指标，不到数的，各级官员要担责，轻则责骂，重则殴打；考生拒绝应举的，要捆绑送来，不服从者甚至要杀头。1853年在天京举办首届东试时，举办者敲锣打鼓在全城号召和下令读书人先期十天赴诏书衙报名，但到了考试前夕，应试者竟不到50人，于是只得延期十天，且鸣钲传令，行使铁血命令，不参加考试的读书人要杀头。考中者捆缚上轿娶媳妇，这在中国科举史上史无前例。

十步之内，必有芳草。太平天国区区数年科举虽滥，倒也造就了一代文化，出现了若干风流人物。据说其中最出名的，就有所谓的刘元合刘状元和“女状元”傅善祥。

刘状元还真可能是文化人物。1853年2月，太平天国初占武昌，开科取士，

---

①张德坚等辑：《贼情汇纂》卷三：《伪官制·伪科目》，载《续修四库全书》（第445册），上海古籍出版社，2002年，第565页。

先行告示，有“家有应试者不杀”一条。结果凡应试者均及第，仅湖北兴国州得第者就有 300 余人。其中状元刘元合就是兴国州人。

洪秀全曾接见刘状元，与之谈军国大事、天下形势，发现他确是人才，便赐其金舆黄盖，坐十六人肩抬的黄紫绸缎大轿，游街三天；并在小别山下建高台，请刘状元登台演说太平军驱逐清人、重兴明祚，吊民伐罪，自今以往士民不得再垂辫胡服，听讲者大受感动，多有痛哭流涕者。

经过天京内讧，太平天国杨秀清时期的很多政治、文化措施都荒废了，唯独科举取士仍为洪秀全留恋不去。1861 年，他还特地任命洪仁玕、石达开为文衡正，又任正总裁；陈玉成、蒙得恩为文衡副，又任副总裁，并设立处理日常业务的总阅、磨勘、阅文等官，规定每年正月，由两司马、卒长、旅帅、师帅等基层官员开考乡试，并在每年二月，由军帅考题；拟省试、京试俱三年一次。洪仁玕奉命为之作草拟试士条例，此条例后经洪秀全批准，以《钦定士阶条例》刻印公布。具体内容详见第五章。

第四章 洪秀全的科举之路与起义思想

洪秀全（1814—1864），本名火秀，据说是因为本命八字五行缺火，有相生相克之嫌。而按族谱辈分排行，取名仁坤。后来，他公开使用的名字，包括几次赴广州参加科举乡试时，都是“洪仁坤”。而“火秀”曾作为他的乳名。

洪秀全这个名字，是他在第三次科举失败后，在家里病倒了，40余天卧床不起，久治不愈。为了身体早日康复，便改名为“洪秀全”。后来在其建立“拜上帝教”时，既成为一个联络暗语，又是一个政治谶语。其名“秀全”两字，是由“禾”“乃”与“人”“王”组成，因“禾”字与“我”字读音相近，而读作“我乃人王”。也就是说，洪秀全自称是上帝派来的领袖。

1814年1月10日（清嘉庆十八年十二月初九），[①]洪秀全出生在广东省花县（今为广州市花都区）芙蓉嶂福源水村（俗称屋檐水村）的一个客家农户家里。洪秀全的生父名叫洪镜扬，母亲王氏。洪家生育有3个儿子，长子叫洪仁发，次子叫洪仁达，三子叫洪秀全。还有两个女儿，长女洪辛英，次女洪宣娇。后来，洪宣娇长期跟随洪秀全，成为太平天国中为数不多的女将。

几年后，洪家由福源水村迁至官禄㘵村。洪镜扬迁移的举动，显然是为聚族而居，家族间有个照应，不再孤悬于福源水村一隅。洪镜扬是一位自耕农，家中有几亩田，还有两头耕牛。官禄㘵村附近均是原野田畴，宜于农耕。洪家凭洪镜扬和两个儿子仁发、仁达的劳作，亦可自给自足。

洪秀全先后娶有王氏和赖氏两任妻子。王氏是广西贵县赐谷村人；赖氏则是本地人。王氏早逝，第二任妻子赖氏是天王续配，幼主洪天贵福就是赖氏所生。她跟着洪秀全一直到南京，后被封了个“君王母”的高贵称号。“君

① 李剑农：《中国近百年政治史》，武汉：武汉大学出版社，2006年，第50页。洪秀全出生的确切日期，在很长一段时期里都存在争议，中外文献共给出了九种提法（转引简又文著作）。笔者赞同李剑农的提法。因为1851年1月11日，太平天国起义的日期，就是在洪秀全生日后的第二天。1951年1月10日，《人民日报》发表社论《纪念太平天国起义一百周年》，也从官方的角度进一步证实了笔者的观点。

洪秀全故居，位于广州市花都区

王母”的含义即太后。天王把赖氏尊为国母，要众妃嫔听她的教导。[①]

赖君王母在南京享受荣华富贵，但是她的行迹罕有记载。现所发现的史料，乃是帮着洪秀全圆梦。1860 年太平军攻打苏州前夕，她也帮着洪秀全说天话。因而，洪秀全在为庆贺苏州光复里特别提及：“二月初七朕妈见，东西南王去诛妖，金龙殿前呼万岁，去打苏州实勤劳，于今苏福既收复。”[②]在这份“诏旨”中的俚语“朕妈”，指的就是这位赖君王母。

一、少年生活与学堂时代

洪秀全出生于耕读世家，七岁起在村中私塾上学，熟读《四书》《五经》及其他一些古籍，并且很快成为一个聪明勤奋、强于记诵的学生。通过五六年在村子周边不同学校的学习，洪秀全已掌握了儒家主要经典和其他一些次要的文献，而且显示出了他在撰文写作方面的天赋。

① 侯福同：《十年壮丽天王府》，南京：南京出版社，2000年，第27页。
② 盛巽昌：《实说太平天国》（增订本），上海：上海书店出版社，2023年，第6页。

他在校外的大部分时间，也长期在自修研读中国历史书籍和其他文献。这个时期的洪秀全给他的老师、亲属和村子里的人都留下了深刻的印象。他们每个人都认为洪秀全能够在科举考试中取得成功，为本村人争得荣誉，并且光耀祖宗门第。他们在各种小事情上帮助和鼓励洪秀全：老师曾免除他的学费，亲戚们偶尔会为洪家提供一些物质上的帮助。[①] 父母对洪秀全溢于言表的关爱和引以为傲的感情，也时刻激励着洪秀全。其父亲也十分乐见自己最小的儿子能够有光明的未来。因此，所有当面夸赞洪秀全的人，他都会高兴地将其请回家中招待茶饭。

家族成员的这些厚望，一方面给予了洪秀全无限的信心与对前途的美好憧憬；另一方面又无疑给他的心理增添了很大的压力。这就使他形成了既要强又自尊的倔强性格，对他后来人生道路的选择，产生了十分重大的影响。

二、屡试不第的科举历程

洪秀全 13 岁时，在地方考试中考取第一名，成为童生。道光八年（1828 年），14 岁的洪秀全第一次来到广州，他满怀信心地参加乡试。结果是希望越高，失望越大。初试的失败，对洪秀全及其家人都是一个不小的打击。他的父亲也没有能力继续支持他的学业，便让他回家务农。村中的许多人也为洪秀全的不幸境遇而一直感到遗憾。但家人与他都并未绝望，准备着再次赴考。

直到第二年的某天，洪秀全的一个家境富裕的同学不经意地问他，是否愿意陪自己去外地（广州）读一年书时，洪秀全高兴地接受了这个邀请。洪秀全在广州聆听了当时的儒学大师朱次琦的讲学，从此找到了看待中国传统

① 简又文：《太平天国革命运动》，北京：九州出版社，2020年，第13页。

的全新角度。朱次琦是一位鸿儒大家，长于讲授公羊学和《礼记》中的《礼运·大同篇》，并从中归结出他对中国文化的自豪感，以及对广泛的社会改革的赞同与支持。洪秀全后来的革命思想，尤其是社会和道德层面的思想，都受到了朱次琦的深刻影响。[①] 一年过后，当 18 岁的洪秀全再次回到这个村子时，村里的长老邀请他在村子的学校做教书先生。

道光十六年（1836 年），洪秀全第二次赴广州参加乡试，结果又一次名落孙山。欲哭无泪的洪秀全，选择暂时留在广州。当他独自徘徊在考场附近的龙藏街时，正好有传教士在给人们赠送基督教宣传品，他也要了一本。这本书就是华人传教士梁发编写的《劝世良言》，刊行于 1832 年，共有九卷。洪秀全应试完毕，“即携之回乡间，稍一涉猎其目录，即便置之书柜中，其时并不重视之”。[②] 洪秀全在回乡继续教书之后，只是随便看了两眼，就把这套从广州带回的九卷小册束之高阁了。这时他的心思，仍然全力集中在乡试上面。

1837 年春天，洪秀全第三次赴广州参加乡试，这一次他仍未能考取功名。强烈的失望感使他突然开始怀疑并否定自己。洪秀全说“我感觉很不好”。因此，他不得不雇两名轿夫把自己抬回老家，到家之后很长时间卧床不起，感觉无颜再面对家人及族人的厚望。他的脑中开始充满奇怪的幻象。他想到了死亡，并与双亲做了这样的诀别：

> 哦，我的父母，我是这样地不孝，不能报偿你们的关爱。我将永不能得到一份功名，光耀你们的门楣。[③]

然后，他就像已经死去一样，身体失去了所有的力量，并且也不再能够支配自己的手脚。他只是静静地躺在床上，意识在有与无之间徘徊。但他的思维却是活跃的，那个奇怪的幻象越发清晰。据史料记载：

---

① 简又文：《太平天国革命运动》，北京：九州出版社，2020年，第14页。

② 中国近代史资料丛刊《太平天国》第六册，上海：上海书店出版社，2000年，第838页。

③ 简又文：《太平天国革命运动》，北京：九州出版社，2020年，第16页。

> 秀全病时，神游四方，常在其室内走动跳跃，或如兵士战斗状，常大声疾呼："斩妖，斩妖，斩呀！斩呀！这里有一只，那里有一只，没有一只可以挡我的宝剑一砍的。"①

原来，洪秀全在病中做了一场怪梦，梦见天上至尊的老人，命他降世救人，要他"手握乾坤杀伐权，斩邪留正解民悬"，并封他为"天王大道君王全"。绝望中的洪秀全并未完全失望，他实在不甘心自己这十余年的苦读之功，就这样化成泡影。他在病好后，再次振作精神，投入积极备考的生活之中。

在亲人们的殷殷期盼与祈祷中，道光二十三年（1843 年），洪秀全再次踏上了赴广州参加乡试的征程。对于这次考试，他充满了最后的希望。不幸的是，社会现实又一次击碎了他试图通过科考跻入仕途的梦想，也封杀了他的金榜题名、光宗耀祖的追求。

面对第四次考试的失败，洪秀全已不再是绝望，而是彻底被激怒了。在从广州返乡的船上，他回想起上次在病床上吟出的两首诗句："展爪似嫌云路小，腾身何怕汉程偏。风雷鼓舞三千浪，易象飞龙定在天。"（《述志诗》片段）还有"鸟向晓兮必如我，太平天子事事可。身照金乌灾尽消，龙虎将军都辅佐。"（《金乌诗》片段）

想到这里，他又一次激情满怀。为了缓解一路上的颓丧心情，排解心中的愤怒，他转身回舱取出笔墨，沉思片刻之后，写出了"龙潜海角恐惊天，暂且偷闲跃在渊。等待风云齐聚会，飞腾六合定乾坤"。②（《定乾坤》诗）诗中抒发了他不甘心就此沉沦的心境，揭示了他要领导一场推翻满人统治的革命运动的决心。

---

① 中国近代史资料丛刊《太平天国》第六册，上海：上海书店出版社，2000年，第842页。
② 中国近代史资料丛刊《太平天国》第六册，上海：上海书店出版社，2000年，第843页。

三、洪秀全起义思想的来源

回到家之后，洪秀全仍然极为恼怒，继续愤怒地谴责着清朝政府，以及所有满族官僚。他把自己的书扔到地上，大声说："让我来主持考试，为国家取人才，而不是为满人找奴仆。"① 洪秀全这样的情绪，确实符合他当时的心情。此刻，他做出了一个大胆的决定：从此"不考清朝试，不穿清朝服，要自己来开科取士"。

1843 年夏天，洪秀全继续在他继母出生的村庄里做教书先生。其表兄李敬芳来家里看他时，发现了洪秀全在广东从传教士手中得到的《劝世良言》，马上就向洪秀全借阅。通读之后，他对宣传册中那些不同于寻常认识的内容显得异常着迷。见到他如此着迷，洪秀全也开始阅读这些被他长期束之高阁的宣传册。他忽然意识到，这才是理解他那个奇怪幻象的关键所在。激动和兴奋之余，洪秀全现在确信，那幻象中德高望重的长者就是上帝，而那个中年男人就是耶稣基督。六年前所见的幻象，现在又一幕幕地出现在他的脑海中，并且一个一个地都因与宣传册中所描述的事件高度对应，而被赋予了新的解读内涵。

科考绝望后的洪秀全，对《劝世良言》十分沉迷。他认真阅读研究了书中关于上帝、耶稣的介绍，以及其基督教教义的基本内容，终于找到了发动下层劳苦民众进行斗争的一个有力工具。

几天后，洪秀全请人为他专门打造了两把数斤重的"斩妖剑"。他要"手持三尺定山河，四海为家共饮和。擒尽妖邪归地网，收残奸宄落天罗。东南西北效皇极，日月星辰奏凯歌。虎啸龙吟光世界，太平一统乐如何！"② 也就是说，他要另起炉灶，决心将清王朝江山取而代之。从此，他背上这两把剑，开始了他的反清大业。

---

① 简又文：《太平天国革命运动》，北京：九州出版社，2020年，第20页。

② 中国近代史资料丛刊《太平天国》第二册，上海：上海书店出版社，2000年，第848—849页。

中国封建社会延续了几千年，农村中的宗教迷信传统是一股巨大的保守力量。历史上的中国农民思想中，封建迷信传统根深蒂固。正因为如此，中国历代农民起义的发起者都打着宗教迷信的幌子，去有效激励民心，号召群众加入。从秦朝末年，陈胜、吴广利用“鱼腹丹书，篝火狐鸣”，去招集反秦举义的力量；到东汉末年，张角利用太平道，而发出“苍天已死，黄天当立，岁在甲子，天下大吉”的政治预言，都是一脉相承。

从五代的母乙、董乙，北宋的方腊，南宋的钟相、杨么利用的摩尼教，北宋李仙、王禧利用的“妖法”，到元朝末年，刘福通、韩山童，明代的唐赛儿、徐鸿儒，清初的姚之富、林清、李文成等人利用的白莲教等，皆是打着宗教旗号来发动的农民起义。①

喜欢阅读中国历史书籍的洪秀全，不可能不知其中的奥妙。于是，洪秀全皈依了上帝，建立了拜上帝会。他要效仿先人，依靠上帝的旗帜，去做出一番惊天动地的事业来。他要追随唐末黄巢，走出一条因多次参加科举考试落第，铤而走险反抗朝廷的老路；他要效仿黄巢、李闯王，掀起反清的滔天巨浪。同时，他也十分痛恨黄巢在《题菊花》诗中，所写“飒飒西风满院栽，蕊寒香冷蝶难来”的现状，憧憬着“他年我若为青帝，报与桃花一处开”的理想景象。

目前，中国学术界普遍认为，洪秀全的反清大业，是从他对《劝世良言》的服膺开始的，其实不然。

1823 年 12 月，美国传教士马礼逊将中国更正教信徒梁发，发展成为中国第一个更正教的牧师。后来，梁发协助马礼逊在中国做印刷工作。1832 年，梁发用中文写成了一本《劝世良言》，在国内省城和乡试集中地广泛散发。②华人传教士梁发，深通大清国当时的实际情况。他深知，要想使基督教为中国人所接受，就必须以中国人喜闻乐见的形式出现。梁发既精通西文，又有很深的儒学功底。他的《劝世良言》，与其说是对基督教的翻译传播，不如

① 马平安：《晚清殇史：大清王朝灭亡之谜》，北京：中国文史出版社，2012年，第57页。

② 彭靖：《马礼逊与马儒逊》，《文史春秋》2023年第2期。

马礼逊（右一）和他的中国助手梁发（中立者）

说是儒教、基督教二教混合物更为贴切。因此，这本书成为洪秀全寻找反清理论依据的入门教材，就很容易解释得通了。

在上文中提到，简又文先生在《太平天国革命运动》一书中，曾经指出：洪秀全后来的革命思想，尤其是社会和道德层面的思想，都受到了朱次琦的深刻影响。因此，笔者认为：洪秀全起义思想的形成，首先是受到了儒学大师朱次琦的影响。其次，在他数十年寒窗苦读，屡次科考却仅获得一个秀才，连一个举人的资格也未捞到之后，这种影响便促使他产生要付之于行动的根源。而梁发的《劝世良言》，不过是他阅读史书之后，仿效先人的做法，利用宗教迷信的幌子，去有效激励民心，号召群众加入的一个有力工具。

道光二十四年（1844 年）春，洪秀全与冯云山等人离开了家乡花县，出游天下，宣传起义思想。他们先到广州，再入顺德，后又折回广州。次年，再转游南海、番禺、增城、从化、清远、英德、曲江、阳山和连山等地，并来到瑶族地区的八排，进行发动群众的宣传工作。在遭遇严重困难后，洪秀全决定到广西去。俗话说得好，“外来的和尚会念经”。在广西贵县赐谷村，洪秀全、冯云山经过努力终于扎下了营盘，站稳了脚跟。不久，他们又转入紫荆山区，去发动更多的群众加入拜上帝会。

洪秀全还模仿《旧约 · 圣经》中有关“摩西十诫”的内容，创造出了“十款天条”：崇拜皇上帝；不好拜邪神；不好妄题皇上帝之名；七日礼拜，颂赞皇上帝恩德；孝顺父母；不好杀人害人；不好奸邪淫乱；不好偷窃劫抢；不好讲谎话；不好起贪心。①

洪秀全自称是皇上帝之子，基督耶稣的弟弟。他是奉皇上帝之命，下凡来领导民众推翻“妖魔”朝廷。而后，再由他建立一个绝对公平、财产平分的太平天国。洪秀全采用基督教新的洗礼、礼拜和祈祷等仪式来造神，造出一个他自己编造出来的“太平天国神话”。

从 1844 到 1849 年，洪秀全先后创作出了《百正歌》《原道救世歌》《原道醒世训》和《原道觉世训》等文章，为太平天国反清运动的发动，准备了充分的思想和理论条件。

道光三十年（1850 年）正月，道光皇帝去世，由其子咸丰继位。此时，全国各地小规模的起义事件此起彼伏，接连不断。黄河决口、水灾等自然灾害事件不断发生，许多农民由此失去了居住的家园和土地。面对起义条件的日渐成熟，洪秀全满怀信心地在诗中写道：

近世烟氛大不同，知天有意启英雄。神州被陷从难陷，上帝当崇毕竟崇。明主敲诗曾咏菊，汉皇置酒尚歌风。古来事情由人做，黑雾收残

① 马平安：《晚清殇史：大清王朝灭亡之谜》，北京：中国文史出版社，2012年，第57—58页。

一鉴中。[①]

其中，前两句诗就是对清朝黑暗统治，所造成负面效果的认知。而“明主敲诗曾咏菊”，指的就是黄巢所题《题菊花》诗。

1850 年 7 月，洪秀全发布总动员令，命各地拜上帝会于 11 月 4 日前到达广西桂平县金田村“团营”。洪秀全将聚集在金田村的拜上帝会成员，按性别分别编入男营和女营,众多分散的农民被组织成为一个严密的武装团体。洪秀全命令所有来金田的人，将个人私有财物全部交入公库，实行“个人不许私留财物，一切由公库统一供给”的圣库制度。一场史无前例的大规模的农民造反运动即将爆发。

四、实现开科取士的步骤

咸丰元年（1851 年）1 月 11 日，洪秀全在他 37 岁生日后的第二天，于广西省金田村宣布起义。在他的第一篇诏书中，洪秀全将这个新的国家命名为“太平天国”，这个新的朝代被称为“天朝”，1851 年即为太平天国元年。

在接下来的仪式中，洪秀全大加分封。他的继母被封为“春王母”，已故的第一任妻子为“正月宫”，现在的第二任妻子为“又正月宫”。用“月”字是为了和洪秀全新的尊号“日”字相匹配。

关于太平天国的军事领导，洪秀全任命杨秀清为中军主将，萧朝贵为前军主将，冯云山为后军主将，石达开为左军主将，韦昌辉为右军主将。其他将官也都各领其职。最后，作为对太平军诸多军法纪律的重申和总结，洪秀全和五位主将联合向全军发布了五条简明扼要的军纪：其一，严格遵守各项天条军令；其二，严格区分男女性别；其三，严禁滋扰百姓；其四，遵循公

① 中国近代史资料丛刊《太平天国》第二册，上海：上海书店出版社，2000年，第869页。

有精神（严禁私产和个人收入），兵将和睦；其五，全身心为革命事业服务，特别强调要作战勇猛，不畏牺牲。① 接着，太平军挥师东进。

1851 年 3 月 23 日，洪秀全在武宣县东乡迫不及待地自封天王。

4 月，在攻占广西省永安县时，洪秀全就迫不及待地开科取士。此次考试一榜共取中 40 人，冯云山为第一名。这是洪秀全开科取士的雏形阶段。

12 月 17 日，洪秀全在永安县封官许愿。洪秀全颁布封王诏令，封杨秀清为东王，萧朝贵为西王，冯云山为南王，韦昌辉为北王，石达开为翼王。鉴于杨秀清在领导民众与清军作战过程中表现出来的杰出才能，洪秀全将太平天国作战的军事行政大权让给他，同时明令，西王以下俱受东王节制。由此，太平天国正式确立了自己的领导核心和各王的地位，形成了天王领导于上，东王总理军政，诸王集议决策的权力运作体制。

但是，在革命运动的初期，洪秀全做出这种安排，在政治上是不合适的。这些人已经获得了最高的荣誉封赏，若将来因战功而再行封赏，就只能赐予更花哨的荣誉名衔。而比这个严重得多的另一个错误则是天王强行做出了“其他诸王均受东王节制”的训令，导致了后来的洪、杨争权。同时也形成了各王均有自己六部、卫队和军事力量，成为一个个相对独立的派系，这些都是导致太平天国以后发生内斗的根本原因。

咸丰二年（1852 年）4 月，太平军挥师北上，进入两湖地区，先期攻打湖南省会长沙，而后攻占湖北省会武昌，引起了清廷的极大惊恐。太平军第一次攻取武昌城后，再次进行过开科取士。

咸丰三年（1853 年）2 月，太平军挥师沿江东进。3 月占领“六朝古都”“虎踞龙盘”的南京，并正式建都于此，建立起了与清王朝南北对峙的农民政权。接下来，太平军乘胜东进、西征和北伐，严重动摇了所到之地清王朝的统治秩序。

定都天京后，洪秀全建立起正式的考试制度。他将考试分为县试、省试、京试三级，考试合格者可分别得到秀才、举人和进士。京试一甲的前三名也

① 简又文：《太平天国革命运动》，北京：九州出版社，2020年，第75页。

天王府遗址模型

分别称为状元、榜眼和探花。

痛恨讲究门第出身的洪秀全，亲自规定“无论何色人，上至丞相，下至听使，均准与考”。考试内容，主要以他建国、建军初期所撰写的著作文稿为主题。从 1853 年至 1860 年，共举行十次科举考试。至此，洪秀全终于出了一口胸中的恶气，实现了当初许诺时说出的，要自己亲自开科取士的誓愿。与此同时，他这位创造上帝之子的神话者，其行为也随之膨胀起来，并且一发不可收拾。

有关太平天国科举考试的特色与具体内容，详见第三章第四节，以及第五、第六章内容。

第五章 太平天国对科举的改革与实践

1851年1月11日，洪秀全37岁生日第二天，洪秀全、冯云山等人在广西省桂平县金田村发动了太平天国起义，其范围曾经席卷东南半壁江山。两年后，凭借着“诡秘不易知”的军事进攻策略，太平军长驱两千多里攻入南京，将其改为“天京”并定都于此，直至1864年太平天国灭亡。

这次革命大起义发生在中国刚刚进入近代的早期阶段，势必带有当时的历史特点。其中，在推行科举考试制度方面，从1853年定都南京之后，洪秀全开始正式的开科取士程序，到1862年止，共举行过十次京试，从未间断。在前期的科举考试形式上虽然与明、清两代相似，但在制度与内容上，都具有强烈的改革创新精神。1859年，洪仁玕出任文衡总裁后，拟定并奉旨颁行《钦定士阶条例》，对前期的考试管理制度进行深层次改革，形成较为系统、完备的考试管理制度，并得以实施。同时，太平天国还有招贤制度，以及对于考生的优待政策与变革措施，这些都是太平天国在选拔人才制度上做出的重大贡献。

一、太平天国初期的科举考试

1843年，当洪秀全因在广州第四次、也是最后一次参加清朝科举考试失败，咒骂清廷统治之际，他就曾经发誓，有朝一日一定要自己开科取士。故而太平天国起义不久，他就开始科举选士。

太平天国第一次开科考试，在咸丰元年（1851年）九月，攻占广西省永安县时。试题是洪秀全随机选取的万寿诗联，参考者几乎全是太平军中粗通文墨的半文化人。此次考试采用一榜共取中40人，冯云山为第一名。[①] 咸

① 杨智磊、王兴亚主编：《中国考试管理制度史》，郑州：中州古籍出版社，2007年，第688页。

丰三年（1853年）一月，太平军第一次攻取武昌后，在洪秀全40岁生日过后不久，再次进行开科考试，具体录取人数不详。

洪秀全也是读过几年书的人，虽不精通经史，但他对历史也是有所涉猎的。他既然有志于攘举海内，便会效仿历朝做法，推行科举，以收拢书生士人之心，扩大统一战线，增加太平军的优秀兵员。另外，开设科举也是一种政治宣示，表明太平军并非为打家劫舍的流贼草寇，也是懂文化，要搞国家建设的。我们和土匪强盗不一样，我们也是正规的队伍，造反打天下是为了以后能更好地治天下，建立“人间天国”。从史料上看，太平军每占领一地，就发布告示，进行临时性的考试。

例如在1852年，太平天国前期，在安徽与湖北两省相继举行了考试。安徽省文试题目为“真命天子福命将”。湖北省文试题，首题为“真神独一皇上帝”，次题为“皇上帝乃真皇帝”，诗题为“天父下凡事因谁？耶稣舍命待何为”。[①]

在太平天国初期，对于考试资格限制极为宽松。这一方面是因为政权刚刚建立，并处于严酷的军事战争之中，急需用人；另一方面是因为政权刚刚建立，人们对太平天国仍心存戒心，应试者寥寥无几。

二、定都天京后的科举制度与实践

太平天国定都天京后，逐步建立起经常性的考试制度。太平天国攻占各省之后，废除原有的省、府（直隶州、直隶厅）、县（散州、散厅）体制，创立省、郡、县三级体制。因此，前期的考试大致采取明清旧制，分县试（相当于生员试）、省试（相当于乡试）和京试（相当于会试、殿试）。县试取中为秀才；省试取中为举人；京试也称天试，取中一甲的三人者称状元、榜

① 张德坚：《贼情汇纂》，中国近代史资料丛刊编委会：《太平天国》，上海：上海人民出版社，2000年，第112页。

眼、探花，二甲称翰林，三甲称进士，都分为文武两科。

各县的县试一年一科，初期的具体举行时间不详，后改为每年三月初三考文秀才，三月十三考武秀才。以监军为主考官，取中者为秀才。但也有以军帅、军政司、守将为主考官的。[①]考官人选的确定，很大程度上取决于当时实际形势的需要，而不是便宜行事。

以浙江省为例，1862年出任杭州郡仁和县的主考官，由时任太平军监军李作枚担任。李作枚原为清朝仁和县令，投诚太平天国后，被任命为监军。[②]首题“太平一统江山万万年”，次题“为将必有为将之学问”，诗题“草木咸沾雨露恩”，有30多人参加考试，“一榜尽取无遗”。杭州“新进莠（秀）士，头裹红巾，身披蓝衫，足踏花鞋，赴辛拜客，各赠贺仪”，士子感到十分荣耀。[③]

省试初期举行的时间不详，后为各省于每年五月初五考文举人，五月十五考武举人，[④]由每年正月十五考选，并经天王简任外放的正副掌考（即后期提考）主持。考试均由天王洪秀全出题，函封后交与堂考官，在考试时拆开悬示。掌考官虽在一省，但各地的士子皆允许参加考试，仅于一日考一场，取中后均不复试。应试者多为僧、道、巫觋、卦、卜和星相之人。在太平军所到之处，多毁坏寺观庙宇，严禁居留。此辈因无栖身之所，便以此作为求生的手段。[⑤]取中者不论门第，取中即为举人，名额不定。举人第一名授军帅之职，第二名以下授师帅之职。

咸丰三年（1853年）三月，太平军攻陷南京，由于军队数量迅速增加，太平天国军中佐将乏人，急需补充军事将才。因此，太平天国于四月初一开

---

①太平天国历史博物馆编辑：《太平天国史料丛编简辑》第4册，上海：神州国光社，1956年，第391页。

②王兴福：《太平天国在浙江》，北京：社会科学文献出版社，2007年，第224页。

③张尔嘉：《难中记》，中国史学会主编《太平天国》第6册，上海：神州国光社，1952年，第641页。

④（清）洪仁玕等：《钦定士阶条例》，参见杨学为等主编：《中国考试制度史资料选编》，合肥：黄山书社，1992年，第549页。

⑤杨智磊、王兴亚主编：《中国考试管理制度史》，郑州：中州古籍出版社，2007年，第688—689页。

武乡试。试前遍贴告示，要投考者于考前五日内赴诏书衙报名。县试、省试连考一科，都在天京举行。当时应试者 300 余人，皆是太平天国各衙的刀牌手。四月初一为武省试的考期，由天王钦遣佐天侯陈承镕为主试官，赴教场校阅。士子先试马上箭五枝，次试步下箭三枝，无弓、刀、石技勇，即日完场。

此次，取中谷光辉等 147 名为武举人。本月十五即继续举行会试，洪秀全钦遣北王韦昌辉为武试主考官，赴教场校阅。北王以陈承镕所取名数过隘，复出诰谕令不中的也一体会试。于考试马、步箭外，加试马上炮三声，取中刘元合等 230 余名为武进士。五月初一，东王杨秀清复合取中的武进士，到教场校阅考试，评定甲乙后，遂奏请天王以刘元合为武状元，职同指挥；谷光辉、周得三为榜眼、探花，职同将军，余 200 多人皆职同总制。次日在朝门设宴，称为会武宴，一律回原衙听候调用。①

天试开考的时间，初于天王洪秀全生日，即十二月初十日举行；后改为幼天王生日，即每年十月初一举行；再后又改于九月初九日。举人于发榜后、天试前赴守土官署报名，领取川资。再由守士官负责备办舟车，送士子到天京应考天试。天试的试题仍由天王亲自命题，取中者最初分别为一、二、三等。取中一等者封职军帅，二等封职师帅，三等封职旅帅。后分为三甲，元甲 3 人，取中者为状元、榜眼、探花，封职同指挥；二甲无定额，首名称传胪，其余为翰林，封职同将军；三甲亦没有定额，首名称会元，其余为进士，封职同总制。取中者到下次开科仍须考试，“封赏加一等，官从其大”②。经天试取中后，授予官职者不许回家，未授官职者听其自便。

天试中武试程序，除加试马炮三声外，和省试内容完全相同。取中武状元职同指挥，榜眼、探花职同将军。

在太平天国前期，除天试之外，还有东王、北王、翼王也分别举行京试，称为东试、北试、翼试，试期定于各王生日之期。东王生于八月，东试则在

---

①商衍鎏等：《清代科举考试述录及有关著作》，天津：百花文艺出版社，2004年，第362页。

②张德坚：《贼情汇纂》卷三，中国史学会主编：《太平天国》第3册，上海：神州国光社，1956年，第113页。

八月初十举行；北王六月出生，北试则于六月二十日举行；翼王二月出生，翼试于二月初一举行。各王取士办法均如天试，取中者分别称为“某试某某”，如“天试状元”“东试榜眼”“翼试进士”等。[①] 这样，在一年之中天京就有四次考试，这也是太平天国独有的科举制度形式。自1856年“天京事变”后，东王、北王和翼王或亡或走都有缺位，三试随之终止。

太平天国前期，科举考试的主考官往往是不确定的，事先不通知，而且大多数为兼职。会试主考官由天王特任，称天（东、北、翼）试正副掌考。东试派北王韦昌辉监试。省试主考官一般一正一副，也为天王特命，由会试鼎甲人员充任。甲寅年（1854年），湖北省试正副掌考为翼试状元杨启福和榜眼张友勋。同年，安徽省试正掌考为天试状元武立勋，无副掌考。县试主考官由监军兼任。太平天国通过派主考官的形式，保障各级考试的正常进行。

同时，对于违反规定受到惩罚的事例也有记载：

据谢介鹤在《金陵癸甲纪事略》中记载：“武立勋，天试状元，和州人，东贼使往安徽为正掌教官，因出五经题，贼怒目为妖，降为伍。”[②] 在《汇纂·科目篇》也有记载：“其试文亦如八股，诗则试贴，惟题目皆出伪书，不在四书五经及经史子集。”

洪仁玕出任文衡总裁后，主持考试事务，对于考试进行了改革，改文科秀才为秀士、举人为博士（后又于1860年改称约士）。改进士为达士、翰林为国士，改补廪为俊士、拔贡为杰士。武科秀才改称英士、举人改称猛士、进士改称壮士、翰林改称威士。[③]

太平天国的考试内容多出于《新约》《旧约》，洪秀全撰写的《原道救世歌》《原道醒世训》《原道觉世训》和《太平天国天命诏旨书》等，以及其他太平天国准旨颁行的“官书”，而不同于四书、五经和子史文集。形式上与清制大体相同，其试文亦如八股，诗则试帖。后期加试策论，考试内容

---

①张德坚：《贼情汇纂》卷三，中国史学会主编：《太平天国》第3册，上海：神州国光社，1956年，第112页。

②（清）谢介鹤撰，（清）胡德瓒评：《金陵癸甲纪事略》，刻本二册，咸丰七年（1857年）。

③（清）洪仁玕等：《钦定士阶条例序》，杨学为等主编：《中国考试制度史资料选编》，合肥：黄山书社，1992年，第550页。

有所变化，甚至出现常熟“徇曹和卿之请，出四书题”① 的现象。

三、太平天国后期的科举制度与管理

咸丰九年（1859 年），洪仁玕总揽文衡之后，建立了考试组织领导机构。洪仁玕为太平天国文衡正总裁，陈玉成、蒙得恩为副总裁，下设正副总阅、磨勘、阅文等职，他们直接对天王负责，共同领导地方考试事务，从而结束了前期无专人负责其事的局面。同时，对省、郡试主考官实行考试选拔制度，每三年选拔一次。其条件是“惟朝官及各廷府等处有印属官，以及京试曾经中试者准其应考”。正取者任省试主考官，称“提考”，备取者由总裁选定，奏请分任各郡试主考官，称“提学”，均按照一科一任，考毕后回京。

洪仁玕出任文衡正总裁后，还提出改革太平天国的考试管理制度，并拟定《钦定士阶条例》，经天王批准于咸丰十一年（1861 年）公布，定于同治三年（1864 年）实施。《钦定士阶条例》将原来的三级考试制度改为五级考试制度，即乡试、县试、郡试、省试和京试。分别由军帅、监军、总制、提学官及文衡总裁主考，其程序如下。有关《钦定士阶条例》的实施情况，将在下一节重点介绍。

（一）乡试

乡试每年试期限于二月份举行，由军帅主考。各省、郡、县的师帅先期出示，并行文所属的旅帅、卒长、两司马，其各统下有应试者，不论门第出身，以及他省流寓的人也都准其入试，以执照报名，免保结旧例（应试县、郡者并同）。报名后各造具名册送师帅处，师帅汇集本师名册，呈送军帅，由军帅典试出题校阅。二月初三考乡文学（类似于清制文童生）一场，试一

① 龚又村：《自怡日记》，参见太平天国历史博物馆辑：《太平天国史料丛编简辑》第4册，上海：神州国光社，1956年，第393页。

文一诗，取列首名者曰信士。二月十三考乡武学（武学类似于清制武童生）一场，试马箭三枝，步箭五枝，及弓、刀、石技勇者，取列首名者曰艺士。军帅给以信士、艺士执照，职同伍长。其余评定甲乙，亦概行录送于县监军，接下来考县试。

据《钦定士阶条例》所录洪仁玕、陈玉成、蒙得恩奏折，其中引述1861年十月二十一日天王所颁诏书有“每年正月由两司马、卒长、师、旅帅等开考，有两文学、两武学、族文学、族武学等名，其县试、郡试等仍从旧制”的内容，说明此前太平天国并无乡试考试。①

（二）县试

县试将各乡试录送的考生，由县监军主考，郡总制典试出题校阅，三月初三考县文学一场，题目一文一诗；初六复试，题目一策一诗，取列首者二名曰秀士。三月十三日考县武学一场，试马步箭枝、技勇同乡试；十六日复试步箭五枝，取列首二名曰英士。县监军给以秀士、英士执照，职同两司马。其余评定甲乙，亦概行录送于郡总制，接下来考郡试。

（三）郡试

郡试将各县录送的考生，由郡总制典试出题校阅，四月初四考郡文学一场，题目一文一诗。初七、初十两日复试二场，均一策一诗，取列首二名者曰贤士。十四日考郡武学一场，试马步箭枝、技勇者同县试；十七、二十两日复试二场，均步箭五枝，取列首二名者曰能士。郡总制给以贤士、能士执照，职同卒长。其余评定甲乙，亦概行录送于提学官考试。乡试所取信士、艺士，县试所取秀士、英士，郡试所取贤士、能士，皆类似于清代的文、武生员。

提学官由天京于每年选送，每省二员。到省以后，等候各郡总制考试毕业时，视路途远近，分赴各郡，将郡试录送的考生召集出题考试。五月初五考文试一场，题目两文一诗。十五日考武学一场，科目为马步箭枝、技勇者

① 刘海峰主编，王日根等著：《中国科举通史 · 清代卷》，北京：人民出版社，2022年，第450页。

同郡试，按应试人数多少校阅评定，每十人（最初为五人）中取中一名，文曰俊士，武曰毅士，提学官给以俊士、毅士执照，职同旅帅。凡属于信、艺、秀、英、贤、能、俊、毅各士均免差役。

提学官除典试考取俊士、毅士外，逢荣（卯）、酉两年五月二十五集该省各郡、县、乡新旧科所取的信、秀、贤、俊各文士验明执照报名，定期考试一场。题目两文一诗，视每郡人数多少校阅评定，于五名中选择中一名曰杰士，提学官给以杰士执照，职同师帅。杰士为荣、酉两年特行选拔，未取的约士亦可进京应考天试，但亦可以仍在本省应考约士。

至于在考期场内饮食的供应，乡、县与郡试均由典试官备办；提考官由郡总制备办，均报明佐将在公费中列支。

（四）省试

省试（类似于清制的各省乡试）继乡、县、郡及提学官的考试后举行。开始时每年都有考试，后改定从甲子科起为三年一科，逢子、午、荣、酉年为考期。应考资格文为信士、秀士、贤士、俊士、杰士。武为艺士、英士、能士、毅士。届期在省验明执照报名考试，考生不限于本省，各处人士皆许入试。每值科年，由天京遣放正、副提考官各一员（类似于清制正、副主考官）。提考先期行文。文场于七月初七考头场，初九日复试，由提考出题。武场于七月十七日考头场，十九日复试，由提考校阅。文场取录若干名曰约士，武场取录若干名曰猛士，提考给以约士、猛士执照。

（五）天试

天试亦称京试，是太平天国科举最高一级的考试，继省试后举行，类似于清制的会试、殿试。太平天国的天试制度，是将清代的会试、殿试、朝考的考法合三为一。清制京考程序，是先为会试，中试后殿试，殿试分为一、二、三甲，其二、三甲进士须再经一次朝考，始分别授职，而太平天国则对旧制加以简化。[1]但是与初期的开科取士相比，其组织形式和管理都比较严密。

①罗尔纲：《太平天国史》，第二册，北京：中华书局，1991年，第1291—1294页。

（1）报考资格与程序

天试三年一科，即于辰、戌、好（丑）、未年举行。各省新、旧科提考录取的约士、猛士及荣（卯）、酉两年提学所录取的杰士均可参加。参加考试的文、武士子于试前，至佐将处领取文凭（取凭证）。凭证由佐将验明其执照后发给。并且按照路途的远近，酌情发给路费，在公项中支拨。文武士子到京后，约士、杰士到礼部核验文凭，猛士到兵部核验文凭，然后持执照前往诏命衙报名，由诏命官登记入册送考。

如前科京试已经中式之人，除元甲首名外，其余者均准其再考，故有连得榜眼、探花者。又属官未经中式士等无执照而有志观光者，由各本官行文诏命官处报名，亦准入册收考。至京朝官有愿应试者，并准报名送考。据此，天试考试资格甚宽，不仅约士、杰、猛为正式考生，其已中京试者可再考，未中省试的京属官可由本官送考。京朝官自丞相以下不限职位一律准考，此皆与清制不同的地方。

应试士子考试完毕，除正总裁保举封职留任外，其余均领回文凭后，再回到本省交佐将注销。所有在京应试者报名时持前科取中的执照，到诏命官处验明，在登记册中注明某官的属下即可，不用领取文凭。已在朝官员如愿应试者亦准报名送考，在京属官未中约士等，无执照而愿报考者，须由本官（即上司）行文至诏命处，证明其身份后才准予报名，以此来杜绝冒名顶替的现象。

（2）考官的考试与选拔

通过考试的方式选拔考官，这是太平天国考试制度中最具特色的地方。[①]选拔考官的考试亦称京试，每逢子、午、荣（卯）、酉年正月十五举行。参加考试者仅限于朝官和廷府等处有印属官，以及京试中曾经中式者。对于无印的属官，若希望参加考试，必须经其本官行文至诏命处，作为引荐和证明，准其报名并登记入册，并在考试名册中注明其官衔、出身及某某的属下，以防冒名顶替。考选各省正副提考官及各郡提学共一场，试以两文一诗，由真圣主（天王）颁诏命题。试卷经正总裁评定后奉旨悬榜公布，正式录取者届

①杨智磊、王兴亚主编：《中国考试管理制度史》，郑州：中州古籍出版社，2007年，第693页。

时按照省试试期，赴各省主持考务工作，提考官主持试务完毕，回京奏复交印，仍处理原官职事务；备取者由正总裁选定，经奏准天王后，每年及荣（卯）、酉两年，赴各郡充任提学，主持郡试。以上考官均为每年一任。

此外，每逢辰、戌、好（丑）、未年九月的天试前，还要预先在九月初一考选磨勘官 2 名，阅文官 10 名。同时，这些人必须事先由正总裁行谕、调考才能参加考试，没有行谕与调考者不得参加。考试由正总裁出题，试以一文一诗，并由正总裁评定试卷，奏请天王任命后，驻于正总裁府之旁殿，听从正总裁的差遣。至于子、午、荣（卯）、酉年正月十五日，考选各省正、副提考官及各郡提学的考试，则由前年考选出的磨勘官、阅文官管理考务。

（3）考试的组织与管理

京试在南京贡院举行，有一套严格的组织和管理制度。在南京贡院大门旁边的墙壁上，开长约 1 尺、宽 1 尺的小门，小门以锁封住。每到京试试期，在总阅官点名及供给物件完毕后，大门即刻封锁，不准私开。正总裁传谕出，传禀入内以及本章奏事，一概由小门传出与传入。除正总裁的公文外，试院内负责考务的官员皆不准有任何文书、便字出入。总阅卷官从巡察官中简选 2 名，给予大门锁钥，专门管理贡院大门，不准私自开启，否则以舞弊论罪。其目的是杜绝在考试期间作弊行为的发生。

京都试院（南京贡院）分东西两阁，并在阁外设置木栅，在试期点名，参加考试的士子按卷面上的字号对号入座后，即行封锁木栅。在两阁的栅外设一盛水缸，应试士子不准出栅取水。天试试题于试前跪读后悬挂，由总阅卷员抄写多张，交巡察官分派每周一张，贴于号首。考试规则及诗文策论抬头等例，也详细写在一张木牌上，令士子周转传阅。午刻开栅一次，巡察官到各号在各士子试卷上盖上“真道”图记，完毕仍旧封锁栅栏，至交卷放牌与试院大门同时开启。士子交卷后不准再入号考试。巡察官在试前传知五大军巡察，每军负责的地段，各派牌尾 2 名，在试院内专司应试士子的茶水及传送饭菜任务。当差的牌尾发给腰牌，考试结束后交牌，仍回原军中各衙门理事。①

①杨智磊、王兴亚主编：《中国考试管理制度史》，郑州：中州古籍出版社，2007年，第695—696页。

试卷的管理由二名理卷官负责。理卷官在诏命官内选出，每届试期前，先通知刷书官备办学试卷并编列字号，字号底簿交总阅官收存。卷面用浮票填写姓名，交卷时由士子揭去，卷背后姓名于交卷时密封，正总裁评定试卷后，将录取者对号拆封。场中点名、递卷、收卷及分派各房的文卷，均由理卷官负责。武场默写武略的试卷，亦照例办理，但是不采用浮票密封的方式。

（4）京试的录取程序与要求

京试文科首场于九月初九举行，试以三文一诗。九月十二第二场试以一策、一论、一诗，由真圣王（天王）颁诏命题。内容往往带有宗教色彩。武科于九月十九举行，首场马箭 3 支，步箭 5 支；九月二十二第二场考弓、刀、石技勇；九月二十三复试步箭 5 支、默写武略一节。武场由正副武官先行校阅，并把校阅结果呈于正副总裁。文场试卷采取层层批阅的方式，首先把阅文官 10 员分派 10 房评阅试卷。其士子文字优者由各房评阅后盖用“阅荐”图记，并加写评语送至磨勘官，磨勘官评阅后转呈总阅官司，总阅官评阅后再呈报正总裁。

所有文武甲乙等级中式人员，均由正总裁评定，取定后分一、二、三甲。元甲三名分别为状元、榜眼、探花，文武相同；文二甲第一名为传胪，下有国士若干名；三甲第一名为会元，下有达士若干名。武二甲称威士，名额不定；三甲称壮士，名额亦不定。所有中式人员一经录取，即由正总裁奏旨，悬榜公布，并由正总裁分别给予文、武各人所应得的执照作为出身，并因才选举，奏封为天朝殿前等官，以及各府等处属员。

天试之后，被取中者均可获得 1 匹黄缎、2 匹红绉作为奖励，并由正总裁颁给相应执照。状元并需择日游营，向军民夸示荣耀。所有获选者将分别按照其才能，由正总裁奏请天王任命官职，包括“天朝殿前等官，及各廷府等处属员，授职执印理事等官”[1]。其中文武元甲各 3 名有资格担任指挥之职，二甲首名传胪有资格担任将军之职，国士、威士可担任总制之职，三甲首名会元可担任监军之职，达士、壮士可担任军帅之职。

---

①商衍鎏：《太平天国科举考试纪略》，北京：中华书局，1961年，第9页。

参加上述五级考试的文武士子的试卷中，凡有下列情况者不予录取：文与策论不满300字者；题目及抬头写错者；误写避讳字，并且字面内容不合天国情形者；撰写不完及字迹两样者；乌卷曳白及烧损文卷者；卷内未盖真道图记者。如文武士子出现故意触犯场规，以及寻衅闹事者，则由巡察官禀明议罪。

（5）设立考试管理部门：诏命衙与诏书衙

所谓“诏命”一词是指来自太平天国朝内，包括天王诏旨在内的命令。对于“诏命”一词，以往太平天国史的研究者都没有引起重视，《太平天国大辞典》与《太平天国词语汇释》均无该词条目。[①] 实际上，诏命衙与诏书衙都是在不同时期，负责太平天国科举考试的重要管理部门。按照现在的说法，可以称之为招生考试办公室。

更为重要的是，“诏命”并非单纯指太平天国某种级别的命令，负责这一工作的职位也是太平天国的一种官职，称“诏命官”或“典诏命”。张汝南在《金陵省难纪略》中记载：“天王朝内有正典诏命、副典诏命。”[②] 张德坚在《贼情汇纂》中亦有记载：“典诏命二人，职同指挥。”[③] 因此，在太平天国朝内存在诏命衙这一文书机构是确凿无疑的。而负责这一机构的人员，则是太平天国的高级官员。

在前期，诏书衙曾负责太平天国的科举考试，据佚名《粤逆纪略》载：“贼设诏书衙，令通文者就试，听候录取，其考试题目皆伪书中字句。取中则勒带行李到馆歇宿，并令出城抬米，就试者大半散去，余仅六十余人，以为抬米外无苦差矣，乃忽传令，威逼上船充当贼兵，一时文人无可如何，含泪而去，自是无就试者。”[④] 从文中介绍可以看出，太平天国初期的科举考试是由诏书衙负责的。

由于诏书衙在一段时期内职能较多，工作压力较大，太平天国曾一度

---

①朱从兵：《太平天国文书制度再研究》，合肥：合肥工业大学出版社，2010年，第128页。

②罗尔纲：《太平天国》第三册，北京：中华书局，1991年，第87页。

③罗尔纲：《太平天国》第三册，北京：中华书局，1991年，第87页。

④罗尔纲：《太平天国》第三册，北京：中华书局，1991年，第113页。

设立簿书衙来缓解诏书衙的压力。后来，诏命衙被东王赋予负责东试的职能，而原本由诏书衙负责的天试武科，也逐渐成为它的职能管辖范围。从资料的记载中，诏命衙的地位要比诏书衙更高一些，诏命衙兼管东试与天试武科，不仅抬高了东试的地位，而且也表明东王杨秀清在一定程度上抢夺了洪秀全的用人大权，特别是抢夺了天试武科的管理权，这也意味着东王对武试人才的偏爱。①

从目前所掌握的资料来看，关于诏命衙主要负责写告示的记载较多，实际上是一个级别较高的秘书单位。相对来说它的职能比较单一，让它代行诏书衙负责科举考试的部分职能是极有可能的。因为科举非同小可，不可能立即全部取代，让其负责“天试”中的一部分工作，也是合情合理的事。

在太平天国后期制定的《钦定士阶条例》中，规定了诏命衙在科举考试过程中的三项职能：第一，诏命衙为科举报名处。“凡遇天试科年……到京文士子抽礼部验凭，武士子投兵部验凭，即持照投诏命官处报名，由诏命官开册送考。”第二，诏命衙负责试卷的准备工作。“试卷由诏命官内选派理卷官二员，于每届试期先行照知刷书官备办文卷多本，编列字号。”第三，诏命衙还负责考官的遴选。“其各部的提学，各省的提考，每逢子、午、荣年，于正月十五日京试考选择。”由此可见，诏命衙在太平天国科举考试中行使职权之重大。

诏命衙职能的演变过程可以基本折射出太平天国的历史和命运，它是太平天国较早成立的重要机构之一，并逐渐成为前期内部权力斗争的工具。由于它肩负着为太平天国选拔人才的重任，因此它的使命是与太平天国共存亡的。

（6）采用招贤与科举并轨的制度

除了开科取士吸收知识分子参加工作外，太平天国还实行招贤制度。在定都天京后不久，太平天国就贴出招贤榜说：“江南人才最多，英雄不少，或木匠，或瓦匠，或竹匠，或铜铁匠，或吹鼓手，你有那长，我便用你那长，

①朱从兵：《太平天国文书制度再研究》，合肥：合肥工业大学出版社，2010年，第134—135页。

你若无长，只可出出力的了。”[①] 由此说明，太平天国的确对劳动人民及其所从事的工作极为重视和尊重。

举凡在中国封建社会,一贯轻视工匠,认为“劳心者治人,劳力者治于人”,吹鼓手在国家法典中更被定于贱民之列。太平天国根据自己的科举路线和取士标准，对人才的衡量与封建朝廷大不相同，一反封建社会之所为，追求人人平等之权利，使中国劳动人民的才智“在中国历史上第一次得到了扬眉吐气”，[②] 这可以说就是太平天国科举考试和招贤制度所体现出的不朽精神。

为了与清廷斗争，太平军不仅随时随地招募贤才，还在各处专设招贤馆，接纳贤士。例如在浙江省，太平天国在不少地方设立招贤馆，张贴招贤榜来招收人才。太平军在杭州的湖墅设立“招贤馆”，把杭州通江桥附近的原巡抚衙门改为“招贤馆”。在桐乡濮院镇，太平天国符天燕钟良相曾张贴招贤榜，上面写道：“凡民间有才力可任使者，（可）来辕禀明录用”。并在招贤榜上详细开列所需要的种种人才，其中有“通晓天文星象算学者”“习知地理山川形势扼塞者”“熟读孙武书知兵法阵图者”“熟悉古今史事政事得失者”“善书记笔札者”“医士之能内外科者”，等等。甚至连“绿林好汉能弃邪归正者”“江湖游士以及方外戏班中人能飞行走跳者”，亦列为招贤对象。[③] 正如《避寇日记》作者沈梓评价说，太平军对当地“一才一艺皆搜罗录用”。[④] 太平天国的这种考试不论门第，实行取才不拘一格的措施，对于选拔人才是有积极意义的。

太平天国有时为某一专门人才不惜重赏特行招贤[⑤]。此政策的出台，克服了以往在人才选拔上“重经术轻技艺”的不足，征引来了许多怀有绝技的人才，从而改变了科举着重以拜上帝教义进行考试的偏颇[⑥]。罗尔纲指出：

---

①赵烈文：《落花春雨巢日记》，载《太平天国史料丛编简辑》第3册，北京：中华书局，1963年，第40页。

②罗尔纲：《太平天国史》（第二册）卷三十三《科举》，第1289页。

③王兴福：《太平天国在浙江》，北京：社会科学文献出版社，2007年，第226页。

④沈梓：《避寇日记》，《太平天国史料丛编简辑》第4册，北京：中华书局，1963年，第74页。

⑤田建荣：《中国考试思想史》，北京：商务印书馆，2004年，第315页。

⑥田建荣：《中国考试思想史》，北京：商务印书馆，2004年，第314—315页。

太平天国根据自己的科举路线和取士标准，对人才的衡量与封建朝廷大不相同，一反封建社会之所为，追求人人平等之权利。这也是太平天国科举和招贤制度所体现出的根本精神[①]。因此说，太平天国时期所采取的科举与招贤相结合的并轨选拔人才运行机制，对于后世人才选拔制度的影响是深远的。

四、太平天国《钦定士阶条例》的实施

目前，国内科举研究学者普遍认为：1864 年 4 月洪秀全病逝，6 月天京失陷，则事实上这一制度并未开始全面施行便告夭折。[②] 依据国内科举学权威学者的论述，还有学者认为，直到 1864 年，《钦定士阶条例》中的规定才正式生效，但此时已距太平天国灭亡之期不远。可以说，《钦定士阶条例》自颁行之后，从未得到完整贯彻与落实。[③] 但是，笔者经查阅史料与分析后认为，事实上并非如此。

太平天国制定的《钦定士阶条例》曾经在一些地方的县试、郡试和省试级别的考试中实施。仅仅是因为在太平天国后期，南京作为天试的考试地点，因战事动乱不堪，各王或出走他乡，或生死未卜，没有能够实施。

我们先以江苏省无锡为例：如《纪无锡县城失守克复本末》记载，“贼勒伪乡官举行伪试”[④]。辛酉十一年（1861 年）十月二十日，在天王颁布的圣诏上：“诏明每年正月由两司马、卒长、师、旅帅等开考，有两文学、两武学、族文学、族武学等名，其县试、郡试等仍从旧制各等诏。”[⑤]

---

① 罗尔纲：《太平天国史》第二册，北京：商务印书馆，1991年，第1289页。

② 刘海峰主编，王日根等著：《中国科举通史·清代卷》，北京：人民出版社，2022年，第449页。

③ 孟义昭：《太平天国科举制度探析》，《史志学刊》2020年第4期。

④ 中国史学会主编：《太平天国》第5册，上海：神州国光社，1952年，第254页。

⑤（清）洪仁玕等：《钦定士阶条例序》，载杨学为等主编：《中国考试制度史资料选编》，黄山书社，1992年，第549页。

因此，早在2007年，杨智磊、王兴亚主编《中国考试管理制度史》一书中，他们曾发现并申明：从“县试、郡试等仍从旧制”上看，至少在郡试层面上曾经实施过。[①]但是，实际情况是《钦定士阶条例》远不止在江苏无锡一地实施。

再以浙江省为例，据王彝寿在《越难志》中记载：1862年，天王派文状元陈姓，为浙江正提考官，文传胪书天燕陈姓为副提考官，来浙江省开科。两位考官驻省城杭州，令各县佐将举行县试，考中的再送到省城考试。[②]各县奉令纷纷举行考试。杭州郡仁和县的考官，由太平天国监军李作枚担任。从“两位考官驻省城杭州”可知，当年的省试将在浙江省城杭州举行。

1862年4月间，山阴、会稽、萧山的考生集中在绍兴考试（郡试），共有六七百人应试，其中一半是清朝诸生，山阴县州山村有4人应试。[③]山阴题是：“进贡上帝尽了道，敬孝孰爷福久长”；[④]会稽题是：“进贡基督尽弟道，孝敬孰哥永荣光”；萧山题是：“进贡幼主尽臣道，令知幼主见天父”。诗题：“赋得万民定咸宁，得宁字五言六韵”。过两天出榜，每县取俊士1人、秀士12人。同时，还进行复试，复试题是：“重拜皇上帝”，诗题是：“运筹设策夜衔枚，得枚字七言八韵”[⑤]，考取的都发给黄巾。在桐乡考试中，濮院镇有王小安、岳小雅、蒋杏楼、仲五舟4人考取秀士，前三人是清朝诸生。[⑥]

从“山阴、会稽、萧山的考生集中在绍兴考试”表述来看，当年“郡试”的考场设立在绍兴。而从“每县取俊士1人、秀士12人”的表述则可证明，洪仁玕出任文衡总裁后，在《钦定士阶条例》中，改革制定的士子称谓“秀

---

①杨智磊、王兴亚主编：《中国考试管理制度史》，郑州：中州古籍出版社，2007年，第696页。

②王彝寿：《越难志》，载邢凤麟、邹身城：《天国史事释论》，上海：学林出版社，1984年，第367页。

③王彝寿：《越难志》，载邢凤麟、邹身城：《天国史事释论》，上海：学林出版社，1984年，第367页及《劫难备录》。

④王彝寿：《越难志》，载邢凤麟、邹身城：《天国史事释论》，上海：学林出版社，1984年，第367页及《劫难备录》。

⑤山阴、会稽、萧山考试，见罗尔纲《太平天国史》第2册，北京：中华书局，1991年，第1310页。

⑥沈梓：《避寇日记》，《太平天国史料丛编简辑》第4册，北京：中华书局，1963年，第148页。

士、俊士”均已在浙江全省实施。

五、设立女试与选拔女状元

在中国几千年的历史上，人们熟知的名帝、名相与名将有很多，但是名状元却很少，尤其是女状元更是凤毛麟角，这些现象与科举制度选拔人才的倾向性密切相关。在中国古代，传统女性是不能参加科举考试的。因此，妇女社会地位低下，“女子无才便是德”成为一种社会普遍现象。许多有才华的女性没有展示自己能力的机会与舞台，更没有参政的可能性。

太平天国革命运动是我国历史上规模最大、影响最广的农民起义。在这次革命中，起义军所推行的政治、经济、文化纲领比过去任何一次农民革命都更为进步。在对待妇女问题上，1851 年初，洪秀全率领两万太平军士兵在广西金田宣布起义之后，就开始建立起女营体制，由女官统率。当时在太平军中，女军建制为四十军，约有十万余人，还建立了女官制度。朝内女官设正、副军师各一员，六官正、副丞相各二员。军中女官自总制、监军，到两司马，名号均与男官相同。这些太平天国中的女性官员英勇善战，经常使敌人望而生畏，她们成为太平军中的重要力量。

为了招揽人才参与各级军政建设，1853 年在洪秀全的倡导下开始正式开科取士，到 1862 年共举行了十次天试。除天试之外，各省、郡、县都举行了文武科的各种考试。1853 年在东王杨秀清的主持下，在男科考试之前，举行过一次女试。金陵女子傅善祥考中女状元。

（一）傅善祥其人其事

傅善祥，道光十三年（1833 年）生人。其父傅槐为清朝秀才出身，家住南京城南东关头。因为傅槐学识渊博，远近闻名，家中还开了个私塾。不仅是附近的居民，门西一带的人家，也都愿意把孩子送到他家来拜师，馆内有一二十个孩子，生活倒也富裕。但是，傅槐唯一的烦恼就是没有儿子，40多岁才生了个女儿，取名善祥。① 因此，父亲傅槐把她当儿子养，让她与私塾中的男孩子们一同读书，并且管教极严，为傅善祥日后能够成为太平天国女状元奠定了良好基础。

在父亲的精心培养与呵护下，傅善祥无论诗词、绘画、书法、文章和弹琴等样样精通，并且相貌清秀文静，可谓才貌双全。在她 18 岁时，街坊邻居纷纷登门求婚，而她对凡夫俗子不屑一顾。傅槐夫妇爱女心切，见女儿心比天高，只好由着她的性子，婚事就一拖再拖。

太平军占领了南京后，天王洪秀全随即下诏，定都南京为天京。并对百姓实行兵营式统一管理，男的住男馆，女的住女馆。老夫妻可以不住，但青年女子一定要住女馆，过集体生活。女馆中大多数妇女没有文化，由于傅善祥识文断字，很快成为女馆主管的得力助手，成为小有名气的“女秀才”。

洪秀全的妹妹洪宣娇得知开考事宜后，对洪秀全说：“在天国男的称兄弟，女的称姐妹，都是平等的，为什么不能开女科？”洪秀全觉得妹妹说得在理，便立即同意开考“女科”，并说：“以后女司马、女百长、女监军、女总制、女丞相，都要在科举中选拔。”

天京的女人们知道天王要开“女科”后，一个个都乐开了花。女馆中 20 多万妇女按照天王的要求，都进行了选拔。当天在江南贡院中，里里外外全是女人。傅善祥十分好奇地来到这个昔日男人的世界。走过“明经取士”“为国求贤”的江南贡院牌坊。她来到考棚，伸头一看，全是一排排无门的小房子，一模一样，一溜排地延伸下去，幽深得像探不到尽头的隧道。傅善祥急忙按号找到自己的考舍。

她刚坐下来，考题就发了下来。题目是《论语》中的一句话：“惟女子与小人为难养也。”傅善祥见了考题，不由得感慨万千。父亲教自己读书，招来“女儿读书无用”的讥讽在心头澎湃。她提笔而就，写下充满激情的文字：

① 肖振才：《江南贡院》，北京：当代中国出版社，2007年，第189—190页。

“惟女子与小人为难养也”，这句话出自孔子《论语》。毫无疑问，铁板钉钉，孔子这话说错了。自古以来女子均是幕后主持，无名英雄。只要奉献，不求名利。才高不卖弄，利多不伸手。无论哪个声名显赫的人物背后，都有一名贤德的妻子在支撑着他。若无孟母三迁，哪来孟子爱民思想？若无岳母刺字，又怎有岳飞精忠报国？正因梁红玉击鼓抗金兵，才会有抗金英雄韩世忠！正因文成公主远嫁西藏，才带来边疆永久的和平！孔夫子若活到今天，该向天下女子谢罪说：“我错了。”……

洪宣娇看了傅善祥的文章，深为感动，急忙呈给洪秀全。洪秀全看了后也不禁称赞：“真乃天国将士也，奇才，奇才！定为第一名，就称女状元。”

在跨马游街三天的仪仗上，前面八面金锣开道，彩旗队紧跟在后，吹鼓手奏着欢乐的乐曲。傅善祥头戴方翅纱帽，帽前额正中镶嵌着一块晶莹闪烁的黄玉，帽顶两侧插着两枝金花。她身穿红袖彩袍，足蹬方头乌靴，骑在马上缓缓行进，左右身后全是护卫。所到之处鞭炮齐鸣，马路两侧观看的人群一片欢腾，高喊：“女状元，女状元……”

三天后，傅善祥被召入天王府。洪秀全见她不仅文采超群，而且娇美动人，十分欢喜，下令留在天王府，封为女丞相，专替洪秀全批阅奏章，起草文书。傅善祥自恃才高，加上年轻力壮，干起活来通宵达旦，案头奏折，她一目十行，日日清案，从不拖拉，深得洪秀全的信任。宫中各级官员都不称呼她官职，只称她为“女状元”，以示身份的特殊。①

（二）关于女状元的争议与定论

关于太平天国曾开设女科之事，在太平天国史上是一个多年来有争议的问题。1961 年，商衍鎏出版的《太平天国科举考试纪略》；1963 年，太平天国研究学者郦纯出版的《太平天国制度初探》（增订本），② 两书均否认太平天国曾开设女科之事，否认傅善祥为女状元。

① 肖振才：《江南贡院》，北京：当代中国出版社，2007年，第190—192页。

② 郦纯：《太平天国制度初探》（增订本），北京：中华书局，1963年。

关于太平天国曾开设女科之事，江苏上元县生员吴家桢在其所写《金陵纪事杂咏》中，有一首诗记载此事：

刺闱先设女科场，女状元称傅善祥；
堪惜扬州朱九妹，含冤六月竟飞霜。①

诗后自注道："将识字女子考试，取傅善祥为第一，唤入伪府，令司批答的。扬州朱九妹，工书算，谋用砒霜毒死杨逆，未成，被杀极惨"。

谢介鹤《金陵癸申纪事略》云："有傅善祥者，金陵人，二十余岁，自恃其才。东贼闻之，选入伪府，凡贼文书，皆归批判，颇当贼意。"②沈懋良在《江南春梦庵笔记》中也曾记载："癸丑尝设女科，以傅善祥、钟秀英、林丽花为鼎甲。……发女榜后，俱入伪宫，隔数日发还，并传其父谢恩，人咸悔之，故甲寅岁无一应者矣。"③

以上三则史料中都曾记载，在癸丑三年（1853年）太平天国确实曾开设女试，金陵女子傅善祥考中状元后，先在东王杨秀清府中任政事文书，颇受倚重，后提升为殿前左丞相。这些史料还说明，当时女试是带有一定强迫性的，扬州的女子朱九妹因不从，竟被处以酷刑。以后识字女子大为减少，即使有识字女子也不敢应试，以致太平天国的女科只举行过一次，就再也未能续开了。

太平天国史专家罗尔纲先生在20世纪50年代初，曾对太平天国开设女科，考录傅善祥为女状元一事表示怀疑。后来经过不断探索与考证，终于给出肯定的结论。1984年，他在《学术月刊》第7期上，对于商衍鎏、郦纯所著两书中的观点进行了明确否定：

商衍鎏、郦纯两先生不相信吴家桢《金陵纪事杂咏》那首"刺闱先

①吴家桢：《金陵纪事杂咏》，转引自罗尔纲：《太平天国史》（第二册），第1288页。
②谢介鹤：《金陵癸申纪事略》，载《中国近代史资料丛刊》，《太平天国》（四），上海：神州国光社，1952年，第663页。
③沈懋良：《江南春梦庵笔记》，载《中国近代史资料丛刊》，《太平天国》（四），上海：神州国光社，1952年，第663页。

设女科场”诗文的真实性，是因为他们忽略了处理在有不同问题的书中的资料应区别对待的原则。他们所提出太平天国没有于癸丑三年（1853年）开过女科的种种论据，又都不能成立。……今天可以断定，癸丑三年太平天国曾考试女子，是一件铁的事实。①

1991年，罗尔纲先生在《太平天国史》第三十三卷科举附招贤一章总说的附录注解[1]中又明确写道：

关于太平天国癸丑三年建都天京后，曾考试女子事，是在太平天国史上有争论的问题。经过同志们大家多年的探索和讨论，今天已经可以断定，太平天国考试女子是一件确实的事。

另一方面，罗尔纲对以前在《太平天国史稿·科举制》中称为“女科”加以修正，认为最稳妥的应该把它称为“女试”。

有研究学者对此评价：太平天国在科举考试上，意欲打破男尊女卑的封建传统，这是比平均地权更具深远影响的一件大事。它留给人们许多启迪，对于打破人才培养和选拔方面的“女禁”，推动中国考试现代化，做出了不可磨灭的思想贡献。②太平天国女状元的出现，既是农民革命运动的产物，也是对几千年男尊女卑的封建传统观念的有力挑战。同时，还说明太平天国在科举选人问题上，与以往科举制度相比，曾作出过重大贡献。

附：太平天国状元名录

据林白、朱梅苏在《中国科举史话》一书中记载，③太平天国时期共考取文、武状元计18人。其中文科状元16人（含女状元1人），武科状元2人。

---

①罗尔纲：《太平天国开“女科”事探讨》，《学术月刊》1984年第7期。

②田建荣：《中国考试思想史》，北京：商务印书馆，2004年，第313页。

③林白、朱梅苏：《中国科举史话》，南昌：江西人民出版社，2013年，第240页。作者对太平天国文状元的数量与人名有修正。

文科状元 16 人：

叶春元、刘盛培、范朴园、沈抡元、朱世杰、武立勋、傅善祥（女）、吴容宽、刘闳忠、程文相、乔彦才、杨朝福、陆培英、徐首长、吴镇坤、汪顺祥。

武科状元 2 人：刘元合、覃贵福。

六、对于考试生员的照顾与变革措施

在传统的科举考试中，无论是乡试、会试还是殿试，生员们均需要自筹往返的路费和住宿费，并自备考试期间三场九天的食品。这些对于生员家庭和本人都是一项不小的压力。因此，许多生员的家庭均需要做多年的资金准备。不少贫困的家长还需要到省城或者是京城，出售家乡的特色产品，或者是寻找打工赚钱的途径，才能维持考生的基本生活费用。

同时，由于许多考生多年读书生活，并多数是以从事私塾谋生，对于自行煮饭做菜等事并不在行。陈独秀在他撰写的《实庵自传》中，曾经有这样真实的自述："煮饭做菜我一窍不通，三场九天，总是吃那半生不熟或烂熟的或成团的挂面。"同时还污染了考试的环境，"每人都在对面墙上挂起烧饭的锅炉，大家烧起饭来，再加上赤日当空，那条长巷便成了火巷。"[①] 由此可见，解决赴考生员的路费、住宿费及考试期间的饮食问题，是一项急需改革的迫切任务。

在太平天国举行科举考试期间，无论是在中央还是地方的考试中，他们都全程为参加考试的生员提供丰盛的伙食以及生活必需品，由军帅等人员筹备办理。清代士子张汝南当时正受困于天京，根据他的记录，"（参考生员）各归号，号派人侍茶汤，给油烛茶点及汤饭，皆丰厚"。[②] 说明考试期间，

① 陈独秀：《实庵自传》，北京：中华书局，1985年，第80—81页。

② （清）张汝南：《金陵省难纪略·贼庆寿》，光绪十六年（1890年）印本。

不仅有必备的汤饭，还准备有茶汤。

清末咸同年间，常熟的塾师龚又村也观察到，太平天国的地方考试也对生员采取相似的照顾政策，便在《自怡日记》中记录道："士子饭食军帅等办，每席六簋。"① 簋（guǐ），指古代青铜或陶制盛食物的容器。每席"六簋"，说明太平天国为士子准备的饭菜共有六样之多。

除了龚又村记述江苏常熟的情况之外，太平天国在浙江湖州等地也有类似的情况。1862 年 5 月 30 日，太平军攻克浙江湖州。攻克后的第二年（1863 年），也曾举行考试。湖州这次考试对应试人士相当优待，"就试者，（太平军）给旅费银币四，备舟膳，童生至郡就公寓"，② 由此可见，湖州生员被照顾得很周到。

除了在考场上对生员的优待，成功考取的生员还会得到路费，资助他们从县府到州府，再到天京考取更高级别的功名。实际上，参加京试的生员都会搭乘为他们特别设计的车辆和船只。③ 这些为生员提供的特别安排，太平天国很早就开始执行。后来，洪仁玕才将此规定作为章程，正式编入《钦定士阶条例》第十六章。在科举考试中的这些优待与安排，是太平天国不同于中国历史上其他朝代科举考试的显著特征。

简又文先生指出："在对生员的照顾方面，太平天国的做法确实对传统有相当程度的变革。"④ 由此措施，很好地解决与改善了多年以来科举考试中士子们普遍存在的担忧与不便。

---

①（清）龚又村：《自怡日记》，转录于《太平天国史料丛编简辑》第四册，北京：中华书局，1963年，第393页。

②（民国）《双林镇志》卷三二，第13页。

③《贼情汇纂》第三卷：《伪品级铨选》，转引自简又文：《太平天国革命运动》，第142页。

④ 简又文：《太平天国革命运动》，北京：九州出版社，第142页。

第六章 太平天国科举改革的意义与社会影响

以往学界对于太平天国科举制研究，主要是侧重于是否有利于招募人才与巩固政权这一政治层面，较少从社会结构变迁的角度观察问题。其实，科举制度是一项集文化、教育、政治和社会等多方面功能于一体的体制，它上至封建官僚之政教，下系普通士人之耕读，使整个社会处于一种循环的流动之中，在中国社会结构中起着重要的联系与中介作用。因此，深入研究太平天国科举制度的起因、改革的意义与社会影响，对于当今教育体制的改革、人才选拔制度的创新、旧有社会风俗的破除等方面都有积极的意义。

一、太平天国对科举制度改革的起因

1853年，太平天国定都天京后不久，就宣布开科取士、招贤纳士，这在中国历代农民起义中是十分罕见的事。太平天国之所以将科举考试作为人才选拔的主要方式，并对其进行改革，是由多方面因素决定的。特别是由于太平天国所处客观环境的限制，同时也与太平天国主要领导人的主观认识有着密切的关系，具体原因如下：

（一）主要领导人的科举经历与对科举的认知

在太平天国起义之前，太平天国的主要领导人都曾参加过科举考试，均名落孙山，这就形成了他们对科举的矛盾和复杂心理。从1827年到1843年，洪秀全先后参加过四次科举考试，均先后落第。在第四次科举落第之后，他曾发誓“不考清朝试，不穿清朝服，让自己来开科取士吧！”[①] 洪秀全因屡试不第，而对科举制度怀有恐惧与仇恨，萌生要变革的心态，由此产生对现

①广西师范学院历史系：《金田起义》，南宁：广西人民出版社，1975年，第23页。

实社会强烈的不满，这种复杂心态才是他造反的真正原因。太平天国定都天京后，洪秀全终于实现了自己当年开科取士的梦想，所以他便急于要实施科举考试。

除了洪秀全之外，太平天国其他领导人，跟随洪秀全走向造反之路，也有其浓厚的个人因素。例如冯云山，这位拜上帝会时期的重要人物，走上反叛之路的原因，很大程度上也是源于科场的多次失意。因此，太平天国开科取士时，其多位领导人竞相主持科举考试的举动并不奇怪。至于领导人亲自出题考试，并在沿用清朝科举制度的过程中，对其进行变革，这也就是顺理成章的事。在太平天国后期，洪仁玕主张在科举制度中，进一步加入一些西方的内容，这也是与他个人的经历和认识分不开的。[①] 同时也反映了接受过西方教育之后的中国人，对于西方先进文化的认同，是符合历史发展趋势的。

（二）招募人才和巩固政权的需要

在定都天京之后，太平天国虽然建立了自己的政权，但这一政权是极不稳定的，时刻面临着被清政府消灭的危险。这就决定了在太平天国时期，洪秀全没有条件从建立学校开始，从容地培养出自己所需要的大批人才，于是只有从社会现有人才体系中去招贤纳士。要招募符合自己要求的人才，就必须用太平天国的指导思想作为人才的选拔标准。但是，受农民起义队伍的局限性影响，太平天国的领导人也不可能想出一套完全有别于清朝政府，以及更好的选拔方式。因此，对清朝的科举制度就要先继承下来。在接受的同时，对原有的科举制度加以必要的改造，以便符合自己的切身利益。太平天国初期，在实行科举的同时，又出台了一系列招贤制度就充分说明了这一点。

太平天国对科举制度考试内容和程序的改革，完全是从选拔自己所需要的人才出发，对士子在意识形态和思想领域进行控制的一种方式和手段。而对应试对象标准的放宽、录取人数的扩大、资助费用的增加等举措，也是太平天国领导人急于巩固政权，以及收买人心的需要。在实施科举考试过程中，采用生硬的求才方法，从一个方面表明了太平天国时期用人之切。在这种情

① 于书娟：《太平天国的科举制度初探》，《教育与考试》2007年第5期。

况下，采取这样的做法也就不足为怪了。

（三）由于科举制度弊端所引发的结果

科举自从被确定为帝制社会的官员选拔制度以来，政府便陷入了长期不休的争议之中。争议的焦点无不是为了探寻一种更加完善、有效的人才选拔制度。在1300年的历程中，科举的利弊与存废遭遇各种议论。到了晚清时期，清政府长期采用“八股取士”的做法，极大地限制了人才的思维发展，以及文学作品的创新，各界人士对科举制度的抨击更加集中、更加尖锐。科举选士形式对于人才的制约，与政权巩固急需大量实用人才的矛盾空前激化，太平天国对于科举制的改革也是顺应了时代的发展。

二、太平天国科举改革的意义

太平天国与历次农民起义相比，最大的不同之处在于建立了比较完备的政治制度，特别是实行了科举考试制度。尽管由于农民运动自身的局限性，并没有完全实现他们最初所倡导的“太平世界、人间天国”的梦想，但它所推进的科举考试却对近代中国产生了重大影响。无论是在形式上，还是在内容上，都力图体现与历代科举的不同。它把“男女平等”“四海之内皆兄弟”等思想贯穿在科举考试之中，打破了旧科举制中有关籍贯、出身、门第等种种限制，最大限度地将入仕资格向中低阶层子弟开放；首次开设女试，使满腹经纶的才女有用武之地，而不必“女扮男装”参加科考，从而也在一定意义上破除了男尊女卑的封建习俗；考试注重与时局相结合，对历代科举形式既有继承也有创新；同时注意引进和吸收西方的思想等等，这些无不体现出它的文化特色与时代风格。

因此，太平天国的科举考试尽管没有像洪秀全所希望的那样，完全摧毁旧的科考制度，并且具有这样那样的瑕疵。然而，在清代“八股取士”已经

南京总统府天王宝座（太平天国时期）

根深蒂固，但又广受社会各阶层人士抨击的情况下，它的改革无疑对中国社会产生了重大影响，是对传统科举考试的一次伟大变革。它不但推动了近代中国向西方学习的进程，而且促进了晚清科举制变革乃至废除，有学者甚至认为它是“传统科举与近代考试制度的一个分水岭”。[①]

三、太平天国科举改革的社会影响

太平天国对科举考试的改革，不仅为选拔巩固自身政权所需要的人才奠定了基础，也对清朝政府的科举制度产生了一定的影响，同时对于改变传统教育体制、人才选拔机制，以及改变传统社会风俗等都有深远的影响。

① 杨银权：《论太平天国科举考试的特点及意义——对传统科举的挑战与冲击》，《贵阳学报（社会科学版）》2009年第4期。

（一）对于清朝政府科举制度改革的影响

太平天国的科举改革对清朝政府也曾产生过影响。这一时期，清政府对太平天国的改革并非完全无动于衷。例如，太平天国对于科举制的改革，迫使清政府在收复曾被太平军攻克的地方，也增加了科举考试的次数，扩大了录取人员的比例和数量。太平天国设立学校教育的内容就有军事教育、各种手工技术教育等，这些教育形式避免了学校沦为科举附庸的命运，为以后清朝废除科举、广兴学堂起到了很好的借鉴作用。如 1862 年，清政府在北京建立了同文馆；1898 年又创立了以西方传教士为主的京师大学堂；1901 年，清政府曾颁布法令，要求全国建立的大、中、小学等各级学校，均以新学（西学）为主要内容。这样一来，由于新学在全国的确立，西方文化随即旋风般地席卷全国。

1840 年鸦片战争以后，西方国家用重炮轰开了中国的大门，西方文化也伴随着它的经济和技术实力，开始对中国文化进行冲击。在其强大的攻势下，曾经统治中国文化达一千多年的正统儒家学说逐渐失去了它昔日的光彩。清朝统治阶级中的许多有识之士，也意识到中国传统文化的落后及其对社会生产力的束缚，因而提倡引进西学，建立以西方科学文化为主的新型学校，改变传统科举制以学习儒家经典为主的考试方式，1905 年延续了 1300 年的科举制只好被废除。太平天国对于科举制度的改革，无疑加速了清政府对于科举制度废除推进的进程。

（二）对于改变传统教育体制的影响

历代科举制度对教育的影响，莫过于“应试教育”传统的形成。即一切教育活动皆以科举考试为重心，由考试引导教育，使学校沦为科举的附庸而形同虚设。科举产生之初主要是一种人才选拔机制，人才的来源并不限于学校，但是在后来，科举俨然成了学校教育各方面工作的指挥棒，也就形成了科举士子皆由学校出的惯例。太平天国对科举考试改革还有一个非常重要的意义，就是打破了学校对于科举的依附，恢复了科举对于人才选拔机制的本来面目。

由于太平天国政权的不稳定性，这就使得它的教育与以往有所不同，尤其是与当时清代政府的教育有很大区别。据史料记载，太平天国早期虽然设立有应用型学校，但由于是在战争年代，这在客观上决定了不可能举办许多学校，从而也不可能从学校中选拔出自己所需要的人才。所以，它在科举考试对象上对于出身制加以废除，不仅从自身队伍中选拔，也从清朝政府内部招揽人才。除了科举考试之外，还设有招贤制度。这就使得科举考试和学校考试之间的关系得以适当分离。直到近代科举制的废除，学校才重新恢复其独立培养人才的地位。从这个意义上来说，太平天国时期所实行的科举制，打破了它们之间的这种僵硬、单一的固定关系，对于现代教育有着深远的影响意义。我们今天研究这段历史，就要重新挖掘它的当代价值。

（三）对于后世人才选拔机制的影响

科举制度于隋朝创立以来，便不断产生新的问题和流弊，因此也经常遭到一些有识之士的批判与抨击。宋神宗时，在朝廷内曾就科举制度的利弊进行过一场激烈的辩论。著名改革家、宰相王安石指出：当今少壮之人，都是年轻有为者，此时不让他们懂得和学习治理天下之道，却令其闭门学诗作赋，这就从根本上坑害了人才。到了明清时代，明末清初思想家顾炎武说得更为深刻：现行科举制度注重诗文，其实这都是雕虫篆刻，对社会不仅没有多少益处，而且使士不成士、官不成官、兵不成兵、将不成将。为此，他主张“文须有益于天下”。魏源曾谴责科举制度，认为它培养了无数的无用人才，他主张：按照一个人的办事能力及其业绩选拔人才，以改变在八股试帖下扼杀人才的弊端。①

在中国封建社会，一贯轻视工匠，认为“劳心者治人，劳力者治于人”，吹鼓手在国家法典中更被定为贱民之列。太平天国对于劳动人民及其所从事的工作极为重视和尊重。对各类人才尽行搜罗录用，除实行科举考试之外，还采用公开张贴“招贤榜”的办法，平等招贤。

① 李尚英：《科举史话》，北京：社会科学文献出版社，2011年，第157—160页。

据赵文烈在《落花春雨巢日记》中记载，太平天国建都天京后，曾出招贤榜曰："江南人才最多，英雄不少，或木匠，或瓦匠，或竹匠，或铜铁匠，或吹鼓手，你有那长，我便用你那长，你若无长，只可出出力的了"。太平天国有时为某一专门人才不惜重赏特行招贤。此政策的出台，克服了以往在人才选拔上"重经术轻技艺"的不足，征引来了许多怀有绝技的人才，从而改变了科举着重以拜上帝教义进行考试的偏颇。[①] 罗尔纲指出：太平天国根据自己的科举路线和取士标准，对人才的衡量与封建朝廷大不相同，一反封建社会之所为，追求人人平等之权利，使中国劳动人民的才智"在中国历史上第一次得到了扬眉吐气"，这也是太平天国科举和招贤制度所体现出的根本精神。[②]

因此说，太平天国时期所采取的科举与招贤相结合的并轨选拔人才运行机制，对于后世人才选拔制度的影响是深远的。直到现在，人们不仅把在高考成绩中，摘取桂冠的才子称为"状元"，还把那些在各个领域工作中取得优异成绩，名列第一的人也称为"状元"，诸如"销售状元""木工状元""养猪状元"，等等。当今常说"七十二行，行行出状元"，各行业优秀人才都有用武之地。科举制度废除之后，虽然状元已成为历史的陈迹，但是状元的称号却并未因此而消失，状元情结依然存在。

（四）对于改变传统社会风俗的影响

由于中国历代封建社会都规定，女子不得应举，客观上造成男女不平等，以至于在中国"重男轻女"之风俗流传至今。[③] 正如邓嗣禹所说："中国儿童向学之早，及重男轻女之习，考试之制，不无影响。"[④] 的确，在中国封建社会，妇女即使满腹经纶，才华横溢，也没有资格应试，中举做官只是男人的事。许多女中豪杰不得已只能女扮男装参加科举考试。

---

① 田建荣：《中国考试思想史》，北京：商务印书馆，2004年，第313—315页。

② 罗尔纲：《太平天国史》第二册，北京：商务印书馆，1991年，第1289页。

③ 彭靖：《科举学的当代价值：国际影响力的提升与公务员制度改革》，《中国考试》2013年第1期。

④ 邓嗣禹：《中国考试制度史》，北京：吉林出版集团有限责任公司，2011年，第266页。

在中国古代文学作品中，有许多以科举为题材的佳作。在那些作品里大多数女性都有女扮男装参加科举的经历。有一出戏叫《女驸马》，写的是冯素珍女扮男装考中状元，被招为驸马，却犯了欺君之罪，险遭杀身之祸；清代才女陈端生，写了长篇弹词《再生缘》，说的是主角孟丽君，一位天生丽质而又多才多艺的奇女子，女扮男装，中状元招驸马，在洞房花烛夜，和真公主上演了一场紧张、惊险的好戏。当然，其中有些情景，可能是文学作品创作中的虚构手法，却反映出了广大剧作家们为争取女权而发出的呐喊。

在太平天国时期，富有才华的女性不仅可以成为太平军的各级文武官员，统领千军万马，而且可以参加科举考试，甚至被录取为状元；一般女性也不用缠足，而缠足恰恰是宋代以后，中国封建礼教强加给妇女的一副巨大的苦难枷锁。笔者认为，历代科举制度在1300多年时间里，对于女性的长期歧视，是造成中国"重男轻女""男尊女卑"社会风俗形成的主要根源。①

在中国历史上，只有洪秀全领导的太平天国时期，在实行科举制度时，对于清朝科举考试的程序与内容进行了重大改革，在选择士子标准上提倡男女平等，并设立过女试，考选出一名女状元傅善祥，这是太平天国在科举选拔人才方面作出的又一重大贡献。从而在一定意义上破除了男尊女卑的封建习俗，是比平均地权更具深远影响的一件大事，对后世产生过深远的影响，它留给人们许多启迪。田建荣也认为，太平天国的科举对于打破在人才培养和选拔方面的"女禁"，使中国考试走向近代化，做出了不可磨灭的思想贡献。②

2012年12月召开的党的十八大，党中央决策层首次将男女平等的内容作为基本国策写入报告之中。当今之时，真正实现了男女平等。为此，许多十八大代表表示："从国家层面来讲，男女之间最重要的还是真正实现男女平等。""将此内容写入报告，对女性参政议政是一个鼓舞，对于女性地位的提高会起到很大的促进作用。"这一举措也是对于中国千百年来"重男轻

① 彭靖：《从太平天国科举看当今高考制度改革》，《中国考试》2013年第3期。

② 田建荣：《中国考试思想史》，北京：商务印书馆，2003年，第313页。

女”之风俗的彻底否定。

（五）动摇了地主阶级对愚昧人民的统治，为中国革命运动奠定了基础

太平天国科举考试改革还有一个非常重大的意义，却被以往的科举研究学者所忽视。在传统的科举制度下，中国的知识分子群体完全是站在地主阶级、封建统治者一边。封建统治者为了愚昧人民，他们拼命树立以孔子为代表的知识分子的榜样形象，让人民被迫接受“万般皆下品，唯有读书高”的信条，其目的就是要恐吓人民，禁锢人民的思想，不许人民在深重的压迫下有任何反抗的念头。

太平天国科举制度在考试内容上，剔除了《四书》《五经》作为士子必考内容，并对孔庙、孔牌进行冲击。由洪秀全为首的，以中下层知识分子为代表的太平天国起义，由此宣告了中国中下层知识分子和主流知识分子决裂的开始，从而动摇了几千年来中国知识分子一味地配合地主阶级、封建统治阶级对于广大人民的愚昧统治。

知识分子群体大分裂的开始，也预示着科举制将走到尽头，所以40年后科举制将被废止。而科举制的废止，使儒家思想凝聚机制急剧瓦解，社会成员从原有的生存结构中脱离出来，又无法被新的生存结构所吸纳，从而迅速形成“游离化”状态。这种“游离化”的社会群体，对于清末及民国初年的社会转型，构成了巨大的政治参与压力，进而引发急剧的社会震荡。

萧功秦指出：造成这种“游离化”的社会原因，是因为大批士绅知识分子失去了通过原有儒学知识获取仕途的指望，加之年龄、知识结构、经济能力等多种原因，而无法进入新的学堂，因而产生群体性的对现实的疏离与不满。[①] 这些处于游离状态的阶层，由于社会地位的不稳定、前途的渺茫与心理的失落，以异乎寻常的速度，急剧地涌入政治领域。另一方面，革命的情绪也最容易在这一批富有理想，同时又在现实中倍感绝望的青年知识分子中

---

① 萧功秦：《从科举制度的废除看近代以来的文化断裂》，《战略与管理》1996年第6期。

发展起来。

这些人正是辛亥革命、五四运动的真正中坚力量，同时也有越来越多的中下层知识分子成了共产主义者，从而为日后的中国革命运动奠定了舆论基础和人才基础。康有为、梁启超、谭嗣同和毛泽东等人，都是中国中下层知识分子中的杰出代表。

自从有科举制度以来，中国的读书人大略分为两种，多数人是“两耳不闻窗外事，一心只读圣贤书”。具有远大志向的少数人则是“风声雨声读书声，声声入耳；家事国事天下事，事事关心”。如果说洪秀全是因为没有考上功名，想通过造反来改变命运，或者说是对现实不满铤而走险，康有为、孙中山、毛泽东等人更多则是出于对国家前途、命运的考虑和关注。他们都是以洪秀全为榜样,并从不同角度借鉴了太平天国成功与失败的经验和教训，在不同时期开展了反清、反封建的革命运动。①

从1882年到1888年,康有为曾有多次进京参加乡试的经历。1898年9月，他在又一次名落孙山之后，第一次上书光绪皇帝，痛陈国家的危亡，批判因循守旧的现状，要求变法维新。后来，他又联合其学生梁启超、谭嗣同等人，起草了著名的《公车上书记》，向朝廷提出了“拒和”“迁都”和“变法”的三项建议的万言书。② 戊戌变法运动是先进的“秀才们”在太平天国之后的又一次“造反”行为，但在强大的封建集团的反扑下，终以“戊戌六君子”的鲜血，在中华大地上画上了一个令人惋惜的句号。

变法之路走不通，秀才们就萌发了武装造反之念。少年时代就仰慕做洪秀全那样英雄的孙中山，为了振兴中华，组织兴中会，发行股票，集资购械。③1911 年的辛亥革命则是积蓄已久的各种矛盾的总爆发。清王朝为一种新的政府形式所取代，帝王作为传统政治形态的制度底线在革命的炮火中陷于崩溃，曾经支撑起无数观点和政治习惯的帝制被废除了。④

---

① 彭靖：《从太平天国科举看当今高考制度改革》，《中国考试》2013年第3期。

② 王晓华、俞前：《秀才造反与民国创立》，上海：上海人民出版社，2011年，第8页。

③ 王晓华、俞前：《秀才造反与民国创立》，上海：上海人民出版社，2011年，第19页。

④ 刘建军：《中国现代政治的成长》，天津：天津人民出版社，2003年，第238页。

辛亥革命十年后，以毛泽东、周恩来等为首的爱国知识分子，借鉴前人和世界上优秀无产阶级政党的经验，用马克思主义思想武装头脑，建立了先进的政党——中国共产党。毛泽东曾精辟地指出：“马克思主义的道理千条万绪，归根结底就是一句话，造反有理。”① 根据马克思的理论，秀才们脱去长衫，走与工农相结合的道路，依靠群众、发动群众，坚持“枪杆子里面出政权”的方针，始终贯彻“党指挥枪”的原则，实行工农武装割据，高举反帝反封建的大旗，经过22年艰苦卓绝的斗争，终于造反成功，不仅取得了新民主主义革命的成功，而且还取得了社会主义革命建设的胜利。

四、太平天国对科举制度改革的利弊分析

太平天国的科举制度，是中国在沦为半殖民地半封建社会历史条件下，农民起义军为选拔服务于政权的人才而制定的考试制度，它沿袭了清代政府的考试制度，但又有所突破与创新。由于农民起义组织的局限性，他们所制定的科举制度也必然有其弊端的一面。现将其主要方面具体分析如下：

（一）太平天国科举制度的历史进步性

第一，太平天国的科举制度，打破了清朝统治者所规定，参加科举受三代出身限制的常规，扩大了下层劳动者出身考生的范围。太平天国定都当年即开科取士，并规定凡天朝臣民“无论何色人，上至丞相，下至听使，均准与考”，“无虑布衣、绅士、倡优、隶卒”。太平天国将人人平等的思想运用到科举中，使下层广大劳动人民子弟有机会通过参加考试入仕，而参与政权管理。这样做的结果是，其政策与政权受到了广大中下层人民的拥护，也极大促进了社会向上流动的局面。

第二，太平天国的科举制度，变革了科举考试的内容和形式。清代科举

① 引自毛泽东：《1939年在延安纪念斯大林诞辰六十周年的讲话》。

考试规定，考试内容以“四书”“五经“章句命题，考试形式采用八股试帖体。这种考试形式，造成士子们成年累月埋头于故纸堆里，“束发就学，皓首穷经”。洪秀全把西方的经书引入科举考试，谕令太平天国以新旧约、圣经作为科举考试的基本，而不得用孔孟经书。① 后期，考虑到一些长期受孔孟和儒家学说影响的士子对于西方文化的接受能力，洪仁玕又在考试内容中，增加了真圣主御笔改正过的“四书”“五经”作为士子可读书目。② 科举考试内容的变化，克服了清朝政府“八股取士”的弊病，也反映了当时农民阶级已意识到变革科举考试内容的必要性。

第三，太平天国根据巩固政权的需要，采用自己的取士标准。他们不再把士子的试卷是否符合“八股文”的要求，作为录取的主要条件，坚持以不反对太平天国政权，遵守太平天国规定的宗教信仰为原则，“士子知全敬上帝，自然同心合力震天威”。按照自己的取士标准，对清朝科举考试的等级、中式士子的称呼都进行了改变，充分表明了太平天国对于旧科举制度彻底改革与摒弃的决心。因此，太平天国录取了一大批士子，充实到政权管理阶层之中。

例如：在文科省试主考官中，天试状元武立勋，安徽和州人，被任命为安徽省试正掌考；1862 年，洪秀全又派陈姓文状元，为浙江省正提考官，文传胪书天燕陈姓为副提考官，到浙江开科。③ 在武科选拔人才方面，太平天国十年（1860 年），广西人覃贵福，因习武技能出色，在洪秀全亲自主持的天试中，被钦定为仅有的两名武状元之一（另外一名为刘元合）。按照太平天国的规定，授予覃贵福职同指挥，成为太平天国军中的一名高级将领。

覃贵福（？—1913），又名覃铁牛，壮族，广西省武宣县东乡福隆村人，家境贫寒。幼年帮人放牛，少年时臂力过人，常用拇指与食指捏 20 多枚铜钱，任人用力掰拉，都拉不开铜钱，被人称为“铁牛”。1851 年，太平军打到武宣县东乡时，当时只有 14 岁的覃贵福，即随太平军征战。

① 中国史学会：《太平天国》（三），北京：中华书局，1959年，第232页。
② 谭文凤：《关于太平天国科举考试的若干问题》，《历史档案》1994年第1期。
③ 王兴福：《太平天国在浙江》，北京：社会科学文献出版社，2007年，第224页。

位于武宣县武状元覃贵福墓

他精通武术，力大无穷，十分勇武。太平天国十年天试武科时，覃贵福将天王宫外的两个大石狮高高地举起，天王洪秀全惊叹他竟然有如此神力，立刻钦定为武状元。于是，天王簪花赐宴，骑马游街；后又赏赐金镫、银鞍，炫耀三天。按太平天国规定，授予覃贵福职同指挥，是太平天国职官中第六级高级官衔，覃贵福成为一名高级将领。

广西人曾对覃贵福惊人力气很崇拜，当地普遍流传他和他的妻子欧氏的事迹。覃贵福的妻子欧氏，南京人，曾在天王府担任女侍卫长。覃贵福中武状元后，她嫁给了覃贵福。《武宣县志》曾详细记载覃贵福事迹。20 世纪 30 年代，简又文先生避难桂林时，广西人潘新潮、黎式谷两人曾向他讲述了覃贵福夫妇的故事。后来，简又文将他们的讲述内容，收录于《太平天国典制通考》一书中。

再如，天试进士胡万智，不仅在充才馆任职，后来还带兵驻守兴国，担负地方长官重任。胡万智，金陵（南京）人氏，太平天国第一次科考的进士。太平天国癸丑三年（1853 年）八月初十，是东王杨秀清的生日，天京城举行第一次会试——东试。此次会试的题目是：“真道岂与世道相同”，副标题："皇上帝是万郭大父母，人人是其所生，人人是其所养"，赋诗题目："四海之内有东王"。胡万智是个穷书生，曾经中过秀才，几次参加清朝的乡试却屡屡落榜，没有得中举人，对清廷异常严苛的科举考试非常不满。

胡万智中进士后，被东王杨秀清封为典朝仪。太平天国派军西征时，西征军一举攻克湖北省兴国州。于是，杨秀清指派胡万智赴兴国任职，担任知州。胡万智到达兴国后，新官上任三把火，在各部门中大量起用新人，其中大多数都是科场不顺、穷困潦倒的读书人。在近半年的时间内，他竭尽全力整顿兴国州各衙门的吏治，经常挑灯夜战，批阅文件，通宵不眠。湘军首领塔齐布攻兴国时，胡万智指挥守军与湘军血战，最后身中数刀，高喊"天朝鸿恩当以死报"而英勇战死。

总之，太平天国开科选拔人才，打破了历代统治阶级独霸科举选士大权的局面，是中国历史上农民阶级占领教育阵地的首次尝试。

以往有些学者认为：尽管通过科举考试选拔了大批中式之人，但太平天国并未予以适当任用。当时科举中式之人，多授以系衔，如职同某某，真正除授实官的情况相当有限。这是不符合实际情况的结论。

第四，太平天国在科举考试的历史上，首次开考女试，这是具有划时代意义的事件，充分体现它所倡导的男女平等的精神。在我国历代科举的历史上，各朝代均明文规定，女子不得应试，虽然这并非科举的特殊规定，而是封建制度的普遍禁地，但却在客观上造成了"男尊女卑"这一封建思想的长期存在。

太平天国定都天京后，"行考试女子之典，正主试为洪宣娇，副主试为张婉如、王自珍。题目为《惟女子与小人为难养也》，应试者二百余人"。据清人徐珂记载："傅（善祥）作独力辟难养之说，引古来贤女内助之功，为秀全所激赏，遂充状元，饰以花冠锦服，鼓吹游街。"[①] 傅善祥状元及第后，按照当时之制，与同科女榜眼钟秀英、女探花林丽花，以及男科一甲三人（状元为程文相）皆被赐予彩舆文马，在天京城中游街三日，以示荣耀。[②]

---

①（清）徐珂：《清稗类钞·考试类》，《傅鄀祥应粤寇试》，北京：中华书局，1981年。

②毛佩琦主编：《中国状元大典》，昆明：云南人民出版社，1999年，第2330页。

此后，女状元傅善祥在东王府担任簿书，替东王杨秀清批阅机要文件。后来，由于识字女子不多和受其他条件的限制，次年，因天京缺粮形势严重，妇女多离开天京，太平天国再没有开设过女科考试。傅善祥也就成为中国唯一的女状元。但是，这次开设女试事件非同一般，是科举史上一次伟大的突破与创新，对于后来女子教育和近现代考试制度来说，都产生了深远的影响。

（二）太平天国科举制度的历史局限性

近代中国是在西方列强不平等的条约束缚下，被迫开始接受西方文化。太平天国革命作为一次较大的农民起义运动，因历史的局限性，其领导人没有，也不可能正确认识西方文化。第一，他们本能地感到变革科举考试的重要性，却把西方宗教经典全部照搬过来，规定科举考试内容以《旧约》《新约》等圣经内容为根本，因此使考试带有浓厚的宗教色彩。其结果是引起了许多读书人的不满，阻碍了部分士子投身起义军。

自从科举考试以来，孔孟之道就是读书人的至圣先师。太平天国宣传天下人都是上帝所生所养，没有高低、贵贱之分，这是文人士子所不能接受的。相反，以圣经为根本，因此为曾国藩提供了煽动知识分子敌视太平军的把柄。以此，他们网罗了不少能人学子充实到湘军队伍，向太平天国展开了猛烈的进攻。

第二，科举考试过于频繁，中举名额太多，从而有失科考的严肃性。太平天国科举考试以天试最为奇特，一年竟设有天试、东试、北试和翼试四次，试期分别以天王、东王、北王、翼王的生日为期，各自开科取士。各自出金榜。这样做的缘由，可能是天王洪秀全为了体现出诸王的平等，天试、东试、北试和翼试具有同等的资格，不分高低，每试均可产生状元、榜眼、探花。但其结果却失去了科举考试的严肃性，也造成报名少，录取者多的现象，从而降低了人才录取的质量。太平天国后期颁布的《钦定士阶条例》，将科举考试由每年一次改为三年一次，但是，由于后期战争的残酷性，最后在“天试”阶段没有真正实施。

第三，求才方式生硬，考试带有明显的强迫性。由上所述，由于报名者少，取士过滥，中举者没有得到传统科举下应有的荣耀，所以士子们大都不愿意去应试。但发展中的太平军又急需大量知识阶层与管理人才，所以他们不得不采取一些诱惑、劝说，甚至杀戮等高压手段，来强迫士子应试。由于当时处于战争年代，物质并不富裕，而太平天国给予士子们的许诺有时根本无法兑现，从而更加挫伤了应试者的积极性。面对这种强迫措施，很多人选择逃跑，逃不掉被迫应试者则满怀愤怒，甚至作诗讽刺，从而给自己招来杀身之祸。

由于农民起义组织的局限性，他们所制定的科举制度必然有其不足之处。但是，任何一项改革运动，都有从不足到不断完善的过程。太平天国后期，1861 年由洪仁玕、陈玉成、蒙得恩制定的《钦定士阶条例》标志着太平天国科举从初期的雏形到日趋完善的阶段，并已经在乡试、县试、郡试和省试中实施，成为专门的太平天国科举法典。

第七章 江南贡院与太平天国时期的变迁

江南贡院始建于宋代、发展于明清，是中国古老文化中一颗耀眼的明珠，在中国科举的发展史上，有着十分重要的地位。早在明代，它就与北京贡院有“南闱”“北闱”之称。它历史悠久、规模宏大，兴盛时期可同时容纳两万多名举子参加考试。它漫长的历史沿革，深沉的文化积淀为南京留下了极为丰富的文化遗产。

江南贡院是江苏、安徽两省生员共同的乡试场所。目前，从科举文化角度而言，现有研究侧重于科举制度废除后，江南贡院的存废之争，兼及贡院规模的变化；从社会史的角度而言，相关研究学者论述太平天国时期南京城的变迁时，并未能涉及江南贡院的问题。① 然而，林则徐对于江南贡院的整顿措施，太平天国运动对江南贡院的改造与使用，以及江南贡院扩建的原因，曾国藩推动江南乡试，对于恢复南京经济繁荣等问题，尚未予以充分讨论，导致对太平天国前后江南贡院研究的缺失。②

一、太平天国前的江南贡院

江南贡院位于南京市秦淮区夫子庙学宫东侧。它东接桃叶渡、南抵秦淮河、西邻状元境、北对建康路，是夫子庙秦淮风光带组成部分，夫子庙地区三大古建筑群之一。目前，南京江南贡院已经是国家5A级旅游景区。

---

①夏春涛：《太平天国时期南京城的变迁》，载《太平天国与晚清社会》，北京：北京师范大学出版社，2018年，第32—46页。

②本章节内容摘要发表在《科举文化》，2024年第1期，第73-80页。题目为：“太平天国时期江南贡院的变迁”。

（一）元明朝时期的江南贡院

据《南窗纪谈》所载：建康（南京）贡院始建于南宋乾道四年（1168年），由知府史正志创建。当时它只是府一级的科举考场，主要供州、县级考试之用，规模并不大。明朝初年，明太祖朱元璋定都南京后，集乡试、会试于南京举行。永乐十九年（1421年），明成祖朱棣迁都北京，但南京仍为留都。因江南地区人文荟萃，原有考场便越来越显得狭小。为扩大考场，朝廷没收了罪臣纪纲的府邸，又取怀来卫指挥陈彬，以及家人陈通、忠勇伯等人的房舍，加上府尹黄公永元祠、秦桧之子禧祠等建筑，改建为江南贡院。①

值得注意的是，在元朝时期，江南贡院曾经被改建为东织染局，明朝永乐年间重修并扩建。②据《至正金陵新志》卷六记载："东织染局，至元十七年，于城东南隅，前宋贡院立局。"③元朝十七年，即公元1280年。据《同治上江两县志》卷五记载："贡院街旧为蔡居厚宅。江南名士甘熙在《白下琐言》中云：贡院创于明永乐中，乃籍没锦衣卫同知纪纲宅，又取怀来卫指挥陈彬家人陈通房宇，明德堂有应天府尹王弼碑可据。"

在明代时期，江南贡院也是各省贡院效法的对象，据明代《应天府新建贡院碑记》记载："贡举有院，内外通制也。南京应天府为天下贡举首，其制度亦必为四方所取法。"一直到清末改革科举内容之后，江南还是领风气之先，清末人士选编全国各省乡试闱墨后便说："江南自六朝以来，文采斐然，所谓生命文物之邦。近自中国大通，长江流域首先输入文明，故吾国之讲新学，实以江南为先声。"④

江南贡院明远楼始建于明嘉靖十三年（1534年），清代沿用。"明远"二字取自《论语》"慎终追远，明德归厚"。楼高三层，底层四面

① 李海荣主编：《江南贡院史话》，南京：南京出版社，2008年，第1页。
② 朱晓冉：《南宋建康府贡院地望考证》，《山西建筑》2009年第35卷第32期。
③（元）张铉修纂：《至正金陵新志》，南京：南京出版社，2010年。
④ 刘海峰：《江南贡院的命运》，《社会科学战线》2014年第6期。

江南贡院的明远楼

为门，楼上两层四面皆为窗户。江南贡院明远楼为江南贡院保存最好的建筑之一，也是江南贡院的标志性建筑。

然而，在明朝时期，江南贡院的地址曾经有四次变迁：洪武初年（1368年）在北场演武场；永乐中年（1410—1420年）移到郡学文墀宫；正统年间（1436—1449年）又搬到武学堂。搬迁的原因均因考场显得狭小，“然士多地隘非辟庑垣不足以致容焉”，因而不得不更迁。到了景泰初年（1450年），由应天府尹马谅提议，以犯官抄没遗下的废宅为基地，始建于秦淮之阳。初建成时，除“至公堂”等官房之外，可供考试的号舍有3000多间，从而奠定了江南贡院的基础。据江南贡院保存的《增修贡院碑记》记载：“万历中增至八千，康熙年间递增一万三千。”

在《应天府新建贡院碑记》中有这样的记录：

然自设科以来，其地凡四易：洪武初，以北城演武场为之地，甚缅也而艰于建置；永乐中，移于郡学之文墀宫，其饬也而仿于明祀；正统间复徙武学之讲堂，便供给也。然士多地隘非辟庑垣不足以致容焉；景泰初，府尹马公谅，将修述职之典于朝，乃进耆夙而咨之咸曰："秦淮之阳，有地廓如，前武臣没入。废宅也。鞠为氓隶之圃，久矣。若葺而理之可办也。"……公元1457年立。[①]

江南乡试和全国性会试都集中在南京的应天府举行。迁都北京之后，实行南、北两京制，故以在南京举行的应天乡试为"南闱"，以别于在北京举行的顺天乡试"北闱"。由于南闱往往选拔出许多特别有才华的举人，江南乡试以出才子著称，受到全国的注目。

（二）清朝初年的江南贡院

清代是江南贡院的极盛时期，不仅用于考试号舍的数量不断增加，随着考生规模不断扩大，每届应考之年，地方官都会重修贡院。[②]康熙二十三年（1684年）江南贡院已有东西文场号舍数千间，经康熙二十九年（1690年）两江总督傅拉塔、康熙五十二年（1713年）江苏巡抚张伯行先后扩建，江南贡院的号舍达13000余间。[③]雍正元年（1723年）五月，署江南总督查弼纳奏称江南贡院号房不敷使用："应考之人为一万五千八百余人，而号房仅有一万五千六百余间"，只好临时搭建席舍，以为考试之用。考试结束后，查弼纳将号房"狭窄低矮者，加高加宽"，"将阴暗角落之小号房全部拆毁重建，使其宽敞明亮，整齐划一，便于巡查"，又"酌量买院外之地扩建"，最终号舍扩至17000余间，还修缮了至公堂、衡鉴堂、左右经房和各所屋舍。[④]

至公堂为命题、阅卷官员之外的负责考务、试卷前期处理官员的工作之

---

① 肖振才：《江南贡院》，北京：当代中国出版社，2007年，第232—234页。

② 顾建娣：《咸同年间的江南贡院》，《近代史研究》2022年第3期。

③ 南京市文化广电新闻出版局编著：《南京历代碑刻集成》，上海：上海书画出版社，2011年，第408页。

④《两江总督查弼纳奏报捐俸修建号房折》（雍正元年五月初六），中国第一历史档案馆编《雍正朝满文朱批奏折全译》上，合肥：黄山书社，1998年，第120页；《南京历代碑刻集成》，第408页。

江南贡院号舍示意图

号舍是贡院的主体建筑。每间号舍的号板由两块木板组成，每块一寸八分厚。考生根据需要，来移动号板的位置。使它既可以成为考试用的书桌，亦能成为休息、睡觉之小床。

场所，设有掌卷所、受卷所、弥封所、誊录所、对读所等部门。衡鉴堂则是考官校阅试卷与各官办事的地方。江南贡院“衡鉴堂”的匾额由左宗棠亲自书写。

雍正二年（1724 年）开甲辰科，李兰作为江南乡试的副主考官，正月来到金陵。江南贡院在两江总督查弼纳指示下，进行了一次扩建与修理。经过六个月的修缮，将号舍增至 17000 余间，并将其余房屋也都修葺一新。乡试结束之后，李兰受邀撰写《增修贡院碑记》，勒石立于江南贡院之中，至今仍保存完好。在“碑记”中，李兰提到：“江南贡院四徙而得今所，天顺初号舍三千，万历中增至八千，康熙年间递增一万三千，至今已扩增到一万七千余间。”碑记还记载了历任地方官员修葺贡院的功绩，介绍了贡院新旧面貌。

雍正四年（1726 年），曾经参加过乡试“天字铺士”的韩绍文、李正芬、吴焕章等 30 多人，在江南贡院内，为时任江宁理事赫胜额立下一块《颂德碑》。

保存在江南贡院的碑刻

碑文大意为：江宁理事赫胜额（镶白旗、满洲人）在江宁任上，执法公正严明，无偏无袒，“权衡满汉”，“强梁敛迹”，宵小潜踪，使满汉民众安居乐业，地方安宁。雍正三年（1725 年），清世宗胤禛表扬说：“官名甚好，特升其为户部员外郎。”韩绍文等人均表示“我等士民如失瞻依，群黎翘首，实切攀辕之念”。碑立于雍正四年。[①] 类似这样的贡院碑刻，共有 23 块之多，原散落于江南贡院内。1989 年建江南贡院历史陈列馆时，加筑部分碑座，将其集中排列于明远楼内外及东西两侧。

这些碑刻的内容记载了江南贡院的历史、历代扩建、维修情况以及考官题名等，以及民国期间废除科举后，江苏、安徽两省分配贡院财产纪实。此外，还有历代部分皇帝、主考官等人的题名、题诗碑。全部碑刻，不仅是一部完整的江南贡院史书，更是一笔值得骄傲的珍贵遗产，同时也是国内外游客了解中国科举制度极为重要的窗口。

乾隆二年（1737 年），两江总督赵宏恩奏称，江南贡院号舍 16300 余间，

① 肖振才：《江南贡院》，北京：当代中国出版社，2007年，第234—235页。

不敷使用，已购买院东姚家巷紧贴江南贡院院墙的居民房屋，增建 1570 余间，“除将窄小旧号及逼近号底者截去外，统计新旧号舍共一万七千二百零四间。”

江南贡院号舍，原共一万六千三百余间，年来士子日增，号舍不敷，自应扩充宽展，院东姚家巷有居民房屋紧贴院墙，可以购买，丈勘基地，折方四百余丈，可建号舍一千五百七十余间，除将窄小旧号及逼近号底者截去外，统计新旧号舍共一万七千二百零四间。[①]

道光二十四年（1844 年），两江总督璧昌、江苏学政张芾再次修建江南贡院，除解决雨天积水问题外，又添建 500 间号舍，拆除重建 6100 余间号舍，整修 9000 余间通场号舍及其他建筑。[②]

由此可见，江南贡院号舍数量，在天顺初年为 3000 间，万历年中增至 8000 间，康熙年间递增至 13000 间。在太平天国战争前，除办公用房外，江南贡院有记录的号舍最大规模为 17200 余间。

与此同时，与江南贡院号舍规模庞大相关的，则是考官人数特别多。乡试考官人数与会试考官人数一样，最多达 18 名。[③]在《钦定科场条例》中记载：

光绪十三年议覆：两江总督曾国荃等奏，江苏、安徽不便分期乡试，请酌增同考员数一折。查康熙五十二年议准：直隶、江南、浙江乡试人数倍于他省，应照会试例各用同考官十八人。又，乾隆十八年议减各省房考官案内，将浙江房考官酌减二员，定为十六员，顺天、江南

① 昆冈等撰修：《钦定大清会典事例》卷三四三《礼部·贡举·试院关防》，台北：新文丰出版公司，1976年。

② 南京市文化广电新闻出版局和市文物局：《南京历代碑刻集成》，上海：上海书画出版社，第421页。

③ 刘海峰：《江南贡院的保存与演变》，《厦门大学学报（哲学社会科学版）》2018年第5期。

房官各十八员，毋庸议减等因各在案。是同考官除会试向用十八员外，其各省乡试，惟顺天系各省士子合考，江南系江苏、安徽两省士子合考，故准照会试例用同考官十八员，即浙江人文较盛之区，亦不能与江南一例。①

江南乡试为农历八月，在这个时期，南京的天气变化异常。因参考士子所带衣服有着严格的限制，遇上气候冷热突变，闱场中的考生其苦难熬。②清代诸联所创作的笔记《明斋小识》中，就记有乾隆五十四年（1789年）己酉科江南乡试情况：

初八日天气微凉，人悉兼衣。及明午暴热，日如火炙，甚于三伏，又旁置红炉，后叠衣被，遂致两眼昏瞢，气不能出。至二场以单衣进。十一夜半，大雨忽来，陡然寒冷，体僵齿战，左右皆作嘘嘘声，乃向炉炽炭，更取号帘号顶油纸，尽裹于身，四肢犹然颤动。③

为了防止考生进入考场后，采取其他方式作弊，清廷还制定了众多条规来约束考生和考场官员的行为。如考生通过检查，必须立即根据卷号进入号舍，不允许在号舍外停留。如果某一字号人满，立即将此号巷口的栅栏门关闭上锁，阻止考生走出号巷。对于考官入场后，清廷也有众多规定。例如，不允许考官私访学生或与其交谈；不允许考官把分阅的朱卷私自带入自己的房中；不允许外帘官员私阅试卷等等。为了防止考生与考官串通舞弊，甚至连答题中文字的承题、起讲等处所用虚字都有明确规定。

①（清）奎润纂修：《钦定科场条例》卷十：《乡试考官·直省乡试同考官·驳案》，李兵、袁建辉点校，长沙：岳麓书社，2020年。

②周道详主编：《江南贡院史话》，南京：南京出版社，2008年，第51页。

③（清）诸联：《明斋小识》，收录在《文津阁四库全书》第二八二册《子部·杂家类》，北京：商务印书馆，2005年。

二、林则徐三次监临江南贡院

由于考场规则的不断完善，乾隆以后较长一段时间内，江南贡院的科举考场的秩序还是比较正常的。但是，到了道光年间，科场的秩序又开始混乱。清道光十二年（1832年）六月初八，作为中国近代历史上“虎门销烟”杰出的民族英雄，林则徐接任江苏巡抚一职。①

这一年正好是壬辰科江南乡试之年，按照科举考试常规，该科的监临官应该由安徽巡抚来担任。可道光皇帝却破例，指派林则徐担任此科江南乡试的监临官。于是，林则徐亲临南京江南贡院。这时，距离八月乡试时间已很近，林则徐经过认真与深入调查，针对当时江南贡院考场的管理、考卷的评阅，以及士子的入场等方面存在的弊端，向朝廷拟写了一道奏折——《请定乡试同考官校阅章程并预防士子剿袭诸弊疏》，② 对江南贡院乡试中所出现的弊端及整顿的方法作了详细论述。

林则徐曾经前后三次担任江南贡院监临官。他采取了严格筛选考官、制定阅卷章程、严惩作弊行为等一系列措施，保证了科场考试选人、用人的公正性。他撰写的这一奏折内容，也为我们了解江南贡院的考试内幕提供了鲜活的第一手史料。

（一）内帘存在的问题

（1）同考官人选不当。江南贡院规定设有十八房同考官，每官所在一房，其主要工作是负责阅卷和向主考官荐卷。而同考官多由年老昏庸之人充任。

（2）同考官评卷塞责，常用泛而不切的词。如“欠精警”“少出色”

① 周道详主编：《江南贡院史话》，南京：南京出版社，2008年，第52页。

② 邵之棠辑：《皇朝经世文统编》卷二十八，《内政部二：科举》，台北：文海出版社，1980年。

“虎门销烟”时期的林则徐

之类批语，竟可事先书就，不论什么文章都以此贬之。定弃于俄顷之间，判升于恍惚之际，对士子极为不负责。

（3）房官争先荐举。房官（即同考官）把优等考卷推荐给主考官，这本是应尽之责。但先荐的考卷被主考官看中，房官就会有奖励；后荐者因名额有限往往落空，由此造成房官阅卷马虎，只顾个别能荐的考卷。

（4）考官只图应付考期。在《钦定科场条例》中规定，乡试九月十五日发榜。同考官十八房，分摊一万五千份考卷，每房批阅八百余份，其任务极其繁重。从八月十一日开始，到发榜之前，同考官只顾赶早荐完，不顾阅卷质量，常有评卷不公的现象出现。

（5）作弊者得逞。互相抄袭的考卷若在同一房批阅，自然败露；若不在同一房批阅，同时选中，也会败露；但若不在同一房批阅，且又是一中一落，那么无论选中或落选都不会败露，也就都可以逃脱惩罚；若是两卷全都落选，便更无人知晓了。以此幸获者不乏其人。

（二）外帘存在的问题

（1）士子夹带作弊严重。此现象由来已久，屡禁不止。乾隆九年（1744年）甲子科，命亲王大臣严定搜检法，得一人赏军役一金。北闱搜出夹带四十二人，散去二千余人。防夹带措施不严。夹带有三种：文中典故、坊刻小本、分倩多人。"四书"题文全部带入场中，见题就抄。

（2）入闱秩序混乱。一万五千名士子要在一夜之间点名入闱，常常做不到。贡院门外拥挤混乱，常有士子跌伤。嘉庆癸酉科（1813年），士子们露宿街头一夜，直到第二天上午九时才得以进门。由于疲惫已极，有好几个士子竟昏头昏脑踏入大门内右侧的水池，全部淹死了。

（3）士子场内串通舞弊。有的士子为了互通消息，不按规定的牌号入座，以求代倩。

（4）雇用枪手顶替。顶替就是花钱雇人替考。由于入场在夜间，考生人数又多，枪手自然容易在黑暗与混乱中进入场内。

（5）考场拖延时日。由于入场耽误，散场必然拖延，三场考试之间的衔接运转受到影响。

林则徐初次监临江南贡院时，还制定了考场规约十二条，要求考生不许夹带，甚至带来的干粮都必须切开，以防作弊。考生进入考场要经过三道门的严格检查。如果前两道门没查出问题，而最后一道门发现问题，那么前两道门的工作人员将以玩忽职守治罪。作弊考生将示众，并革除已有的功名。

关于林则徐采用兵法的方式，分三路点名来整顿江南乡试的业绩，"盖阴以兵法部勒之，事不繁而易举"。黄钧宰在《金壶七墨》中有明确记载：

江南合两省为一，与试者多至万六七千。向因点名拥挤，停止搜检，竟一昼夜而不能竣事。自林公少穆开藩江宁，分三路点名。先期核计各属人数多寡，按时刻分配均匀，又刊印章程，随卷给发，某时某路点某学，一目了然。每届一时，发炮悬旗，大书三路应点学分，由内而外，以及街衢巷渡，无不周知。盖阴以兵法部勒之，事不繁而易举。申酉间

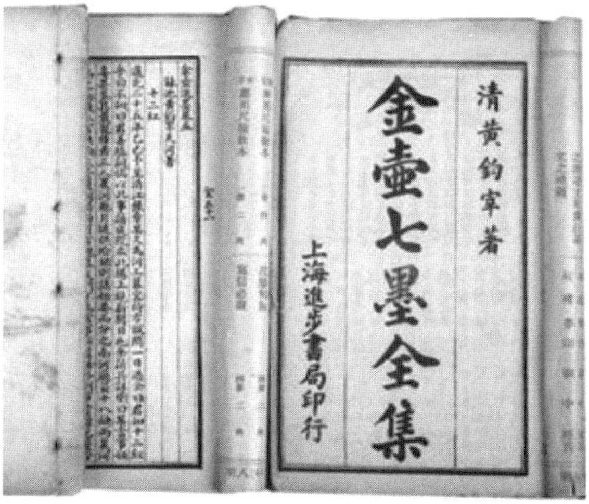

黄钧宰《金壶七墨》首版书影

即可扃门。场内则誊录对读，与夫粥饭夫之类，无不躬自稽察。就号令而亲尝之。故士林洽然感颂。[①]

黄钧宰是清朝戏剧家和文学家。《金壶七墨》是黄钧宰出版的一本著名的笔记小说。书中记述了作者游历的亲见亲闻，特别是保存了一些鸦片战争的珍贵史料，记录了黄钧宰自道光甲午（1834年）至同治癸酉（1873年）四十年间的“耳目闻见，可惊可愕之事”，写出了他生平“悲欢离合之遭”，具有很强的现实性和文学性。1872年，首版由上海进步书局印行。

晚年的林则徐，回忆自己三次担任江南贡院监临官，曾经“三度棘闱中”的情景，感慨之情油然而生，不禁创作七言律诗一首：

《寄和李石梧抚部癸卯文闱即事原韵》，其四

秣陵三度棘闱中，犹记朱书押榜红。
丹桂一枝仍抱月，白莲千朵早摇风。
只今雪窖孤踪老，却听霓裳旧咏同。

① （清）黄钧宰：《金壶七墨》，上海：上海古籍出版社，2002年。

凭枝金天擎砥柱，河声岳色古来雄。

壬辰、甲午、乙未，江南文闱，皆余监临

当年，为防止考场内外串联作弊，江南贡院的外面建有两道高墙，两墙之间留有一丈多宽间距，形成一圈环绕贡院的通道。围墙的四角还建有四座两丈多高的岗楼，围墙的外面也留有一圈空地，严禁百姓靠近和搭建任何建筑，这就是南京著名的贡院街。不仅如此，在乡试期间，贡院围墙的内外还布满了兵丁，可谓戒备森严。又因在贡院内外两层围墙的顶端布满了带刺的荆棘，所以贡院又称作“棘闱”。

这首七律诗充分反映了林则徐雷厉风行的实干作风、大刀阔斧的改革精神。从这首诗的落款时间，我们可以明确得知，林则徐曾经三次担任江南贡院监临官，其年代分别为1832年、1834年和1835年。后两次的时间是目前学术界研究很少，尚未提及的内容。

三、江南贡院：考场与监狱

咸丰三年（1853年），洪秀全率领太平军占据江宁省府南京后，推行毁灭偶像政策，导致江宁的学宫、书院等儒学机构被毁甚多。江宁府学在太平军入城后首先被毁，学宫中的孔子牌位被弃于马粪堆中。在洪秀全看来，若想在中国社会确立独尊上帝的局面，就不得不设法消除多神崇拜、偶像崇拜在民间的影响，尽管上帝教与基督教中的“上帝”并不是同一个概念。曾国藩在《讨粤匪檄》一文中，也指责太平军“无庙不焚，无像不灭”。

其实，太平军因大兴土木急需大量建材，所以主要是拆毁而非焚毁。[①]当时就连耄耋老人也被征派来拆庙，故时人叹曰：“蛮呼神道尽妖魔，胜迹

① 夏春涛：《太平天国时期南京城的变迁》，载《太平天国与晚清社会》，北京：北京师范大学出版社，2018年，第32—33页。

名山拆毁多。鞭扑老人升峻屋，龙钟几辈见阎罗。”① 并有“拆妖庙，梁柱成山储木料”② 一说。莫愁湖后楼所立的明代中山王徐达塑像，也一并被毁。大报恩寺琉璃塔，坐落在城南聚宝门（今中华门）外，系明成祖为纪念其生母而建，九层八面，高 80 米，全部采用五彩琉璃砖构件建成。明末清初来华的天主教传教士将之与比萨斜塔等并称为“世界奇观”，在西方有很高知名度。太平军攻城时，在该塔第三层架炮与守城清军对轰，导致塔身严重受损，随后外壁佛像与内壁神龛俱被毁坏。在太平天国“天京事变”中，由于韦昌辉担心石达开占据该塔攻城，故下令将之炸毁。嗣后来访的洋人慕名而至，常带走废墟中的琉璃砖作为纪念。

与此同时，围攻南京的清军江南大营对当地名胜也多有破坏。据史料记载，“南京城外有宁国寺，本金陵八景之一，自贼窜扰，又经兵勇盘踞其中，古松数万株概遭砍伐；其余宝山胜刹扫地无余”。③ 由此可见，在太平天国时期，对于南京城名胜古迹的毁坏，清军与太平军都有责任，不能仅指责太平军的行为。

作为六朝古都，南京人文荟萃，文化积淀十分深厚。太平天国为确立上帝信仰，宣布唯有经洪秀全审订、由官方刊刻的书籍始准阅读，将包括孔孟经书在内的其余一切书籍斥为“妖书”，下令焚毁，凡买卖藏书者一律问罪。紧接着，太平军在全城开始大规模搜查、销毁古书。张集馨在《道咸宦海见闻录》一书中描写道：“搜得藏书论担挑，行过厕溷随手抛，抛之不及以火烧，烧之不及以水浇。读者斩，收者斩，买者卖者一同斩。”④ 此句便是当时情形的真实写照。

（一）江南贡院中号舍保存的原因

在南京城主要名胜古迹遭到毁坏的同时，作为贡院主体的号舍大多得以

①《山曲寄人题壁》“拆毁圣庙”诗，载《太平天国史料丛编简辑》第6册，第389页。

②马寿龄：《金陵癸甲新乐府》“禁偷窃”诗，载《太平天国》第4册，第735页。

③张集馨撰，杜春和、张秀清整理：《道咸宦海见闻录》，北京：中华书局，1981年，第172页。按：“宁寺”疑为“灵谷寺”之音讹。

④马寿龄：《金陵癸甲新乐府》“焚妖书”诗，载《太平天国史料汇编》第4册，南京：凤凰出版社，2018年，第735页。

幸存，与太平天国亦实行科举制度有关。在太平天国制定的《钦定士阶条例》中，详细规定了科举考试的时间、地点、内容、程式、待遇、仪制和开销等，说明太平天国定都天京后，多次举行科举考试，并形成制度。而江南贡院则主要作为太平天国开科取士的考场之用，因此得以保存。

1853年3月，太平天国定都南京后，8月即开科取士。佚名《粤逆纪略》记载："八月十二日，杨逆传令，凡各馆书手，均于贡院考试，不从者加以鞭扑。是日即以伪书命题，不拘各体，于是皆写百余字以塞责。次日又令再试，仍以伪书命题，限五百字，六韵诗五首。伪官亦有应试者，约三百人。数日发榜，有一、二、三甲名目，状元、榜眼、探花俱金陵人。十月又试三日，规模与前相类。"[①]并且，太平天国诸王在其生日也曾经开科取士，分别为天试、东试和南试等，并且选拔出状元、榜眼、探花和传胪各一人。

李圭在《会陵兵事汇略》中记载："洪逆父子生日俱赐宴，畀以金牌，皆先期逼人入贡院考试，洪逆为正试，东贼则东试，余仿此。所取伪状元、榜眼、探花、传胪各一，伪翰林数十，伪进士倍之。"[②]类似记载还有，谢炳在《金陵癸甲纪事略》中记载："贼各伪王生日，先期进贡院考试……取伪状元一、伪榜眼一、伪探花一、伪传胪一、伪翰林百余、伪进士数百。一甲职同伪指挥，二甲职同伪将军，三甲职同伪总制。东贼为东试，天贼为天试，余贼仿此。"[③]张汝南在《金陵省难纪略》中记载："俊字为天朝试院，大门画龙虎。"[④]因此在太平天国时期，江南贡院的号舍是南京城内为数不多得以幸存、并保留较为完好的古建筑群之一。

---

①佚名：《粤逆纪略》，载太平天国历史博物馆编：《太平天国史料汇编》第14册，南宁：凤凰出版社，2018年，第6268页。

②李圭：《会陵兵事汇略》，载太平天国历史博物馆编：《太平天国史料汇编》第14册，南京：凤凰出版社，2018年，第6126页。

③谢炳：《金陵癸甲纪事略》，载太平天国历史博物馆编：《太平天国史料汇编》第14册，南京：凤凰出版社，2018年，第6323页。

④张汝南：《金陵省难纪略》，载太平天国历史博物馆编：《太平天国史料汇编》第14册，南京：凤凰出版社，2018年，第6396页。

（二）江南贡院曾经作为监狱

在太平天国时期，江南贡院不仅作为考场，还有其他用途。[①] 张汝南在《金陵省难纪略》中还记述道："贡院号舍平时监囚，至公堂作讯囚处"[②]，表明太平天国的囚犯多被关押于江南贡院。在太平天国时期，洪秀全严禁剃发，否则视为"通妖"，这些人也曾被关押于江南贡院。张晓秋在《粤匪纪略》中补充道："搜查失发剪短者锁杀，以江南贡院为狱，老幼男女，被害不计其数。"[③]

谢炳在《金陵癸甲纪事略》中也证实："贼又吹号角传齐城中人等验发，凡剪发者尽锁入贡院。并传伪令，如各馆尚有剪发之人，不速至贡院，查出即杀。于是各馆纷纷送人至贡院，计男子二千余人，又令女伪官搜各女馆……亦搜得二千余人，［并］幼童数百人，禁于贡院。……伪贼谕凡前剪发之兄弟姊妹，俱由取保人送至贡院，匿者同罪。于是禁男子于十八房等处，禁女子于两旁大号筒。每日伪指挥、伪侍卫、伪将军等轮班刑讯"。[④] 再者，太平天国前期严禁私藏金银，违者有罪，均"锁入贡院"监狱。例如，有一位太平天国的典金官，他带众出城，谎称奉命打先锋，被守城官搜出各怀金数百，于是禀告东王。谢炳在《金陵癸甲纪事略》中还有这样的记载："东贼大怒，闭城搜各伪典官衙，凡有金者，锁入贡院"。[⑤]

此外，在太平军入城初期，洪秀全规定南京城内剩余居民不分老幼，按太平军军制，编入男营或女营。男女分开居住，聚集二十余人为一馆，女馆不准男子入内，实行军事化管理。在此期间，贡院或曾做过女馆使用。龚又

①顾建娣：《咸同年间的江南贡院》，《近代史研究》2022年第3期。

②张汝南：《金陵省难纪略》，载太平天国历史博物馆编：《太平天国史料汇编》第14册，南京：凤凰出版社，2018年，第6396页。

③张晓秋：《粤匪纪略》，载罗尔纲、王庆成主编：《中国近代史资料丛刊续编·太平天国》第4册，广西师范大学出版社，2004年，第59页。

④谢炳：《金陵癸甲纪事略》，载太平天国历史博物馆编：《太平天国史料汇编》第14册，南京：凤凰出版社，2018年，第6326页。

⑤谢炳：《金陵癸甲纪事略》，载太平天国历史博物馆编：《太平天国史料汇编》第14册，南京：凤凰出版社，2018年，第6328页。

村在《白怡日记》中有这样的记载："贼拆城房大半，而试院仅存，因曾作女馆也。"①

由此可见，太平天国时期，在太平军控制下，江南贡院至少有两个用途：考场、部分用于监狱。其中，号舍、十八房等作考试之用。在非考试期间，贡院的号舍则用于关押囚犯。其囚犯数量，男女与儿童合计 4000 多人。"禁男子于十八房等处，禁女子于两旁大号筒"。至公堂用作审讯囚犯处，而因"登明远楼，全城在目"，明远楼则是作为瞭望台，才得以幸存。在太平军占据南京之前，江南贡院号舍最大规模为 17200 余间。

（三）关于江南贡院幸存号舍问题

2022 年 6 月，中国社会科学院近代史研究所副研究员顾建娣在《近代史研究》上发表论文，她依据多种史料，首次提出江南贡院号舍曾经作为监狱使用，这是十分有意义的研究工作，为笔者在本章节写作提供诸多参考与借鉴内容。但是，美中不足的是，她指出："太平军占据南京期间，江南贡院其他建筑几乎被毁殆尽，而号舍因为用作考场和监狱，幸存约 15000 间。"②这一数据，仅仅是依据《续纂江宁府志》第 5 卷中所提及的一句话："贼于城内公私毁尽，独留此为灵光，止万五千号尔。"笔者认为，这是不严谨的表述结论。

我们看一下，时任两江总督的曾国藩在写给清廷的奏折中，是如何汇报江南贡院幸存号舍问题。

同治三年（1864 年）六月十六日，经过十一年的奋战，湘军终于攻克南京。清廷曾询问曾国藩：贡院是否损坏，应如何修葺？七月十七日，曾国藩专程视察贡院。因此，笔者认为：他得出的数据结论更为准确，否则便有欺君之罪。八月十三日曾国藩复奏，称贡院至公堂、衡鉴堂、明远楼未经毁坏。号舍 16000 多间，重新建造的占十分之一，修缮的占十分之九。其奏折原文有

① 龚又村：《白怡日记》，载罗尔纲、王庆成主编：《中国近代史资料丛刊续编·太平天国》第6册，南宁：广西师范大学出版社，2004年，第153页。

② 顾建娣：《咸同年间的江南贡院》，《近代史研究》2022年第3期，第154页。

关内容摘录如下：

旋据该亥员以要工完竣，绘图呈验，臣于九月初一日自安庆起程，初七日舟抵金陵，初九日至贡院查验工程，所有主考、监临、提调、监试、房官各屋，誊录、对读、弥封、供给各所，新造者十之九，修补者十之一。号舍一万六千余间，新造者十之一，葺补者十之九。①

另外，在《同治上江两县志》中的记述，也可以补证这一推论。如果江南贡院原有号舍，按照16000余间计算，“同治六年（1867年）丁卯科增建2800余间，同治十二年（1873年）癸酉科，再增建号舍2000间，合计共有号舍20646间，号棚编列达295字，号舍之多，天下所罕”。②这个数字是比较符合最后叠加的数据。

因此，笔者认为，依据曾国藩按照清廷的指示，在仔细查验江南贡院后得出的结论，结合《同治上江两县志》中的记载，太平天国战争结束后，江南贡院幸存号舍应该为16000多间，这是比较准确的数据。

四、太平天国对于南京贡院的改造

太平天国举行的京试仍在原南京贡院举行。但太平天国不称其为“贡院”，而是将原有的“辟门吁俊”四字改题为“天朝试院”，大门绘画龙、虎形状。开考之前，委派司事官员，带领专人打扫天朝试院房屋与东、西阁文场（原东、西号舍），并裱糊窗户，摆放桌凳，清洁厨房，及其他各项事务。如需修理房屋、器具，则需由文将帅转呈天王，后由殿前工部准

① 曾国藩：《江南贡院修复工竣拟即举行乡试请简放考官折》，同治三年九月十一日，载唐浩明：《唐浩明评点曾国藩奏折》，济南：山东人民出版社，2018年，第222页。

② （清）莫祥芝、甘绍盘：《同治上江两县志》，南京：南京出版社，2013年，第196页。

备工料予以完成。①

在考试期间，司事需率领属员在考场内负责各项杂事。试院内外悬灯结彩，考场内大堂供设香花，正中奉祀耶稣十字架像。总裁需推荐 10 名官员，奏请天王钦派入场，负责考场巡查工作，并襄理场规监督及物品供应等各类杂事。其中，由两名巡查官专门负责考场大门启闭工作。大门不许私自开启，违者以舞弊论处。大门旁边墙壁上设有一个小窗，只有正总裁的公文、本章等可以由此传入、传出，其余任何人等不得使用。天京五大军需提前派遣专人负责内外巡查，负责缉拿舞弊人等。

（一）试卷发放与考生住所

京试试卷由“理卷官”专门负责，系从诏命官中分派 2 人，备办文卷。试卷各长 1.2 尺，折页折叠，每折为一开，每开约 1 尺。编列字号后，理卷官将号底簿交给总阅官收存。试卷卷面备有浮签，逐一填写考生姓名，缴卷时考生需将其揭下带走。试卷背面留有余地，由考生自行书写姓名，缴卷后例需弥封姓名后才能汇交阅卷官批阅。其所推荐的试卷，一律交由正总裁最后决定是否录取及取定名次。然后才拆开弥封，确定录取名册。武场考生默写的《武略》试卷，除不必粘贴浮签和弥封姓名之外，其余与文场相同，也都由理卷官负责管理。

文武考生到天京之后，文考生入住翰林院，武考生入住讲武官处。据《钦定士阶条例》记载，将在南京陆续建造考生的专门栖身之所：“拟京都圣地抽出二十一段空间大地，以便二十一省士子进京考试栖身之院，每段横直约计二十丈。”② 根据考生人数，由江苏省将帅统一拨给生活必需品。

考试当天五更（拂晓）时分，应试考生齐集试院门外，静候点名。其中已经获任官职的考生需穿戴相应的官服，没有任职的考生由官方发给“风帽”，

① 刘海峰主编，王日根等著：《中国科举通史·清代卷》，北京：人民出版社，2022年，第456—457页。

② （清）洪仁玕等：《钦定士阶条例》，中国史学会编《太平天国》（一），上海：上海人民出版社，2023年，第562页。

江南贡院考生入场时的场景

以壮观瞻。监试官到达后，鸣放数炮，开始点名入场。每名考生发给一份试卷，按照卷面姓名、字号，依次进入东、西阁考场。考生如需饮用茶水，所有木炭、茶壶、茶杯等均由考生自备带入，出场时亦由考生自行带出。

（二）考试完毕与事后处理

考生进场完毕，各供给事物随后运入考场，试院大门随即封锁并贴上封条。文场每条号巷均设木栅，以备考生进场后封锁。栅外各放置有一只大水缸、两座炭炉，由各军派遣年龄小于 15 岁，或者大于 50 岁的 2 名牌尾，负责为栅内考生烧水送茶，准备饭菜。规定“每场每日定于辰刻散给士子等饭菜一次并碗箸等件。午刻散给糕饼一次，酉刻散给烛台、油烛”①。天试武科考试及各省省试、提学试、郡试、县试、乡试等均仿照办理。考试结束后，

① （清）洪仁玕等：《钦定士阶条例》，中国史学会编《太平天国》（一），上海：上海人民出版社，2023年，第557页。

牌尾将入场前所领腰牌缴回，出贡院后回归原军。按照规定，场内阅卷、磨勘等需用到的笔墨、纸张、油印等各类物件，均由考官自己备办带入。

每场午刻，巡察官打开栅门进入号内，在考生试卷中段位置加盖印章，称为“真道图记”，以防考生调换试卷。全场考试中间，仅开此栅门一次。考试结束，栅门与试院大门同时开启。考生栅门到至公堂，先将试卷上的浮票揭下自行带回，试卷交给理卷官，再领取出场木牌，到试院大门处缴回木牌，方可出场。所有出场考生不得再进入考场。

五、曾国藩推动江南贡院乡试与经济影响

1864年7月，湘军攻克南京后不久，清廷即有上谕询问：“贡院有无损坏，应如何修葺之处着曾国藩查明具奏。”面对战后百废待兴的局面，经历太平天国运动涤荡后，对于崩溃的传统儒家体系，曾国藩也感受到恢复儒学道统的迫切需要。“江南北现经荡平，亟宜振兴文教。”①于是，他筹划重修江南贡院，恢复科举考试，复兴书院，广开书局等，均为战后力图恢复儒家体系、维护传统礼制的探索与实践。

（一）曾国藩推动江南贡院乡试

七月十七日，曾国藩即亲自勘察残存贡院建筑，发现至公堂、衡鉴堂、明远楼等处及号舍等均尚为完好，唯号板全部毁失，监临、主考、房官等屋及誊录、对读、弥封、供给各所片瓦无存。故派员在湖北、安徽等地采办木料。广集工匠赶紧兴修，冀望士子云集，商民亦可渐归。

其实，当年清廷并没有指望在克复金陵的当年就举办江南乡试，在曾氏先前的请示报告中曾有明确批示：“如工料一时不能毕集，即缓至来岁补行

---

①《复陈补行乡试事宜片》（同治三年九月十一日），载《曾国藩全集》第7册，长沙：岳麓书社，2011年，第448页。

乡试，亦无不可。”研究学者唐浩明指出：曾氏坚持要在甲子本年举行甲子科乡试，他要以比朝廷更关心江南士人的姿态，来换取江南两省百姓，尤其是士子们对他的拥戴。当然，也不能无视依靠科举考试，而进入上层社会的这位农家子弟尊重考试、关心士人的那份真情实感。

此外，还有一个原因不能忽视，那就是曾氏要借此德政来笼络两江士人，希望暖着他们的心，对曾氏及其打下南京的九弟曾国荃感恩戴德；也希望堵住他们的口，尽量不说或少说曾氏兄弟与湘军集团的坏话。在一百多年前那个民智未开的时代，所谓民意，其实就是士人的心意；笼络了士人，也就是控制了民意。[①]

早在曾国荃攻进南京城后，首先查看江南贡院，见其大致完好，即倡议于当年举行乡试，并“将各伪王府木料查封备用”。[②]在曾国荃的监督下，重修江南贡院的工程率先开始。该工程分两部分同时进行：一是由湘军疏浚秦淮河。避免因秦淮河泛滥，贡院被水，影响考试；二是重修被毁损的江南贡院建筑。[③]因江南贡院的“监临、主考、十八房住处，内提调、内监试、内收掌、誊录所、对读所，皆无存者，而余地甚少”，曾国藩遂“令于后墙外圈入民地若干”，以备将来增建号房之用。

八月，曾国藩下令“撤伪王府材”[④]，后又派员赴鄂、皖等地采办木料，由记名臬司黄润昌负责具体修建事务。江南贡院的修复工程计划花费4万—5万金。

不久，因主要工程已完工，黄润昌绘图禀报请求验收。九月初一日，曾国藩自安庆启程，初七日乘船到南京，初九日到贡院查验工程。他见到所有主考、监临、提调、监试、房官等官员居住的房屋，誊录、对读、弥封、供给等办公场所，“新造者十分之一，葺补者十分之九”。

曾国藩曾经一段一段地，认真踏勘检验江南贡院。他发现贡院中仅号板

---

①唐浩明：《唐浩明评点曾国藩奏折》，济南：山东人民出版社，2018年，第225页。

②《复陈补行乡试事宜片》（同治三年九月十一日），载《曾国藩全集》第7册，长沙：岳麓书社，2011年，第448页。

③顾建娣：《咸同年间的江南贡院》，《中国近代史》2022年第3期。

④《同治上江两县志》第11卷《考·建置》，第1页。

未全，牌坊及油漆未完工。修缮后的贡院工程坚固材料结实，整个贡院焕然一新。预计在九月二十日以前全部竣工。于是，他发文通知各有关部门，贴出告示，定于十一月举行乡试。

同时，曾国藩通知江西布政使，抓紧印制江南乡试“朱、墨卷各一万八千套，定限十月十五以前委员解赴金陵”。[①] 随后，曾氏便奏请以太仆寺卿刘崑为江南乡试正主考官，翰林院编修平步青为副主考官。并通知李鸿章届时前来，入闱办理监临事务，定于年底举行乡试。

刘崑（1808—1888），字玉昆，号韫斋，云南普洱景东县人。历任翰林院编修、内阁学士兼礼部侍郎、湖南学政、顺天府尹和湖南巡抚等职，系曾氏的老熟人。咸丰三年，曾氏在长沙筹建湘军之初，刘崑时任湖南学政，晚年曾主持修缮岳麓书院。副主考官平步青为翰林院编修。试场总监督李鸿章，时任江苏巡抚。

第一场为十一月初八（12 月 6 日）入场，考三天；到初十下午，考生开始陆续出场。当时这三天雨雪霏霏，天气奇冷。考生白天在寒风中冥思苦想，应付考试，夜晚则睡在狭窄而冰冷的号房里，处境极为艰苦。有年纪大或身体虚弱的考生，则更是难熬之极。据曾氏在日记中记载，他为此焦虑忧闷，在屋外绕行彷徨，举棋不定，称：“大雪纷纷，念应试者在闱中寒苦异常，忧灼之至！绕房旁皇，不知何以为计。”[②] 所幸两日后天气大晴。作为这次乡试的最高主持人，曾氏直到初十考生出场时才知道试题。出题的正副主考对试卷保密到如此地步，颇有些令今人吃惊。

据史料记载，此次甲子科江南乡试，第一场的首题为《叶公问政二章》，次题为《有余不敢尽》，三题为《汤执中立贤无方》。诗题为《桂树冬荼（得“风”字）》。这里面包含两层意思，一为围绕着“桂树冬荣”四字作一首五言八韵诗。二为诗要押“风”韵，属于风韵的字有枫、封、峰、烽、锋、丰等。

十一日，考生再次进场，参加第二场的考试。此场考经文五篇，即从《易》

① 《江南贡院修复工竣拟印举行乡试请简放考官折》，载《曾国藩全集》第7册，长沙：岳麓书社，2011年，第450页。

② 《曾国藩日记》，载《曾国藩全集》第18册，长沙：岳麓书社，2011年，第109—110页。

《书》《诗》《春秋》《礼记》五部经书中各取一句话出来做题目，也考三天。十四日考生第三次进场，参加末场考试。此场考试策问五道，这五道题的范围在经史、时务、政治之中，同样考三天。

1865 年 1 月 12 日（同治三年十二月十五日）乡试发榜。先天，曾国藩在黎明时即入贡院，上午 8 点开始写榜，一直写到傍晚才将金榜写完。此科参考者多达 18000 余人，录取正榜 273 人，副榜 48 人。第一名为江苏省江都籍的江壁。①

曾国藩在写给九弟曾国荃（字沅甫，被称沅弟）的信中，自称"闱墨极好，为三十年来所未有，主考与副考官均极得意，士子欢欣传诵"。② 曾国藩自己也欣喜万分，称"江南闱墨，朝士众口交推，一时纸贵。复试褒然举首，列上等者几二十人，具征衡鉴之精，妙采东南之美"，并令江南中式士子每人发三十金，以便趱程北上。③ 作为甲子科乡试监临，李鸿章亦不禁感慨，共作感赋七律诗四首。在其中一首七律诗中，他以无比慨叹的语气写道："珠斗深宵仍朗照，石城佳气此重开。人文江表知依旧，竹箭东南蔚异材。"④ 可见他此时的欣慰之情。

（二）拉动南京市场经济复苏

太平天国战争过后，南京城市满目疮痍。当时，《北华捷报》记者描述南京的惨状："像浓密的丛林，而不像一座城市。屋舍已被铲平。它成为野生动物的极好的栖身所，或许能够吸引猎手们，却没人认为它是一座城市。"⑤

江南贡院恢复科考的消息一经传出，"两江人士，闻风鼓舞，流亡旋归，商贾云集"。⑥ 曾国藩此举更深层次的原因在于促进人口流通，带动市场复

① 唐浩明：《唐浩明评点曾国藩奏折》，济南：山东人民出版社，2018年，第226—227页。

② 《致沅弟》，载《曾国藩全集》第21册，长沙：岳麓书社，2011年，第340页。

③ 《复刘岷》，载《曾国藩全集》第28册，长沙：岳麓书社，2011年，第388页。

④ 顾廷龙、戴逸主编：《李鸿章全集》，第37册《诗文》，合肥：安徽教育出版社，2008年，第82页，同治三年李鸿章监临入闱，共作感赋七律四首。

⑤ 上海社会科学院历史研究所：《太平军在上海：〈北华捷报〉选译》，上海：上海人民出版社，1983年，1864年8月6日记事。

⑥ 《致抚弟澄弟》，载《曾国藩全集》第21册，长沙：岳麓书社，2011年，第340页。

兴。[①]据方宗诚在《伯堂师友言行记》中记载："商贾既集，则钱谷流通，民食渐丰，有力者可以食其力，有艺者可以售其艺，有田宅者可以赁其田宅，流民备足图其生业矣。况考生或携土货，或携银米。每人以二十金计之，一万人即添二十万金，亦所谓酌盈济虚也。"[②]他的分析是按每人20金计算，基本符合实际情况。当年，首场有18000余人参加，过后有超过2万士子前来应考，加上其随行人员，也算是一次较大规模的人口流动，对于南京市场经济的复苏起到了一定的作用。

古代科举时代，无论何人，一旦金榜题名，便成为整个家族的荣耀。士子自身的价值，更是立即起到了由鱼化成龙的巨大变化。所以，每一位考生赶考之时，无论其家庭的贫与富，必然会组织起一批族人为其服务。一般来说，一位士子赶考，送考人数少则数人，多则上百人。望族富户一是为考生壮行助威。二是激发家族中其他子弟的学习热情。三是顺便游山、玩水寻欢作乐，有时也会越过秦淮河，前往南岸的青楼寻欢。他们的行为在拉动南京旅游消费的同时，还促进了南京青楼文化的发展。

贫穷考生的族人，则会带上家乡的土特产品到南京来变卖，或是至南京打工卖艺赚钱，供考生消费。据史料载：当年南京的居民约25万户，以每户4人计算，约100万人。[③]由于江南贡院的存在，每到大比拼之年，以2万名考生计算，每位考生送考10人，则为22万人。此外，前来南京以文会友的人、旅游购物的人、打工谋生的人，以及商人小贩、考场官员等，估计有50万人之多。加上常住人口100万，总计超过150万人。这些人要吃、要喝、要游玩、要娱乐，还要购物，也就要有人提供相应的服务，从而促使了南京的教育、医疗、旅游、餐饮、交通和运输等行业的兴旺，使经济空前发展，使南京曾一度成为中国最繁华的都市。为此，江南贡院的设立功不可没。

江南贡院因有带行和补中的任务，加之流亡渐归，其后几科应试人数有

---

①魏星：《太平天国战后清政府在南京的重建、纪念与叙事》，南京大学博士论文，2018年，第63页。

②方宗诚：《伯堂师友言行记》卷三，载《近代中国史料丛刊本》，京华书局铅印本，民国十五年，第74页。

③周道详主编：《江南贡院史话》，南京：南京出版社，2008年，前言第2页。

所增加。为应对科考人数的增加，在围剿捻军需和善后经费困难的情况下，在《续纂江宁府志》中记载：同治五年（1866年），两江总督李鸿章收买贡院迤西民宅基地，增建号舍2812间，曰状元新号，加厕房81所，官房四区加上号舍，总数增至18900余间。同治八年（1869年），两江总督马新贻又购买民宅基地、拓宽街道，在江南贡院外路南沿河岸迤东建屋3所，为提调各官公廨；迤西建屋5所，为外供给公廨。同治十二年癸酉科，署两江总督张树声又收买东首民宅基地，增建号舍2000余间。[①] 经过几次修建，至同治十二年，共有新旧号舍20646间。

目前，国内外研究科举与江南贡院的学者，许多人均认为："三场考试共九天，吃喝拉撒全在一间约一点三平方米的号房内。"[②] 从上述李鸿章"加厕房81所"的记载，以及陈独秀撰写的《实庵自传》中，对于所谓"屎号"的描述，说明这是不符合实际情况的事。

《同治上江两县志》中也有同样记载：江南贡院原有号舍16000余间，"同治六年（1867年）丁卯科增建2800余间，同治十二年（1873年）癸酉科，再增建号舍2000间，合计共有号舍20646间，号棚编列达295字，号舍之多，天下所罕"。[③]

光绪元年（1875年）乙亥恩科，虽然恢复正常考试，但没有带行和补中的任务，而应试人数竟达20600余人，[④] 与贡院号舍数量相当。光绪五年（1879年），江南贡院又增建办公房屋501间。此时，江南贡院俨然成为晚清全国规模最大的贡院。

除了推动江南贡院重建事宜之外，曾国藩还亲自督促重修江宁府学这一地方高等教育机构，并为之作记，且刻碑传之后世，力图恢复儒家道统在士子民众心中的崇高地位。为此，他多方筹集专款巨资，用来修建战争中遭到

① 顾建娣：《咸同年间的江南贡院》，《近代史研究》2022年第3期。

② 唐浩明：《唐浩明评点曾国藩奏折》，济南：山东人民出版社，2018年，第226页。

③（清）莫祥芝、甘绍盘：《同治上江两县志》，南京：南京出版社，2013年，第196页。

④ 裕禄等：《监临安徽辽抚部院裕、督学部院祁为科场点名告示》，国家图书馆古籍馆藏，原件无时间。同治十三年九月十一日，此时裕禄升为安徽巡抚，祁世长为安徽学政，任期到光绪二年七月。二人共同主持的江南乡试只有光绪元年恩科。故该告示应是光绪元年恩科时张贴。

严重破坏的江宁学宫，钟山、尊经、惜阴书院，以及义塾等文教基础设施。并要求各县“酌拨田产若干，使寒士各沾实惠”，专供培植学校之事。[①]与此同时，他努力恢复书院、发展师塾教育，重修各大书院，礼聘名儒为书院院长，延请名师主讲开课。

六、陈独秀眼中的江南贡院

清代是江南贡院最为辉煌的时代，科举人才辈出。从这里先后走出了一大批中国历史上的一流人物。他们中有《西游记》的作者吴承恩，《儒林外史》的作者吴敬梓，“吴门四才子”之一的唐伯虎，“扬州八怪”之一的郑板桥，桐城派创始人方苞，明代科学家徐光启，两代帝师翁同龢，清末民初实业家、状元张謇，中国共产党第一任总书记陈独秀等等。[②]清代在江南贡院中举之后，赴京考中状元者共有58名，占全国状元总数的一半以上。而袁枚、林则徐、曾国藩、左宗棠等人，曾先后在此担任乡试主考官，或主持过监临等考务工作，对于贡院的建设发展作出过贡献。

在陈独秀撰写的《实庵自传》中，也有对于江南贡院考场细节的记载。光绪二十三年（1897年）七月，在他考中秀才的第二年，便随哥哥陈庆元等人到南京参加江南乡试。他们乘坐的轮船上挂着一面小黄旗，上书“奉旨江南乡试”六个大字，威风凛凛。他们到了南京之后，城内高大的城楼，以及平阔的街道，令陈独秀大开眼界。

到了八月初七，陈独秀进入江南贡院参加考试。在《实庵自传》中，他用极其辛辣的笔触，描绘了三场九天的考场生活，并为我们提供了众多考生如何如厕的问题，即在“一条号筒内，总有一两间空号，便是这一号筒的公共厕所”。请看他描述的具体细节：

---

①《批文生彭在政等禀归官团田为学校之用由》，载《曾国藩全集》第13册，第498页。

②李海荣主编：《江南贡院史话》，南京：南京出版社，2008年，第108页。

参加江南贡院考试时的陈独秀

我背了考篮、书籍、文具、食粮、烧饭的锅炉和油布，已竭尽了生平的气力，若不是大哥代我领试卷，我便会在人群中挤死。一进考棚，三魂吓掉了两魂半。每条十多丈长的考筒都有几十或上百个号舍，号舍的大小仿佛现时警察的岗棚，然而要低得多，个子高的人站在里面要低头弯腰的，这就是那时科举出身的大老以尝过“矮屋”滋味而自豪的“矮屋”。矮屋里面七齐八不齐的砖墙，自然里外都不曾用石灰泥过，里面蜘蛛网和灰尘是满满的，好容易打扫干净，坐进去拿一块板安放在面前，就算是写字台，睡起觉来不用说，就得坐在那里睡。一条号筒内，总有一两间空号，便是这一号筒的公共厕所，考场的特别名词叫做“屎号”；考过头场，如果没有冤鬼缠身，不曾在考卷上写出自己的缺德的事，或用了墨盒泼污了试卷，被贴出来；二场进去，如果不幸座位编在“屎号”，三天饱尝异味，还要被人家议论是干了亏心的果报。

另外，在这三场九天的考场生活中，众多考生又是如何解决吃饭问题呢？在《实庵自传》中，陈独秀也有详细的介绍：

那一年南京的天气，到了八月中旬还是奇热，大家都把带来的油布挂起来遮住太阳光，号门紧对着高墙，中间只能容一个半人来往的长巷，上面露着一线天，大家挂上油布之后，连这一线天也一线不露了，空气简直不通。每人都在对面墙上挂起烧饭的锅炉，大家烧起饭来，再加上赤日当空，那条长巷便成了火巷。煮饭做菜我一窍不通，三场九天，总是吃那半生不熟或烂熟的或成团的挂面。有一件事给我的印象最深，考头场时，看见徐州大胖子，一条大辫子盘在头顶上，全身一丝不挂，脚踏一双破鞋，手捧着试卷，在如火的长巷中走来走去，走着走着，上下大小的脑袋左右摇晃着，拖长着怪声念着他得意的文章。念到最得意处，用力把大腿一拍，翘起大拇指叫道："好！今科必中。"①

后来，在回忆这段经历时，陈独秀在《实庵自传》中颇为感慨地写道：

这位"今科必中"的先生，使我看呆了一两个钟头。在这一两个钟头当中，我并非尽看他，乃是由他联想到所有考生的怪现状！由这些怪现状联想到这般两足动物得了志，国家和人民如何遭殃；因此，又联想到所谓抡才大典，简直是隔几年把这班猴子狗熊搬出来，开一次动物展览会；因此又联想到国家一切制度，恐怕都如此这般毛病。因此又联想到梁启超那班人们在《时务报》上说的话是有些道理呀！这便是我由选学妖孽转变到康梁之最大动机。一两个钟头的冥想，决定了我个人往后几十年的行动。我此次乡试，本来很勉强，不料其结果却对于我意外有益！②

此次，陈独秀的南京之行，参加江南乡试的结果当然是名落孙山。然而，在江南贡院考场中，他的所见所闻和深思冥想，是他二十多年后成为中国新文化运动的领袖、中国共产党创始人之一的历史起点。

晚年的陈独秀，辗转来到四川江津定居，着力于文字音韵学研究，《小

① 陈独秀：《实庵自传》，北京：中华书局，2015年，第80—81页。

② 陈独秀：《实庵自传》，北京：中华书局，2015年，第81页。

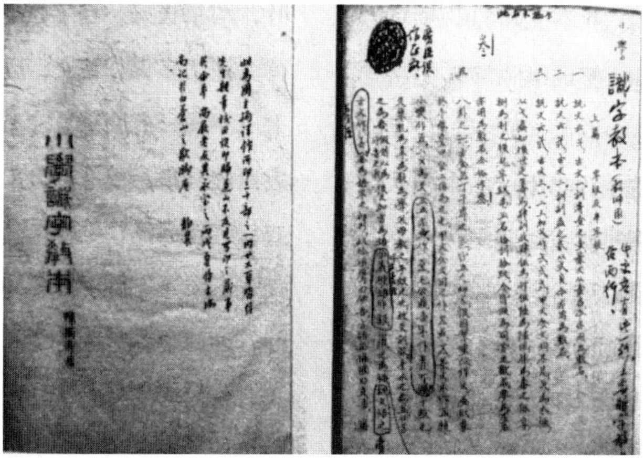

陈独秀《小学识字教本》手校稿

学识字教本》便是陈独秀最具代表性的语言学著作。这部专著以陈独秀在南京狱中所作的《识字初阶》为基础撰写而成，是陈独秀“出了研究室就入监狱，出了监狱就入研究室”的具体体现。然而不幸的是，陈独秀“不及见写印之蒇事”便遽然西归。

目前，当年国立编译馆的油印本《小学识字教本》（上、下册），保存在南京图书馆。尤为珍贵的是，其中之一是陈独秀亲手校对的，经台静农、庄严递藏，为存世孤本。① 这一新发现不仅具有很高的文物价值，也颇有学术研究意义。

近年来，随着社会各界对陈独秀更加深入全面的研究，《小学识字教本》也成为研究的热点之一。但是一直以来，学界都认为国立编译馆当时油印了五十部《小学识字教本》。据学者韩梅研究：在陈独秀去世前，油印本已经开印，去世时尚未完工。他额外索要的二十部想必不会加印。最终，国立编译馆印刷了三十部油印稿是可信的。

① 韩梅：《遗珠重现——记陈独秀“小学识字教本”手校稿》，《江淮文史》2023年第6期。

田憑

左四軍中營　旅帥統下花戶[illegible]

田一十八畝　分坐落　都　圖

地方每年遵照

天朝定制完納米銀不得違悮所有自份田產並無假

冒隱匿等弊給憑之後如有爭訟霸佔一切情

弊准該花戶稟請究治為此給憑永遠存執須

至田憑者

天父天兄天王太平天國壬戌拾貳年　月　日給

下篇◎太平天国社会史

第八章 晚清上海与太平天国

上海建县的时间始于元朝，而建立镇的时间则始于宋朝。[①] 在宋元时期的上海县，归属松江府。松江府所管辖的地域，相当于旧吴淞江以南，今上海市市区及南汇、浦东新区中南部、青浦区东部等地。清朝雍正三年（1725年），上海县又分置南汇县，嘉庆十年（1805年）再分县地及南汇县地置川沙厅，县境面积渐小。1927年，国民政府首次设立上海特别市；1949年，中华人民共和国成立后明确为中央直辖市。

早在1800年的议会演讲中，号称“日不落帝国”的资本主义国家英国，就瞄上了中国这块肥肉。他们根据到过中国的商人、记者和官员们的报告，先是称舟山群岛中最大的岛屿——定海（现为舟山市定海区）——是中国中部最好的港口建设地。随着怀有殖民意图的各种各样的英国人来得越来越多，他们很快发现，上海是一块神奇的宝地，是一个得天独厚的宝港。[②]

1843年11月17日，根据《南京条约》和《五口通商章程》的规定，上海正式开埠。自开埠以来，上海由原来的移民社会演变为华洋杂居、五方云集的城镇，来自各地各阶层的人群，居住在上海。晚清的上海以商兴市，在上海人口中，南来北往的商人和水手占很大比重。上海开埠以后，从全国来到上海的客商更多，有不少人还在上海定居下来。其中，以广东籍、福建籍人士居多。

一、小刀会起义与太平天国

1853年9月初，正当清廷组织江南大营，围攻天京，剑拔弩张之际，

---

①根据上海《新民晚报》2018年1月18日、19日报道，依据最新发现的文史资料，上海建镇于1074年，即宋神宗熙宁七年。这一确认，使得上海建镇历史多了200年。

②叶辛：《上海传：叶辛眼中的上海》，北京：新星出版社，2018年，第6页。

在江南大营后方的财饷之地，上海爆发了小刀会起义。这次起义，后来被写进了中学历史书，并被称为一场反帝、反封建，以及近代中国所发生的第一次反对外国资本主义侵略的起义。小刀会成员每人都身藏小刀一把，长一尺七寸，以为记号。还有布一方，以作腰凭，上书有“虎”字偏旁的五字。①

上海小刀会是一个各帮会结合的群体组织，也是南方天地会的一个分支。基本成员不是农民和传统的手工业者，而是城市贫民、商人和个体劳动者，包括受海外文化影响的市民，以及与洋行洋商有关系的社会中下层人士，为了与清王朝上海当局的独裁专制对抗，都走到一起来了。

小刀会起义的主体成员，是来自上海本地、广东、福建和宁波的天地会成员，他们以籍贯结合，互依互存，以乡缘、业缘和血缘半血缘结成有帮会性质的会馆、同乡会。他们的职业和社会生活，依赖于十里洋场更甚于民间商场，这也导致他们对洋行、洋商认识不清，易产生妥协。

自从潘起亮杀死南江知县袁祖惠，裹起红巾起事始，小刀会就建立了临时军事机构。潘起亮是南京人，曾在彭浦创立民间秘密社团“庙帮”，后与“塘桥帮”合并，组成“百龙党”。1853 年初，“百龙党”并入小刀会，潘起亮与刘丽川等领导武装反清起义，并成为小刀会的主要领导人。

小刀会第一首领是刘丽川，被称为“大明国统理政教招讨大元帅”，潘起亮为“飞虎将军”。此外还有“参赞大臣”“随营参赞”“参谋”“先锋”等，名目繁多、芜杂，极显天地会抄录章回小说官制特色。参加者都分别代表本帮、本派在机构中谋求一席。如刘丽川是广东香山帮成员，李绍熙是广东嘉应帮成员，李咸池、林阿福和陈阿林是福建同安帮成员，潘起亮是上海本帮（百龙党）成员，徐耀是来自嘉定南翔的天地会成员。其中，福建同安帮是上海小刀会实力最强、人数最多的一支武装。

刘丽川（1820—1855）是广东香山（中山）人，也称为潮州人，农民出身，后经商，略知医道。他在香港参加天地会，1845 年任香港天地会首领，1849 年贩糖来上海后从事糖业掮客、丝茶伙计。他会英语，当过洋人通事。

---

①盛巽昌：《实说太平天国》（增订本），上海：上海书店出版社，2023年，第281—282页。

因他与时任上海道台吴健彰是同乡，吴健彰未做官之前为商时的账房先生。他具有一定的组织才能，因此在寓沪广东人中很有号召力。美国传教士罗孝全在小刀会起事后拜访他，说他是个“身体瘦弱，容貌苍白的吸烟者”。吸烟，指的就是抽鸦片烟。

小刀会起义建国，并不自称为王，原因是他们一开始便自视为太平天国的一部分。刘丽川曾致信太平天国，自称“未受职臣”，希望取得太平天国的承认和支持。

1853年9月7日，刘丽川自称“太平天国招讨大元帅”，并发布了一份告示。在这份告示中，刘丽川揭露清朝诸多罪行，宣告起义目的，要求市民安心生活，照旧营业，并宣布了一系列政策。同时，这份告示还揭露了清朝的黑暗政治，以及目前民族压迫，吏治腐败，民不聊生的现状。另外，他还宣布了起义军的纪律，其风格近于杨秀清的《奉天讨胡檄》，而文采略胜。

关于小刀会起义与太平天国之间的关系，一直以来是学术界所关心的问题。2010年，朱从兵综合分析了以往国内外学术界研究的成果，出版了研究专著，并提出他自己的观点。朱从兵认为：太平天国认真权衡小刀会要求的利害得失，感到实行其一贯的政策，即要求小刀会前来归附，似乎是明智的选择。为了小刀会能够顺利地前来归附，给予他们一定的军事配合或战术策应，那可能是在太平天国政策允许的范围内的。①

美国著名学者马士（H.B. Morse）在《中华帝国对外关系史》中记载：

> 这些小刀会的人们声称他们和南京的太平领袖们有联系，并且希望从那里得到支持；但是天王在十一月里派了一个委员来调查他们的这种说法，并于接到报告之后，发表了一项声明，斥责他们的“不道德习惯和恶劣嗜好”，拒绝承认他们是他的信徒。天王本可以轻而易举地就取得上海作为一个沿海基地，但是他的北路军队已越过黄河，而他的军事才干，是否伟大到能使他向北和向东同时进行军事行动，

①朱从兵：《上海小刀会与太平天国关系重考》，天津：天津古籍出版社，2010年，第77—78页。

19 世纪 50 年代中期的上海

却是不无可疑的。①

1853 年 12 月 17 日，《北华捷报》发表了一篇麦都思的通讯，报道他于 12 月 14 日下午，在上海城内的一个伦敦会礼拜堂讲道时，得到了一个自称是“广西人”的“太平王的信徒”的支持。这个人当时宣讲了崇拜上帝、铲除偶像崇拜的道理，谴责小刀会的“各种坏习惯，尤其是吸食鸦片”。麦都思认为：“从他的语气，和时常引证太平天国各种天书看来，他对于书中的信条是很熟悉的，并受过这个教派彻底的训练。若不是长期追随太平军，一个中国人是不会讲出这些话来的。”②

① [美] 马士（H.B. Morse）：《中华帝国对外关系史》（第一卷），张汇文、姚曾廙等合译，上海：上海书店出版社，2000年，第514—515页。

② 上海社会科学院历史研究所：《太平军在上海：〈北华捷报〉选译》，上海：上海人民出版社，1983年，《麦都思通讯》1853年12月17日，第96页。

笔者认为，洪秀全一贯厌恶鸦片。按照之前美国传教士罗孝全的描述，刘丽川是一个“身体瘦弱，容貌苍白的吸烟者”。太平天国派到上海的委员提交调查的报告，不能使洪秀全满意。因此，洪秀全发表了声明，拒绝承认小刀会成员是他的信徒。但是，从扩大太平天国军事力量的角度，洪秀全希望小刀会前来归附，并对其成员进行改造，应该是比较切合实际的选择。从后来小刀会起义失败，潘起亮带领小刀会余部逃往镇江，加入太平天国，也验证了这一种推测结果。

从9月5日到17日，在不到半个月的时间，小刀会连克嘉定、上海、宝山、南汇、川沙、青浦五县一厅，所向披靡，无往不胜。9月下旬，刘丽川已使用太平天国的年号。起义军纪律严明，令行禁止，不乱杀，不乱抢，不奸淫妇女。所以，小刀会占领上海县城以后，社会秩序良好。

与此同时，清朝政府急忙从围攻太平天国的江南大营，抽调部分清军及其他地方武装，由大营帮办、署理江苏巡抚许乃钊率领，赶赴上海镇压小刀会。

1853年9月22日，清军攻占嘉定，周立春被俘牺牲，其女周秀英和徐耀率领部分起义军转入上海。至9月底，周围各县相继失陷。起义军在上海坚守抗敌，曾宣布豁免三年赋税钱粮，并铸造货币，发展商业，保证粮食供应，打击高利贷，得到上海人民的拥护。

小刀会领袖对英、美、法等国领事们表示友好，处处退让，这些名为“中立”的洋人，都是既得利益者，英、美稍有收敛，但法国军队却帮助清军攻打小刀会；他们曾声称对局势保持“中立”。但为维护在华利益和威胁清政府，1854年4月，英、美驻军袭击了上海城内的清军营盘。7月，清政府任命吉尔杭阿为江苏巡抚。于是，吉尔杭阿指派苏松太道台吴健彰与英、美、法当局谈判，以出卖上海海关和租界主权，换取他们的支持。

从此，上海海关开始由英、美、法三国委派的“税务司”共管，上海租界建立了独立于中国行政系统和法律制度以外的统治机构。早在小刀会起义不久，外国势力与清军即在上海城北建筑围墙，以隔断城内起义军与外界的联系。

1854年12月14日，法国舰队司令辣厄尔向小刀会宣战。1855年1月6

日，法舰队司令辣厄尔率领法军与清军配合，用炮轰开城墙，清军攻进县城，史称“北门之战”。

除夕，在江宁知县刘存厚攻破县城时，清军涌入上海县，1855 年 2 月 17 日（正月初一），小刀会弹尽粮绝。除夕之夜，小刀会各帮派分路突围，但步调很不一致，刘丽川、潘起亮分别率众西走，刘丽川率数百人至虹桥，在引渡时被民团发现，引来清军追赶，在抗击中战死。潘起亮率数十人西走，因能操吴语和南京方言，得以瞒过关卡，直至镇江太平天国区域，投入时为指挥的李世贤麾下，据他后来出任的官级，可能即授予总制、监军级官职。

小刀会成员后来的去向为：刘丽川率众突围，次日到虹桥附近力战，被江苏提督虎嵩林杀死；周秀英、徐耀等相继牺牲。潘起亮带领小刀会余部逃往镇江，加入太平天国；陈阿林突围逃出后，搭船到香港，后转南洋经商。其他突围残部流散各地，继续参加反清斗争。上海小刀会起义至此即告失败。

二、太平军首次进攻上海

自 1843 年开埠之后，上海很快成为中国第一贸易大港，因此成为吸引太平军前往的一个重要原因。这里有繁盛的口岸贸易和众多的商行，意味着大宗税源以及与外国交往的可能。太平军曾经先后八次进攻上海和周边城镇，仅李秀成本人就曾经三次亲临前线。他们进攻上海、占领上海的目的是要有个出海口，购买 20 只火轮装备水师，掌握长江制水权，也是为控制、争夺天京上游的战略需要做准备。①

作为列强在华经济活动的中心，上海的重要性无可替代，因此当太平军逼近时，他们就破门而出，直接与太平军兵戈相见，“借以弭平一切叛乱活动，

① 盛巽昌：《实说太平天国》（增订本），上海：上海书店出版社，2023年，第479页。

进而保卫上海。抵抗任何攻击”。[1] 此前，法国早就有军事部署。据 1859 年增兵上海的法军军官瓦兰·保罗记述：

> 为了在以后能够更好地保卫上海，以应对各种意想不到的情况，我们将上海郊外的一段街区全部烧毁。这段街区位于设有防御工事的城市和欧洲国家的租界之间。[2]

1860 年 6 月，李秀成军占领苏州时，也引起了上海英国殖民当局注意，他们急切想知道太平天国“此时对外国人和基督教的感情和意见”，于是由英国伦敦布道会派到上海的牧师艾约瑟（Joseph Edkins）和同伴四人赴苏州去拜会李秀成。

太平军在攻占苏州后仅几天，李秀成就派出两支偏师，一支由后军主将陈坤书率领的殿后军南下，经吴江攻取嘉兴；另一支由陆顺得率领的 1500 人东进嘉定和松江，直指上海。

当时英国驻华公使文翰，很想通过某些聪明的传教士以宣传基督教的形式，达到顺利通商的目的。他指派艾约瑟在苏州见到李秀成。

在六声礼炮、击鼓敲钟之响声中，李秀成在他的忠王府迎接艾约瑟一行。在允许不行跪拜礼，只脱帽作一鞠躬后，他们在忠王右边站立，左面是一排高级部属。侍卫们都穿戴红黄色的丝质袍帽，只有李秀成一人高坐。据艾约瑟后来在《访问苏州的太平军》书中回忆：“忠王生得短小精悍，约有三十七岁，戴一副大框眼镜”，“穿着金黄色的绣龙缎袍，戴一顶金质的帽子，帽子四角饰有四片金叶子，下垂到双肩，每片金叶尖端更镶上一粒大的珍珠”。[3]

李秀成和艾约瑟等谈到上帝和天王。艾约瑟介绍：“忠王千岁，我们是

---

①上海社会科学院历史研究所：《太平军在上海——〈北华捷报〉选译》，上海：上海人民出版社，1983年，第86页。

②［法］瓦兰·保罗：《远征中国》，孙一先等译，许钧校，北京：中西书局，2011年，第106页。

③［英］艾约瑟：《访问苏州的太平军》，王崇武译，《历史教学》1953年第1—2期。

英国人，来自上海，听说你们的宗教和我们一样，也是基督教，我们敬礼天父，也正与你们相同，所以我们前来请教一番。”

李秀成说：“那么，显然贵国也像我们一样，信仰耶稣救世主。我们属同一宗教，我们是弟兄。现在清朝已到末日了，天朝已占有半壁江山。苏州这城市最近才攻下，现在还没有建立教堂，否则你们可以和我们一道去教堂，参加我们的礼拜。”对于李秀成宣传洪秀全的基督教教义，艾约瑟自然不感兴趣，但他的目的和意愿还是达到了。

于是，艾约瑟回应道：“英国商人极愿在嘉兴、南浔等地买到即将上市的新丝。这些地方，现在正是天朝的势力范围。如果在这带地方经商不被阻挠，并在天朝的安排之下，能够继续，这对本地人和外国人都很有好处，我们将对天朝感到高度的满意。”

李秀成欣然同意，双方谈得相当欢洽。一个月后，艾约瑟有书信与李秀成。李秀成对天京的洪仁玕说了，洪仁玕赶到苏州，盼望与艾约瑟面晤。

7 月 21 日，洪仁玕有书信致艾约瑟，约他来苏州叙旧，他们六年前曾在上海相识；翌日，李秀成致信艾约瑟、杨笃信，告知干王洪仁玕要来苏州，与他们定议一切，请速赶来相晤。几天后，李秀成因青浦前线军情紧急赶往前线。8 月 2 日，艾约瑟、杨笃信来到苏州，当天就与穿着华贵的长袍和戴着绣金王冠的洪仁玕会晤。翌日再次会晤。双方的谈话内容都是传播基督教。洪仁玕被外国牧师称为知识渊博、见解正确。他们盼望洪仁玕在太平天国军民中尽力传播真正的基督教，改正现有的错误。洪仁玕表示，他是心有余而力不足，因此希望能从上海邀请许多传教士往天京布道讲经。他还介绍，天王是一个很虔诚的教徒。《圣经》和《天路历程》是他爱好的两本书。

李秀成和艾约瑟谈话中提到了美国传教士罗孝全，还说天王很想念他的老朋友。罗孝全也很想来天京。

9 月 13 日，罗孝全从上海来到苏州，受到李秀成会见。他在苏州住了十几天，被护送到天京。他对洪仁玕说：来天京目的是传布包含在《新约》中的基督福音。洪秀全当然非常欢迎，封罗孝全为接天义通事官领袖，即首席翻译官，授予总理外国商人事务，并参与会审外人犯罪案件。命令众人都要尊敬他，因为天父说过“罗孝全是一个好人”。

洪秀全还亲书赐给罗孝全诏书，诏书要他承认自己上过天，承认天国在人间，上帝的天国天堂，就是太平天国、天京、天朝，承认“爷（上帝）、哥（耶稣）、朕（洪秀全自称）、幼（洪秀全儿子，幼主洪天贵福）同御世（共同治理世界）”。以后洪秀全屡次给罗孝全诏书，都是解说这些洪秀全创造的拜上帝教独特教义。他要罗孝全按照他的编造，劝教西洋众弟妹、众使徒、众臣民皈依此新信仰。罗孝全完全失望了。

艾约瑟等人来苏州访问，用客套语言说及欢迎李秀成赴上海，又假以宣扬基督教为名、与太平天国讲友谊、拉关系。李秀成却误会了，以为他们信仰基督教，是与太平天国共同礼拜天父上帝、天兄耶稣，更以为他们是信使，是代表本国政府前来协商的。当他在青浦大胜，重取松江后，他表现得相当乐观、相当幼稚，坦然抱着与“洋兄弟”磋商亲善而来，由“洋兄弟”接应进入上海。

1860 年 8 月初，李秀成军从苏州出发，沿途经过青浦、松江、泗泾、七宝和虹桥等地，再至徐家汇，并在镇上设立司令部。他头戴王冠身披黄龙绣袍，潇洒自如，对本地居民相当客气，不须回避。居民见他是诚惶诚恐地做礼拜，表示惊诧，问我们敬奉上帝，难道王爷也敬奉。李秀成笑而不语。

8 月 16 日，《英国驻沪陆海军提督通告》声称：“上海县城及外人居留地，已由英法两国联军实行军事占领，因此警告一切人等，倘有武装队伍攻击或趋近联军防地者，当视为敌对联军行动之开始，将遭受断然之对付。”① 两天后，李秀成致书英、美、法驻华公使，声明太平军兵到上海，不扰外人，请悬挂黄旗，以便识别。当太平军逼近上海时，他再次致书英国驻沪领事：“我们需要上海，因为我们尚没有能够置备日用品和军需品的港口，这些物资将确保我们成功实行对我们国家的敌人的打击”，并强调“我们并不请求你们为我们而战，我们只是恳求你们站在一边保持中立”。② 李秀成在上海

---

①《英国议会文书中有关太平天国的史料》，载《太平天国》（中国近代史资料丛刊续编）第十册，第111页。

②［英］麦高温：《中国人生活的明与暗》，朱涛等译，北京：中华书局，2006年，第313页。

外国人绘制的忠王李秀成军帐

似乎没有内线，也没有派出耳目侦察，相当盲目，他不知道内应的广勇已被屠杀，更不知道外国殖民当局已应邀从租界出兵，登上了上海城楼，架起了火炮，枕戈以待。

8 月 18 日清晨，李秀成在徐家汇天主教堂做完弥撒之后，就冒着狂风暴雨，向上海县城进攻。沿途在罗家湾（今上海卢湾区）击溃了清军一支地方部队，顺利贴近西门和南门时，见到城楼上的米字英国旗和三色法国旗在招展，还以为是在迎接呢！不料，迎来的竟是密集如雨的枪弹。太平军毫无戒备，死亡 300 余人。① 但是，他们没有反击，便自动撤退。

停泊在黄浦江上的英国兵舰，还用三角法测得李秀成黄缎大轿所存的准确位置，用火炮射击，致使他的脸部中弹片受了轻伤，此后有段时间李秀成连喉咙发音也受到影响。李秀成不知所措，没有反击就撤出了战场，回到徐家汇。

后来，他致书英、美、葡各国领事，谴责不守中立，又痛斥法国失信，

① 戴鞍钢：《晚清史》，上海：复旦大学出版社，2020年，第65页。

太平军上校呤唎

称是法国上海当局派人到苏州约同进攻上海。并说此次亲赴上海，是在与各国商定条约；彼此都是上帝信徒，此次当出自误会，盼望仍能保持友好关系云云。

8月23日，就在李秀成撤回徐家汇这天，北方战火正浓。英法联军在攻占大沽口北岸炮台后，占领了天津。李秀成不知道。

翌日，李秀成虚插旗帜，扎草为人，撤出徐家汇，因嘉兴告急，取道南向，自动从上海撤兵，救援嘉兴去了。因此，他开始认识到外国殖民者的真实嘴脸，并通过战争实践，也逐步感悟到要改造军器，使用洋人的枪炮。此后，李秀成的部队也不断强化武装，建立自己的兵工厂，礼遇前来投奔的洋兵、洋将，由他们训练、教导将士掌握新式火器。这就是近年史学界某些学者赞扬的太平天国也搞近代化的一个重要史据。

英国人呤唎就是在这时来到苏州投效李秀成的。呤唎曾经是英国军官，懂得铸造炮弹、制造信线和炮位瞄准的全过程；后来还带炮队随征，为李秀成军训练洋炮军官，曾一度在天京教练将士炮术和操练一种中西混合的阵法。据他自称还参加过守卫天京的炮台，接受了相当于“上校（联队长）”军衔的太平天国官阶。

此后，呤唎多年跟随李秀成，对李秀成很是敬仰。他学过肖像画，还为李秀成和太平天国留下不少群像，惟妙惟肖。他在天京时候似乎并没有见过洪秀全，因而其书中所描绘的天王晚年的全身立像：瘦弱、蓄须、五短身材，乃是仅凭传说和想象的写真，与通常所记述的洪秀全高大魁梧、不蓄须不全相同。在他后来所写的文学色彩浓厚，并带有西方传奇味的《太平天国》（中译名为《太平天国革命亲历记》）里，并没有记录会晤过洪秀全，或被洪秀全委任做什么官。

三、太平军第二次攻打上海

1861 年 12 月，太平军包围和占领了杭州，这是太平天国再次占领浙江省城。杭州克复，攻打上海便提到议事日程上来了。这时，代替洪秀全与英人谈判的蒙时雍所承诺的，太平天国本年不进攻上海、吴淞 100 里以内地区的约定已到期了，尽管英国殖民者又提出无限期的不进攻上海、吴淞地区的无理要求，洪秀全再不作理睬，命令太平军向上海进军，在杭州的李秀成当即雄气勃勃，做出了向上海进军的部署。

蒙时雍，其父是太平天国元老——赞王蒙得恩。他在小时候便参加了金田起义。1861 年 3 月，蒙时雍作为太平天国的代表与英国进行了谈判。5 月，其父蒙得恩病死后，继位为赞王，与洪仁玕同理朝政。1864 年天京陷落后，蒙时雍逃往广东，是太平天国灭亡后幸存者之一。

1862 年 1 月 7 日，李秀成向上海松江人民、清朝兵勇及上海诸外国人等发出一份谆谕，原文如下：

真天命太平天国九门御林忠义宿卫军忠王李，谆谕尚海、松江人民、清朝兵勇，各宜去逆归顺，同沐天恩，毋得自取灭亡事：

照得伐暴安民，固宜逆诛而顺抚；而开疆拓土，尤宜柔远而怀来。缘念本藩自去冬恭承简命，统师上游江、楚，复由江、楚班师而进□浙省。凡所经过之地，其于投诚之百姓则抚之安之，其于归降之勇目则爵之禄之，无不在仰体上天好生之德，我主爱将重士之心，而戡乱治平，招降纳众，谅尔一带人民亦所深知而灼见也。

兹因东南舆图附近归我版籍，而惟有尚□□□□□逼处此，乃我必收之地，而□□苏、浙之屏藩，将特分师五路，水陆并进，而进攻尚海、松江，恐尔人民惊恐，惶惶如丧家之犬而穷无所归，为是特颁谆谕，先行令人前来张贴。仰尔尚海、松江一带人民兵勇知悉。尔等试看我师一路而来，抚恤各处投诚之人，着即放胆，亦照该等急早就之如日月，归之如流水，自当于纯良之百姓加意抚安，其于归降之兵勇留营效用。至于在尚海贸易之洋商，去岁□□□□成约，各宜自爱，两不相扰。自谕之后，倘不遵我王化，而转助逆为恶，相与我师抗敌，则是飞蛾扑火，自取灭亡，无怪本藩师到而大肆杀戮之威，有伤天地之和也。其宜凛遵毋违！①

太平天国辛酉十一年十一月二十八日

1862年1月，李秀成在杭州策划，兵分五路向上海、松江进攻。他的战略意图是东西两面夹攻，钳制上海。

西路：逢天义、刘肇均率军2000人由苏州，至嘉定，攻打吴淞；

西南路：青浦太平军攻打松江；

南路：嘉兴太平军北上，攻打松江、泗泾；

南路：太平军北上，攻打松江广富林；

东南路：由忠卫宿卫军主将健天义、谭绍光和李容发等人率领，忠义宿卫军和扶朝天军全军，由杭州沿杭州湾海塘攻取金山卫、奉贤等地。

这次李秀成组织进攻上海，号称军分五路同时挺进。其中东南路是主攻

① 盛巽昌：《实说太平天国》（增订本），上海：上海书店出版社，2023年，第449—450页。

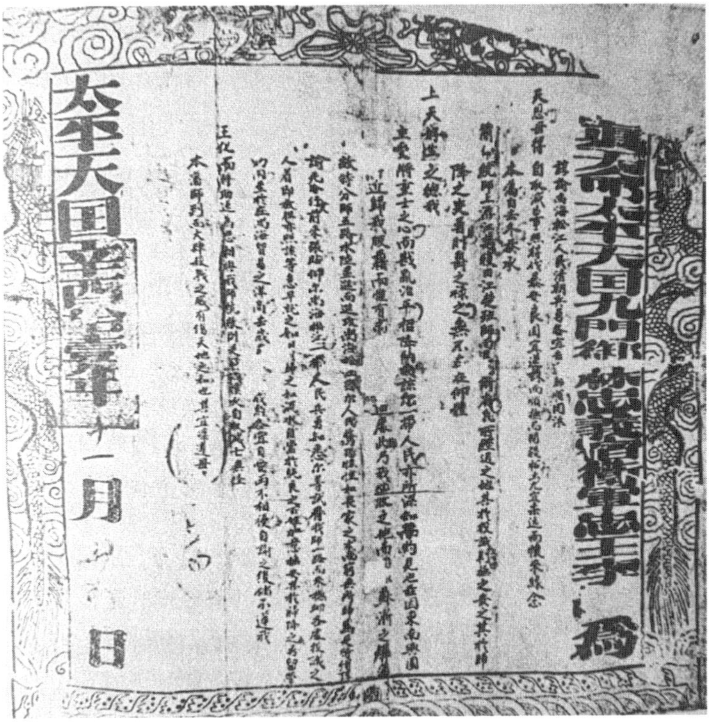
太平天国辛酉拾壹年十一月 日

忠王李秀成告上海松江人民、清朝兵勇及外国人谆谕

部队。主攻部队拥有几万人众，骨干就是扶朝天军。

李秀成熟读三国故事，其行军作战的谋略很多就以《三国演义》为蓝本。因此有人说，他是抄袭《三国演义》，书中的刘备死后，曹丕听从司马懿之计，以五路出兵进攻蜀汉，使对方首尾不能相顾、处处挨打的方案。此也算是一说吧！

但是，说是五路，主力也就是出自杭州的一路，即原有谭绍光参加，现由李容发率领的扶朝天军。当时军至松江，李秀成要赶回苏州过年，也有说是因听说主持苏州的护王陈坤书把本城搞乱了，大扰人心，或是要回去处理徐佩瑗叛乱集团事，途中就赶回去了。由忠二殿下李容发主持向浦东进军。

这年冬天，气候特冷。连续五天，大雪纷飞，积雪深达尺许，太平军将士踏雪行军，一路凯歌，占领黄浦江东岸金山、奉贤、南汇等所有县镇和乡村。本地民众踊跃参军，仅高桥附近据称就有 5000 人，武器不足，就在竹竿上装铁矛头充当武器；缺乏标志，就取妇女所着红裤、红衫缠扎为头巾。

来自西路苏州的太平军，一直打到了黄浦江西岸，两军隔江相望。从外滩的英国领事馆楼台上，可以清楚地看到两岸太平天国军飘扬的黄旗。

在上海防守方面，1861年12月12日，清廷上海道台吴煦与英国领事麦华陀、法国领事爱棠、上海外人志愿兵司令韦伯（E. Webb）等，在英国领事馆会商上海防务，并成立了由吴云、应宝时、潘曾玮、顾文彬等主持的"上海会防局"，针对太平军五路进攻上海，和英法殖民当局、军队成员商议防御措施，并制定了《防剿事宜》。还决定美国、英国租界，北门及其附近城墙由英军防守，法国租界、上海县城及董家渡近郊由法军防守。当时，上海英国殖民军有650人，法军900人，不久英军一个连及一队炮兵由天津前来增援。美国因国内爆发南北战争，无兵可调。至此，清廷"借师助剿"已成事实。

英法殖民当局又一次与华尔洋枪队联手，向太平军进行反扑。华尔自去年受伤回国治愈后，率洋枪队驻扎松江，为取得英国殖民当局和军队合作与支持，不再搜罗英国逃兵、烂水手、流氓，而采取以外国人当军官，雇佣中国人当兵，在太平军五路进军时，他就带着200名马尼拉兵和800名步兵，进犯松江附近的广富林。广富林是太平军从西南进攻上海的前哨基地，有驻军7000名，筑有四座坚固的堡垒。战斗从清晨打到中午，持续了7个小时。其间清军李恒嵩等2000人马亦来助阵。太平军武器低劣，很多仍是长矛竹枪，在洋枪队新型枪炮进攻下败下阵来，四个坚固堡垒全毁，战死900人，被俘700人，余部退走青浦，广富林失守。

20天后，10万太平军组织反攻，广富林争夺战又起。华尔将500名洋枪队分成五个小队围攻，太平军败退。

洋枪队连胜后，规模已大有扩充，拥有编制为6个团，3个炮队，共5000人。英国殖民军与洋枪队联手，准备主动出击太平军。他们选择的第一个进攻目标是浦东高桥。

高桥为浦东咽喉，历来为兵家必争之地。太平军占领高桥后，中外反动势力迅速地联合起来向太平军发起反攻。12日，清政府与英、法驻沪外交和军方官员在英国驻沪领事馆召开了会议，会上初步协调了统一布防的部署，并着手实施堵塞闸桥拱洞、清除黄浦江面船只、在城外要地增筑炮台等计划。次日，清方派吴云、应保时等与英、法驻沪当局组成“中外会防局”，从制度上规定上海由“中外同为保卫”，并由会防局统一筹措军需经费，负责后勤供应。14 日，清松江府海防同知刘郇膏率民团潜渡浦江，欲偷袭高桥，被吉庆元、李容发预先设伏在洋泾镇陈家港的太平军击破，打死千余人，刘郇膏险被擒获，乘坐小舟侥幸逃脱。

16 日，华尔作为中外反动势力的“先锋”，以外出打猎为名，前往高桥侦察，太平军竟疏忽大意，未加阻止，华尔也因此得以悉数掌握太平军的布防。与此同时，法国军舰“高傲号”对高桥进行炮轰，“日日炮声不绝”，太平军无所畏惧，沿着堤岸继续进军。在掌握了太平军的布防后，华尔随即与杨坊带精兵 560 人乘轮船，于 21 日进抵浦东天灯港口，何伯、卜罗德也率领英法联军以及舰艇 11 艘赶到会合。太平军发现敌人后，立即加强布防，准备在高桥地区与英法侵略军及华尔洋枪队展开战斗。

当时，太平军虽然号称万余人，但实际上只有 5000 多人，装备只有几百支西式滑膛枪，没有野战炮，高桥镇附近筑有巨垒 6 座，炮台 50 余处。24 日，华尔先攻镇西南吉庆元驻守的村落。在战斗中，太平军顽强抵抗，刺伤了“洋枪队”副领队白齐文左臂，但终因不敌敌人的炮火而失败。华尔乘胜攻破两处村庄，开始向核心阵地发起进攻。太平军凭墙垣与敌人展开巷战，华尔久攻不下。此时已经列队镇西的英、法联军也直接投入战斗，侵略军竟纵火焚烧高桥镇，猛攻两小时后得手。此时镇北、镇东阵地都已失陷，太平军高桥首领，吉庆元本人也受伤坠马，太平军不得不放弃高桥，向东南退却。这是英法联军首次直接参与上海周边针对太平军的攻势行动。

这天，英国驻华海军中将何伯与华尔打扮成狩猎户，偷偷潜入高桥附近探察，等到太平军将士发现两个形迹可疑的外国人要捉拿时，两人赶紧驾着小船逃脱。

高桥之战开始了。守卫高桥的是扶朝天军主将吉庆元部。扶朝天军长年在内地作战，武器多是传统的冷兵器，将士不识远距离的热兵器射击的杀伤力，还是以旧式的防御法，在还未见到敌人面目，就遭到了莫名其妙的伤害，损失很大。后来人们把其中牺牲的部分将士遗体收殓在一起安葬，这就是今天我们仍能看到的“太平天国烈士墓”，位于浦东新区高桥镇草高支路和高新路交叉处西北侧。

1909年，葡萄牙学者裘昔司（1863—1927）用英文撰写出版了一本《晚清上海史》。书中记录了高桥战役的惨烈情况，以及太平军、法军死亡人数的差异，并记载了“常胜军”命名的来历：

> 联军的炮火还是让叛军据点死伤惨重，最后看到他们后撤了。一支英法分队枪炮齐射并从左边进行拦截，华尔部队也紧追不舍。从太平军土垒中射来的炮火渐渐稀疏了，何伯将军下令用密集炮火打开街垒缺口。叛军在村庄大街上集结后作了绝望的抵抗，双方进行了近身肉搏战。第二天，在一阵猛烈炮火过后，陆战队员们与太平军展开了白刃战。在村里到处可见令人毛骨悚然的场景：一堆堆死尸筑成了一道临时防御工事，最后这些尸体都被火化了。此战太平军阵亡600至700人，被俘300人。
>
> 从伤亡人数上判断，在高桥，华尔的部队首当其冲：死7人，伤30多人；在萧塘，死10人，伤40多人，其中有些伤势严重。副手白齐文再次受重伤，其中一颗子弹穿透其腹部；而英法联军在高桥一死三伤，在萧塘仅两三人负伤。
>
> 在一次纪念仪式上，当地最高统治者、两江总督薛焕竭尽本能地表彰华尔与白齐文所呈现的英勇气概及英法将领们的鼎力相助，而恭亲王也就此向各国公使转达皇上谢意；同时，朝廷敕令褒奖华尔洋枪队一个响当当的称号“常胜军”。①

新中国成立后，上海市地方政府经过勘查，整理墓地，并于1954年和1985年，两次整理重修。重修后的墓地，东西宽22米，南北长41米，面积较以前扩大了31倍。现在，墓台呈椭圆形，基地铺花岗石平台，四周环以石栏，

---

① 裘昔司：《晚清上海史》，孙川华译，上海：上海社会科学院出版社，2012年，第137页。

“常胜军”的部分人员

中央矗立着黑色墓碑，碑两旁立石柱，上置盖顶，颇似古代墓葬前的石阙。碑上书写：太平天国烈士墓。太平天国烈士墓是一块历史的丰碑，记载着我国历史上最后一次农民伟大革命运动的丰功伟绩，永远值得后人敬仰。

高桥失陷之后，英国殖民军和洋枪队下一个目标是黄浦江畔的萧塘。

萧塘是进军浦南的一座要塞，为浦南重镇南桥（今上海奉贤区）前沿。英国殖民军、美国洋枪队，还有法国驻华海军司令卜罗德上将率领的500人，携有榴弹炮、野战炮和火箭炮，清将李恒嵩等3000兵丁也配合会战。战斗很激烈，炮火连天，枪子如雨，守军屡失城壕和炮台，只能巷战拒敌。太平军南桥守将享天安、黄祥胜带队前来救援，亦未阻止强大的炮火。他们和萧塘守将李某等都战死了。于是，萧塘阵地又失陷了。

华尔洋枪队屡次得胜，清廷喜出望外，当即将其纳入正规军队的编制，给了一个“常胜军”的美称，并授予华尔从二品的副将衔，副领队白齐文“四品顶戴”。他们不学无术，本以为“常胜”是个英雄称号，其实所谓“常胜军”，典出自中世纪辽将郭药师部“怨军”别称，是个不雅之号。

华尔出了风头，那个出面联络华尔，供给洋枪队粮饷的宁波四明公所董事杨坊亦得意非凡，还将一个丫头认作养女，取名张梅（章妹），乔装打扮，送上门去，嫁给华尔做老婆。

1862年9月，华尔在浙江慈溪被太平军击毙，清政府发了3万两银子抚恤，但这批银子和华尔名下的十几万两银子的遗产，被各方争得不可开交，最后不知去向。而他的妻子张梅，没有拿到一钱银子，落得一场空。清政府还照会美国政府，称华尔为大清皇帝捐躯，应于中国安葬。华尔被安葬在上海松江西门外苏家花园。在坟冢旁边还修建了一幢“华尔将军祠”。祠堂正殿有楹联：“奇男万里勋名留碧血；福地千秋庙貌表丹心”，匾额“同仇敌忾”。美国退伍军人还专门成立“美国华尔纪念团”，每年前来祭扫。这座墓地和祠堂，维持了90年。直到1949年上海解放后方才清除。[①]

虽然浦东战场上高桥、萧塘等地相继沦陷，但是上海四郊处处仍都活跃着太平军，浦西地区已成为主战场，各支太平军采取了南北夹击、四面合围的战术。

上海清地方军派系林立，指挥不一，加在一起有五六万人之多，但战斗力不强，面对拥有20万之众的太平军，缺乏招架之功，更无还手之力。太平军所以到处飘荡，行动如飞，不能集中兵力攻上海县城，也是因为缺乏一个最高指挥部和拥有权威的总指挥，各部都是各自行动，我行我素。

由苏州、嘉定而来的太平军刘肇均部（注：位于上海的宝山区），以虹桥附近的王家寺为司令部，一度指挥所部，经大场、蕴藻浜，直到江湾。

东路太平军，直抵董家渡、闵行、塘桥，别支北上，威胁吴淞。此两路太平军隔黄浦江，因为没有水师，不能相渡，而江中游弋有法国兵轮，阻止轮渡，遑论巡逻，太平军仅有的从民间征用来的小帆船，只能在江边行驶。有一次，徐汇公学师生马相伯等坐船，由董家渡过江，就遇到拦截和检查，但当得知是天主教堂的师生们，就放行了。在上海地区，河道纵横交叉，由

① 盛巽昌：《实说太平天国》（增订本），上海：上海书店出版社，2023年，第455—456页。

李秀成冠服像（呤唎《太平天国革命亲历记》）

于没有水师，太平军正如鹏鸟缺翼。

还有几路太平军，也因没有水师配合，各自为战：

西北路太平军占华漕，抵达闸北。

北路太平军，由嘉兴北上直抵朱泾（今金山），这路太平军虽击败地方水师提督曾秉忠，还夺得不少船只，但却没有将其纳入编制，建立自己的水师，或也因不重视水师，而听其自弃也。

太平军从北自刘行、南翔，南至王家寺、徐家汇、法华、虹桥等地，对上海实行了环形包围。他们虽然兵力雄厚，但人员军事素质不高，很多是被强制入伍的，甚至是在家乡被毁后，被拘禁而编入队伍的。他们不会打仗，不愿打仗，对太平天国的为上帝天父而战，是非常有抵触情绪的，稍有沮丧，就易一哄而散。

同时，他们对于掌握现代化的热兵器技术，认识和应用更为生疏。太平军将领，包括李秀成等高级统帅，在相当长的时间里，未能懂得、掌握现代战争的艺术，在战略战术上仍囿于传统，诸如现代战争由于武器特色，须远距离作战，也须散兵式行进，而非近距离肉搏、阵图式的对抗。加之此次攻打上海，战线过长，面面开花，企图以占领上海和租界周边县镇和村落，包围而攻取之，又犯了兵力分散、各自为战的常识性错误。

根据呤唎记载：忠王本人也戴着美丽的王冠，除天王外，只有忠王一人是戴着真金的王冠的。冠上的伏虎是用金丝、金叶构成。眼睛嵌着两颗大红宝石，牙齿镶满一排珍珠。虎旁各有一只张翅的鹰隼，上叠一凤。全冠都用金镶大宝石，四周垂悬着许多珍珠青玉，光彩耀目。忠王手执玉如意，玉如意两端雕有花纹，嵌满珍珠、水晶和红蓝宝石。他的朝服十分华丽，几乎垂至脚面，绣花的黄色缎袍上面缀着浮起的金饰和金银红三色丝线盘成的龙纹。此外再加上他的黄缎绣花裤和华丽的黄缎靴，构成了他的全套服装，衬托出他的英俊威武的神采，真是无比庄严与华美。

3月18日，李秀成在苏州写信给驻扎在王家寺的忠奉朝将刘肇均等，商定进攻上海的计划：

六王宗李明成与忠佑朝将黄子隆进兵泗泾，合攻七宝。成功后，派济天义曾锦福、锦天安吴定福、荷天义麦冬良分别把守，与忠二殿下李容发隔江营盘相连。

忠孝朝将陈炳文直取松江，李明成进军协助。松江克复后，即赴吴淞口；刘肇均由嘉定至黄渡扎营。

这次策划更加严密，沿江连营，东西呼应，但仍以防御为主，“见机固粮军机为要，有粮即盘，妖来即剿”，“如此四面云屯，将上海包围定叠，令该妖内中自变，方可乘机计取。我军总宜先固军机，似不在一时恃强角力，能以善谋计克为上策矣”。（《李秀成谕刘肇均》）

李秀成显然仍是打算以围为攻，困死上海和殖民者的租界。知己知彼，百战不殆。他不懂得这种围困战略，对拥有现代化热兵器，擅长攻坚战术的殖民军毫无对抗之用，况且外国轮船日夜航行于外海内江，可源源不断补给军用物资和粮食，传统落后的战略战术，有如积木和玩偶，再也发挥不了任何功能了。

李秀成围而不攻，反而引来了英法殖民军的主动进攻。他们与清军重点设防法华、徐家汇，进攻七宝。4月3日，由英军司令士迪佛立指挥的英军1493人，大炮9尊，法军提督卜罗德指挥的法军400人，大炮4尊，以及华尔军 300 人，从徐家汇至七宝。因此，七宝将成战场，镇上 25000 名居民逃避一空。

翌日，英法殖民军等趁清晨大雾，偷偷地在王家寺大营前 800 米处扎营。联军以炮队为先锋，在离大营前 600 米处开炮猛轰，太平军败退，有 6 座营房被毁。当日下午联军猛攻王家寺附近的龙珠庵，又轰塌 9 座军营，太平军继续败退。清军恢复了松江至上海的交通线。

太平军在王家寺、龙珠庵数十里连营，深沟高垒，自以为飞鸟难入，却被打破，自此中外联军更加猖獗。英、法提督何伯、卜罗德与上海当局商定了《上海防卫协定》：

自长江口起迄杭州湾止，沿上海三十英里内各要隘，设法克复；先夺回嘉定、青浦、松江、南桥、柘林，然后使华尔军移驻青浦控制各地，而以英军为之后援。

十几天后，英法联军先后攻陷了嘉定、青浦和南桥（今上海奉贤区），每城攻陷，都遭到守军的顽强抵抗。在南桥，守军祥天安、黄五馥的部队，在堡垒失陷后，分散躲在危墙间抵抗，用冷枪击毙了卜罗德。

在苏州的李秀成闻悉上海战场出现危局，率领主力军赶来。经过几个月的上海战争，李秀成对战争的策略也作了改进，最大的进步乃是以原来的防御、保守的战略，改换了主动进攻。在战争中学习战争，懂得了现代武器的巨大杀伤力，他聘用洋人开办炮厂、制作炮弹，不惜高价向行驶在长江上的外轮购买枪支、弹药。

简又文在书中曾记载：当时外国商人常以军火运至太平军区域，曾在一只船上搜获一张单据，显示于 1862 年 3 月间，有一上海洋行供给太平军以步枪 3046 支，野炮 795 尊，火药 484 桶及 1097 千磅，子弹 18000 发与 450 万以上之炮盖。另有几艘船被缉获的，满载供给太平军的军火，亦系由洋行偷运者。清廷苦口埋怨，开放长江本以通商，但却便利“敌人”在外国旗下运械运粮，直至南京。“私贩军火者皆是外国人，驶船运至长江各埠，买卖

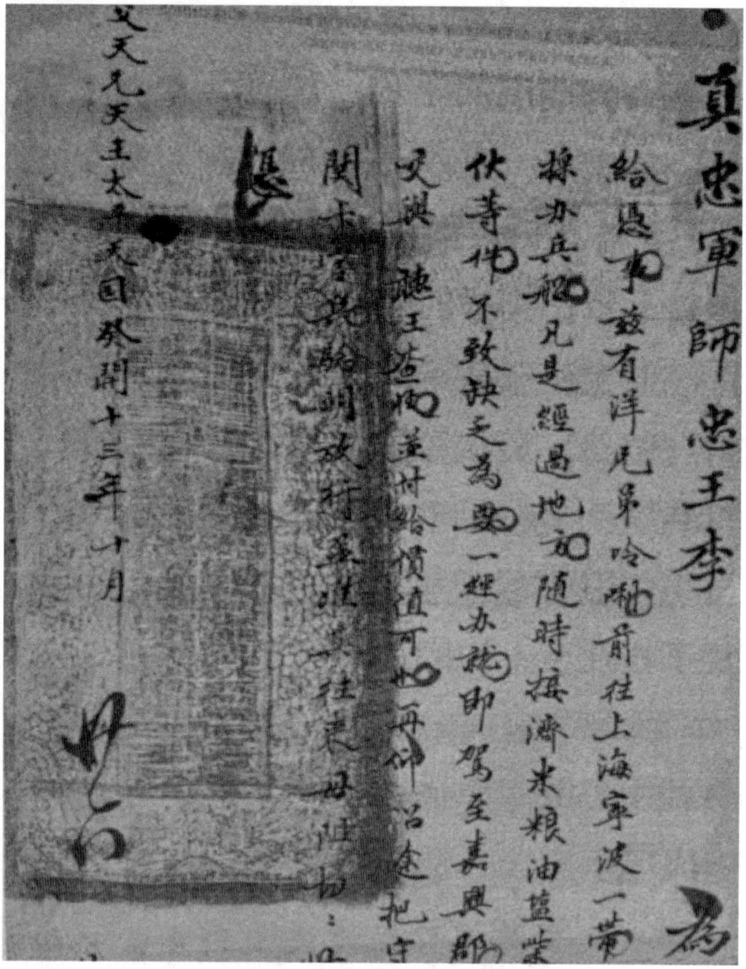

李秀成颁发给呤唎的凭照

极盛。”以及“远在新加坡，于一年之内运出大炮三千尊。香港及各口岸则公开运用军火，均以接济叛党者”。[①] 由此可见，西方军火商人通过买卖军火，确实发了一笔横财。

呤唎曾经协助李秀成，奉命与外国军火商接洽，为太平军在武器购买方面做出了许多贡献。呤唎赴上海、宁波等地采办军火时，要通过太平天国所设的关卡。当年，太平天国在各处水陆要道所设关卡多多，并采用厘金制度，

① 简又文：《太平天国全史 · 经略江浙》，香港：简氏猛进书屋，1962年。

商旅往来极不方便。但是此时因为淮军东进，苏州、无锡各关卡要隘多已沦陷，此凭照已无作用了。后来，呤唎曾经长期保存李秀成签发给他的这份凭照，并以此为荣。

李秀成部队因为转变观念，将士已大多拥有洋枪、洋炮。据称李秀成的3000名卫队还都配备有当时最先进的来复枪。

5月17日，就在太平军在南桥弃守时击毙卜罗德的当天，离南桥百里外的太仓州板桥，李秀成大军与清知府李庆琛等5000人马相遇，乘李庆琛求胜心切，抄其后路，以绝对优势兵力歼其大部，仅参将姜德300人逃至宝山，为渊驱鱼。这支属于江苏巡抚薛焕名下的绿营，本是江南大营的残余。它的歼灭，却为即将到来的淮军扫清了倾轧之路。

李秀成乘胜前进，进攻嘉定。英军提督士迪佛立闻讯焚城逃回上海。太平军先后收复嘉定、青浦，围攻松江。

上海战场形势又开始顺转，就在这时，使李秀成和他麾下的将帅们意想不到的是，竟遇到东战场最凶，也是最后的一个劲敌——李鸿章率领的淮军。

淮军是在曾国藩直接支持下，由李鸿章挂帅所组成的一支新型武装。李鸿章是安徽人，他的淮军主要成员也都是安徽人，而且还都是安徽淮河南北的人，所以称为淮军。

组建淮军后，军队建制多遵照湘军编制，将士招募也重安徽籍贯，讲究家族、同乡，且从建军不久就采用了西式训练和武器装备。因此，他们比湘军有更大的战斗力。曾国藩善于识人，认定李鸿章能独掌一军，并能够独当一面，他向朝廷保奏李鸿章“才大心细，劲气内敛”。

李鸿章到上海后，就与外国殖民当局接洽，协商联手出战。外国殖民当局对淮军装备陈旧、衣饰破旧、队伍不整，加以嘲笑，称之为“乞丐军”。清廷听从曾国藩建议，改任薛焕为通商大臣，任命李鸿章为代理江苏巡抚，以后即正式为江苏巡抚。本年李鸿章39岁，从三品道员，平步三级跳，跃为实授正二品，独率一军，有职有权，显示清廷对他的重视。在上海初期，李鸿章兼并、改造地方绿营，使淮军人数迅速扩充至3万人，加上统辖的华尔洋枪队，实际兵员已达4万人，他又购买和扩充了现代化的洋枪洋炮，大

李鸿章

大增强了战斗力。

5月17日，经李鸿章与外国殖民当局商定，分军为二，由程学启、刘铭传、潘鼎新等率淮军主力渡过黄浦江，进攻浦东。华尔洋枪队和英法殖民军为南路，攻柘林、奉贤（今奉城）。李秀成举兵反击，在占领嘉定后，又包围青浦、占泗泾，进至虹桥、漕河泾、七宝，直逼上海。英法殖民军逃回上海，不敢再战，因此李鸿章奏折亦称，“嘉城复失，逆焰大张，西兵为贼所慑，从此不肯出击贼”。

浦东战场硝烟已散。浦西战场战火正红。太平军猛攻松江、青浦。

英军、华尔洋枪队固守松江城。太平军将士于城围布列攀城长梯。此种长梯，制作极为简便，只有长竹两根，以短横竹紧扎，上下两头约二尺宽，攀城将士用双手扶两根竿，由他人在下面另持一根竹竿，推之一跃而登。李容发以身作则身先士卒攀梯而上，不幸身受重伤。继后，李秀成亲自指挥攻城，且在附近广富林大败英军，缴获洋枪400支，火药36箱，并占领松江城外妙严寺土山，增筑炮台，合围四门。

6月9日，李秀成部攻占青浦，华尔等焚城逃跑，副手法尔恩德出城后，因所掠夺的大批财物未能携出，又归回城内搬取，为太平军俘获。其后，华尔以军械、弹药送至乍浦将其赎回。

6月17日，李秀成撤离松江城，全部人马五六万众，分12路进攻上海，包围新桥程学启等营，进至法华、徐家汇、九里桥，直逼租界和上海城。翌日，李鸿章亲率张树声、张遇春、韩正国分三路来增援，与程学启等内外夹击，大战于徐家汇、九里桥、新桥、虹桥和七宝等地。太平军全线崩溃，先后放弃泗泾、广富林，由松江撤退。李秀成率领的太平军第三次进攻上海又失败了。

李秀成此次撤退，军无斗志，乃出自天王以天京围急，沉不住气，一日三诏指令催促其回救。他只得放弃大好战机，将围攻松江、上海计划自动撤回。

1860年7月初，华尔率300余名洋枪队员进攻松江府城，被太平军击退。洋枪队90人被击毙，100多人负伤。直至15日晚，乘太平军东去之机，洋枪队偷袭松江城北门，清军参将李恒嵩也随后接应。次日晨，华尔等占领松江城，太平军留守松江之老弱病残人员，以及眷属从北门退青浦。为此，华尔领到赏金3万两银。①

7月30日，华尔率洋枪队由水路至朱家角，攻青浦县城，李恒嵩自上海率兵勇至广富林助攻青浦城，被太平军击溃，华尔逃回松江城。8月2日，华尔率300名洋枪队员又由松江攻青浦，李恒嵩随后接应。忠王李秀成率大军大破华尔及李恒嵩军，华尔5处受伤，遂离沪赴法国治疗，洋枪队死伤1/3兵员，炮船被俘甚多。8月7日，洋枪队副统领白齐文、法尔思德，率新在上海招募兵士与李恒嵩所率兵勇再攻青浦城，仍被太平军击溃。洋枪队阵亡近百人，清军将领李恒嵩几乎被擒，余者逃回松江城。

8月9日，淮军又攻陷青浦。谭绍光带兵10万前来争夺，相持于北新泾，

① 汤志钧主编：《近代上海大事记》，上海：上海辞书出版社，1989年，第135页。

战斗激烈，双方都用了洋枪，冷热兵器同时并用，刚跃升为都司的刘玉林中枪落马毙命。谭绍光又分军绕至法华镇，南至漕河泾，北至新闸，离上海仅几里。8月12日，太平军再克松江城。[①] 8月26日，谭绍光与淮军会战于七宝，包围程学启营，击毙通判韩正国。李鸿章亲率全军来援，分三路救援北新泾，华尔洋枪队在法华援应，黄翼升水师从吴淞江进击。法军出徐家汇以大炮助阵。谭绍光等军一无大炮，二无水师，被迫由南翔退至嘉定。

10月，李鸿章出动淮军，与英法军、洋枪队联手，攻陷嘉定，威胁昆山、太仓。太平军继李秀成后，主持上海战事的有两个人：一个是主持浙江嘉兴军务的听王陈炳文；另外一个就是慕王谭绍光。

谭绍光是李秀成离开苏州后，由湖州调至苏州主持工作的。他是广西桂平人。后期太平天国仍讲究地缘乡缘。大清王朝的野蛮政策是：凡两广人不赦。但太平天国却非常重视广西同乡人，由此也约定俗成，即镇守大城镇，多用广西人。他对上海战事，全身以待，采取以攻为守的战略进攻，针对李鸿章的淮军在上海休整的空隙，先后发起了三次大规模进攻。

当时太平军已撤离浦东，李鸿章因后方稳定，调动了淮军潘鼎新、刘铭传以及南汇降军等南下，加强对浦南奉贤、金山卫的攻势。6月7日，攻陷奉贤（奉城镇），由吴建瀛守奉贤（奉城镇），刘玉林守柘林。刘玉林尤为卖力，由柘林偷袭、占领贴近金山卫的漕泾。

金山卫是毗连江浙的要塞，为浙江太平军北上上海必经之路，也是固守浦东的枢纽。李鸿章志在必得，命潘鼎新、刘铭传与华尔洋枪队协同作战。太平军在距离卫城二里筑卡，刘玉林、方有才带头陷阵，固守数月的重镇金山卫陷落。

10月24日，淮军联手白齐文洋枪队攻陷嘉定。

嘉定失陷，谭绍光即会同陈炳文，从苏州、嘉兴、杭州三处调集10万人马，从昆山出发，水陆并进，北路攻南翔，南路至四江口，攻黄渡，两路于三江口、四江口连营数十里，立15个大营，设多座浮桥，包围程学启等营。

---

① 汤志钧主编：《近代上海大事记》，上海：上海辞书出版社，1989年，第136—137页。

李鸿章感到事态严重，亲自前来督战，调参将刘铭传由张堰、游击吴建瀛由南翔来援，水师黄翼升各营进赵屯港，白齐文洋枪队由松江赴重固。洋枪队自采用招募中国人当兵后，也包括补充进来的太平军降军和俘虏，兵员大幅增加，参加战斗的兵员都有较强的战斗力。

当时，太平军谭绍光部屯扎在吴淞江北岸，陈炳文屯扎在吴淞江南岸，刘铭传与副将郭松林等分三路向南路猛扑，南路不支，退至北岸。四江口围解。谭绍光退至白鹤港，白齐文洋枪队携带四门大炮、二门臼炮猛轰。谭绍光终于被逼退出白鹤港，向苏州返军。

四江口之败后，谭绍光再也无力向上海进攻。他只得努力经营陆渡桥、娄塘、外冈、陆家浜一线，阻止淮军西进，同时为安定民心、军心，也通过外国报纸虚张声势：

> 外国新闻纸云：闻得目前外国界内，有伪慕王所出伪示数纸，内称现调江西逆众十五万，于三日内齐集上海，攻打县城，欲与官兵、外国人争战，与百姓无干。所有居民铺户人等，概勿惊惧，惟须预备粮草，以备逆食等语。（《上海新报》1862 年 11 月 22 日）

在清廷淮军与英法军、洋枪队联手进攻之下，太平军攻打上海的计划最终归于失败。

四、太平天国时期上海城市与人口现状

在鸦片战争后，新开放的通商口岸中，最重要的是上海。其重要性迅速地超过了广州。上海在半殖民地半封建的中国居于特殊的地位，它是资本主义、帝国主义侵略中国的一个最大的桥头堡，也是中国的无产阶级和人民群众同国外反动派长期搏斗中的一个最激烈的旋涡。它在成为通商港口的最初

年代里，很快地显出了它在对外贸易上的优越条件，因而受到侵略中国的各个资本主义国家的特别重视。①

随着太平军进攻上海的失败，这座城市重新开始了它平稳的历史进程，其中记录着这个城市衰败、恢复与繁荣的过程。但是，在新纪元的最初阶段局势并不明朗。随着周边乡镇的平定，尤其是苏州的收复，使得大批难民离开上海，租界几乎有一半的住宅变得无人居住。② 这些现状，对于那些当初在上海投资土地、建材和人力方面花费巨大代价，并修建了大量房屋建筑群的投资者来说，简直就是致命的打击。

同时，资本家们投资数百万元，在上海滩建起的栈仓，还有大量工厂全部都闲置着，这样的前景令他们感到后悔。数额数百万的投资，本可以用在其他方面，缓解目前形势的压力和僵局。这一环境的改变，由于虚假繁荣引发的铺张奢侈的生活方式而造成的恶果，在太平天国后期就能够更加强烈地感受到了。

太平军战事对江南的浩劫性破坏也表现在城市的衰落上，茅家琦先生以苏、杭为代表，经过分析后认为，太平天国革命风暴不仅摧毁了城市里的封建行会，同时也破坏了手工业工场和作坊。他以苏州作为实例，太平军攻克苏州以后，苏州的行会组织完全被摧毁。行会董事或逃或死，丝经行、丝行商人的行会丝业公所的董事也皆散去。但是，太平天国领导人并未对破坏了的手工业进行整顿恢复，致使明末清初以来，江南手工业中最为发达的丝织业衰落，整个手工业生产也处于凋敝的状态。同时，李鸿章指挥镇压太平军的过程中，清军所到之处烧杀抢掠，致使繁华的江南“尽成废墟”，人口数量锐减，社会生产力遭到了严重损坏，农民的家庭手工业和城市手工业进一步被摧毁殆尽。③

葡萄牙学者裘昔司在《晚清上海史》一书中记述，上海人口数量密集时

---

①胡绳：《从鸦片战争到五四运动》，上海：华东师范大学出版社，2021年，第59页。

②裘昔司：《晚清上海史》，孙川华译，上海：上海社会科学院出版社，2012年，第205—206页。

③茅家琦：《太平天国通史》（下册），南京：南京大学出版社，1991年，第315—317页。

期约有 150 万人口，其他时期约有 100 万人口。这一数据将公共租界、法租界和上海城厢全部统计在内。随后的调查显示，在太平天国战争期间，上海人口数量最少时仅为 30 万，1865 年人口大迁徙的潮流平息。人口普查显示，在公共租界的华人有 9 万，在法租界的有 5 万，而外国人总计 5589 人。其中，有 2357 人居住在公共租界，400 人居住在法租界，另外的 2832 人则是陆军和海军军人及港口的航运人员。[①]

有关移民问题，葛剑雄先生曾经出版书籍，论述在 1850 年太平天国战争以来，中国人口迁移的现状。他在数据推算的基础上认为，江苏在太平天国战后接受的外省移民在 100 万人以上；浙江战后共有移民 120 万人，其中 30% 来自外省，其余是省内迁移；安徽战后接纳的省内外移民约为 360 万人。[②]新移民的大量涌入，给饱经战乱之苦的长江下游地区，在社会生产的恢复和战后方面，重建注入了新的生力军。毫无疑问，他们对江南城市和乡村的复兴做出了重大的贡献。华强、蔡宏俊认为，战后移民潮的出现迅速填补了江南人口的空缺，使经济得到较快的恢复和发展，首先是农业生产的恢复；其次是近代民族工业的产生和发展；最后是江南市镇的恢复和发展。[③]

1860 年以前，东北地区仅有 300 万人口；1860 年以后，关内的老百姓大规模出关进入东北，俗称“闯关东”。1920 年前后，东北人口增加约为 2800 万人，这也与太平天国战争的影响相关。因为在 1851 年到 1868 年期间，太平军和捻军并没有进入东北地区，最北部地区仅到达天津附近。

大批难民离开上海，在一定程度上也是由于强制执行《公共卫生条例》而造成的，即使是难民中的较高阶层也对此表示十分厌恶。所以，他们上书江苏巡抚，反对苏州向洋人开商铺和居留的规划，唯恐洋人带来令人厌恶的公共卫生体系。

上海不但在地理条件上，接近产茶和产丝的地区，而且附近的地区本

---

① 裘昔司：《晚清上海史》，孙川华译，上海：上海社会科学院出版社，2012年，第206页。

② 葛剑雄、侯杨方、张根福：《人口与中国的现代：1850年以来》，上海：学林出版社，1999年，第176—177页。

③ 华强、蔡宏俊：《太平天国时期中国人口损失问题》，载2006年首届“晚清国家与社会”国际学术研讨会论文集。

来商品经济比较发达。通商港口的最初年代里，它的出口贸易增长得很快。它在全国出口总额中所占比重，道光二十六年（1846 年）是 1/7，咸丰元年（1851 年）增长到 1/3，而在以后紧接着的几年中已达到一半以上。[①]在太平天国战争后期，来自苏州和杭州的移居者也使得丝绸工业开始在上海扎根。

① 胡绳：《从鸦片战争到五四运动》，上海：华东师范大学出版社，2021年，第59页。

第九章 湘军崛起与太平天国兴亡

太平天国的失败过程中，首先遇到的一个最大的劲敌，就是曾国藩率领的湘军。在湘军以前，清代国家管理的绿营军、八旗军管理体制早已衰朽。从本质上讲，初期的湘军“与太平军一样，都是一支有灵魂的军队”。湘军之胜，并非胜在军事能力；太平军之败，并非败在其战役素养。

1951 年 1 月 10 日，《人民日报》曾经发表社论：《纪念太平天国起义一百周年》。文章中评价太平天国是建立了极其高度的组织、纪律严明的革命军。太平天国提出的包括解决土地问题的统一革命纲领等方面，是旧式的农民战争最高程度的发展。① 但是，在曾国藩领导的湘军崛起之后，洪秀全领导太平军的缺陷就逐渐暴露出来。

一、曾国藩与湘军的组建

嘉庆十六年（1811 年）11 月 26 日夜，在洪秀全出生的前三年，曾国藩诞生于湖南湘乡一个贫穷的乡村家庭。

湘乡，古称“龙城”。其地处湘中偏东，东临韶山市和湘潭县，南接双峰县，西与娄底市毗邻，北界宁乡市。湘乡设县已有久远的历史。西汉建平四年（前 3 年），皇帝刘欣封长沙王子刘昌为湘乡侯，此为湘乡建置之始。南朝宋永初三年（422 年）并连道入湘乡县。其后，岁月悠悠，世间沧海桑田，伴随隋、唐、宋、元和明朝先后过渡，一丝灵气集中到了晚清，才使此地终于发达，知名了起来。这一丝灵气和这个呱呱坠地，后被称道为一代名相的曾国藩密切相关。后来，开国大将陈赓的故居也建于此地。

① ［日］小岛晋治：《太平天国运动与现代中国》，徐曼译，北京：社会科学文献出版社，2017年，第4页。

湖南湘乡曾国藩故居

美国学者解维廉认为：曾氏家族是中国的六大家族之一。[①] 但是湘乡曾氏，在曾国藩之前历来为寒门冷籍。他曾说过："吾曾氏家世微薄，自明以来，无以学业发名者。"[②] 也正因为如此，这个家族才更加盼望后人能够成龙成凤，盼望族中后生有人能够科举及第，以此光宗耀祖。

据史料记载，曾国藩刚出生时，颧骨突出，脸长黄瘦。其诞生伴随着美梦与吉兆。4 岁时他便开始了学业。在第 8 个生日之前，他已在学习五经，并开始作文。5 年以后，按照中国人的习俗，他与一位欧阳姓氏的女孩订了婚，当他到了足够大的年龄便将之娶回家里。[③] 但是，在他长到七八岁时，已相当肥胖，只是不爱说话，所以大家给他起了个诨号，叫"肉哑巴"。他才思并不敏捷，但自小喜欢动脑子，尤其倔强，不甘落人之后。

他的母亲江氏，生性勤劳、倔强、俭朴、自强，这对曾国藩的性格形成

① [美]解维廉：《曾国藩与太平天国》，王纪卿译，太原：山西人民出版社，2018年，第109页。

② (清)曾国藩：《曾国藩全集·诗文》，长沙：岳麓书社，2011年，第236页。

③ [美]解维廉：《曾国藩与太平天国》，王纪卿译，太原：山西人民出版社，2018年，第109页。

产生了很大的影响。[①] 后来，曾国藩在成名之后，曾经多次说过："吾兄弟秉母德居多，其好处亦正在倔强。若能去忿欲以养体，存倔强以励志，则日进无疆矣。"[②] 秉承着母亲的倔强勤奋，凭借着父亲多年来的耳提面命，曾国藩经过数年的寒暑发力，勤学苦读，终于迎来了摘取硕果的季节。

（一）曾国藩的科举生涯

道光六年（1826 年），曾国藩到长沙府参加童子试，被取为第七名。但是直到 1832 年，他才开始参加科试，第一次未能如愿，但上了荣誉榜。这一年，他改号为涤生，"涤生"有弃旧更生之意。1833 年他考中了秀才，进入岳麓书院。他父亲在经历了 17 次失败以后，这一次终于与他同时通过了考试。[③] 第二年，他前往长沙参加乡试，考中了第 36 名举人。同一年，他进京参加会试去考进士，想去碰碰运气，但两次考试均落第。1836 年他设法弄到了盘缠，漫游江南与浙江。虽然他的举人身份在社会上给了他一些声望，但他仍然未能满足。据说，他在旅途中发现了一套有价值的书籍，便借来 100 两银子将其买下。他带着这些书回到家乡，苦读一年，准备第三次参加会试。

1838 年初，经过一年的考试准备时间，他再次进京。他没有路费，但他借到了 32 串钱做盘缠，这点钱在路上几乎花完了，进京时只剩下 3 串。在那个时代，这是一段漫长的旅程，需要乘船缓慢前进一个月。一般认为，路上必需的花费约为 40 两银子。在这一年，曾国藩终于通过了会试，他中试第 38 名贡士。4 月，他又通过了科举士子的最高级别的殿试，于 6 月 23 日进入翰林院，任庶吉士。这一年，他刚刚 28 岁。

不过考试尚未完结，因为翰林院还有几个等级。于是，曾国藩在短暂的衣锦还乡之后，便勤奋地投身于新的岗位，逐级上升，同时得到了京城下级官位的任命。他在这个时期所写的书信，表明了他在文人堆中，在翰林院的

① 马平安：《晚清殇史：大清王朝灭亡之谜》，北京：中国文史出版社，2012年，第67页。

② （清）《曾国藩全集·家书二》，长沙：岳麓书社，2011年，第934页。

③ ［美］解维廉：《曾国藩与太平天国》，王纪卿译，太原：山西人民出版社，2018年，第109—110页。

初入官场的曾国藩

同事们之间，过着很有魅力的生活。他们辩论不休，友好地竞赛诗文。他的收入很少，总是入不敷出。不过我们不知底里，只知道 1842 年他的房租为每月 15 串钱。他凡有所得，都会慷慨地与家人和在京的湖南人分享。他不断地努力于学业，因为他有大把的闲暇时间，因此他能不断地攀升，直到 1843 年在宫殿里参加了皇帝亲自主持的一次特别考试。在 123 名翰林当中，曾国藩排名在二等第 6 名。[①] 这就给了他进入翰林院高级机关的机会。4 月 22 日，他在家书中告诉父母：他是清朝获得此项殊荣的第三个湖南人。[②]

1843 年 1 月，他曾奉命派往四川省担任考官，他在次年和再次一年获得了一些荣衔，以及宫中的职务。这些令人欣喜的升迁，并未给他带来多少财产上的好处，就连他在成都当考官时，所得的 1000 两银子的酬金，也用于扶助穷亲戚了。[③] 他每年的开销增多了，1842 年已多达 600 两银子，在其他年份可能也是如此。

在初期仕途道路上，曾国藩能够一帆风顺，在很大程度上可以归结为

① ［美］解维廉：《曾国藩与太平天国》，王纪卿译，太原：山西人民出版社，2018年，第113页。

②（清）《曾国藩全集·家书二》，长沙：岳麓书社，2011年，第934页。

③（清）《曾国藩全集·家书二》，长沙：岳麓书社，2011年，第934页。

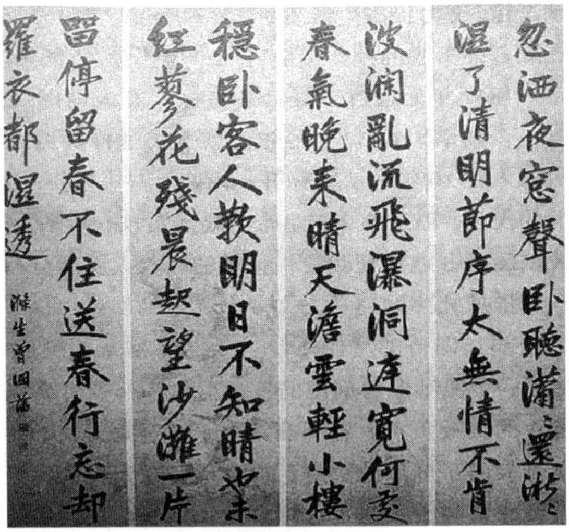

涤生（曾国藩）书法

他深得军机大臣穆彰阿的赏识与提拔。[①] 据史料记载：曾国藩于道光十八年（1838 年）到京参加会试，道光二十三年（1843 年）参加翰林大考时，都是由穆彰阿担任总考官。翰林考试结束后，穆彰阿曾向曾国藩索取考卷底稿，曾国藩立即誊正后送往穆府，这个事件加深了两人之间的师生关系。而这种师生关系，使曾国藩这个出身农村的进士，很快在京城找到了靠山。后来，穆彰阿在朝廷上奏时，曾多次推荐曾国藩。在《清稗类钞》一书中，我们看到有这样的记载：“穆彰阿尝汲引曾文正公国藩，每于御前奏称曾某遇事留心，可大用。”[②] 由此可见，在曾国藩的仕途上，穆彰阿起了重要的作用。

道光二十七年（1847 年）六月，曾国藩迁至内阁学士，兼礼部侍郎衔。“由从四品骤升二品，超越四级，迁擢不次。”为此，他按捺不住内心的激动，在写给叔父母的信中说：“常恐祖宗积累之福，自我一人享尽。”曾国藩还多次在信中说，他的发达完全“赖祖宗之积累”。[③] 其实不然，没有穆彰阿推荐，就不会有曾国藩的快速成名。

---

① 马平安：《晚清殇史：大清王朝灭亡之谜》，北京：中国文史出版社，2012年，第70页。

② （清）徐柯编撰：《清稗类钞》第三册，北京：中华书局，2020年，第1404页。

③ （清）曾国藩：《曾国藩全集·诗文》，第188页。

道光二十九年（1849 年）正月，迁为礼部右侍郎。八月初二日，曾国藩兼署兵部右侍郎。道光三十年（1850 年）六月初四，兼署工部左侍郎。十月，兼署兵部左侍部。他从礼部调到一个又一个其他的部门，最终他在朝廷六部中，都担任过副部长级别的侍郎。

（二）出山从戎训练湘军

咸丰元年（1851 年）1 月，太平天国运动在广西爆发。很快，熊熊战火便席卷了几乎半个中国。咸丰二年（1852 年）7 月，曾国藩母亲江氏去世。曾国藩抛弃行李，仅携带一个仆人上路，昼夜兼程，回乡奔丧守制。按照清朝的惯例（依古制），遇到父母死亡时，官吏均得在家守制三年，后始得复官。

1852 年底，湖南巡抚接到北京的咸丰帝上谕，告诉他曾国藩正在湘乡家中，令他将上谕传达给曾国藩，其内容是令曾国藩帮助团练本省的乡民。1 月 22 日，咸丰帝上谕送到了曾国藩手中：

> 前任丁忧侍郎曾国藩籍隶湘乡，闻其在籍，其于湖南地方人情自必熟悉，着该抚传旨，令其帮同办理本省团练乡民、搜查土匪诸事务，伊必尽力，不负委任。

但是，曾国藩一开始不愿遵旨而行。好友郭嵩焘风尘仆仆前来劝他出山，曾父也劝他“以嵩焘之言为正”。当时，武昌城的陷落及其后到处动荡不安的局面，对曾国藩有很大的说服力。从目前国家的局势和咸丰帝的要求出发，曾国藩决计舍小家为大家，出山从戎。他于1月26日离家出发，去与湖南巡抚会商。

二、曾国藩治理湘军的谋略

自到省城长沙就职之日起，曾国藩正式摆脱了他 12 年闲散无多政事的京官生活，逐渐揭开了他最为重要的人生篇章。为了能够有效地“平定”太平天国，曾国藩在奉咸丰皇帝圣谕，办理湖南团练的基础上，又向前大大地迈出了一步。

太平军刚刚撤围而去，湖南土匪四起，巡抚无力对付。除了江忠源的2000人以外，罗泽南与王鑫另外组织了1000多人。当时，江忠源在宝庆镇压了一次暴动时，人们显然期待这些民兵扑灭土匪。曾国藩本人对这些乡村志愿兵部队的价值有了印象，他认为这种武装足以维护乡村的社会秩序，但是由他们战胜太平军则不可能。为此，他从组织湘军开始，发展到出省作战，最终竟在清政府无兵可恃的危急状态下毅然崛起。后来，湘军不仅成为清政府屏障中原，“剿杀”太平天国的骨干，而且成为继八旗、绿营军后，维系清王朝统治的主要军事力量。湘军之所以能成为一股强大的政治军事势力，有其特殊的组织形态与发展过程。

首先，曾国藩制定了一整套烦琐的制度，要求部队必须遵守。这些纪律的确非常严格。因为曾国藩对军队中严格执行纪律的必要性非常敏感，担心所定的制度如同在正规军中一样成为一纸空文。

其次，曾国藩采取了“兵为将有”的选拔措施。清军原有的八旗、绿营军，将领平时各驻其府，遇事由清廷授予兵符，率兵征战。事后则兵将各归其所，将与兵之间并无私谊存在，因此难以结党营私。现在，曾国藩改世兵制为募兵制。第一是层层选拔。湘军招募士兵时，皆为统帅选统领，统领选营官，营官选哨长，哨长选什长，什长选勇丁，层层挑选以成军。因将而募兵，遂兵归将有，将走兵散。这与清廷绿营军大不一样，绿营军规定：将皆各地选调，兵皆土著，将帅升转时，严禁私带营兵，而是接管赴任地的兵。

第二是私谊至上。由于湘军是自行招募而成，将存兵存，将亡兵散，其上下之间的利害关系颇为一致，因此战斗力极强。将领在招募士兵的过程中，重视利用同乡或家族关系，将领之间往往也是同乡、同年或师生之类的关系。整个湘军都是靠这种私人关系来维持运营，这就助长了湘军的派性观念。曾国藩本人就十分重视这一点，无论是战时调兵遣将，还是平时向朝廷举荐官员，他都强调从私人关系出发，举荐与重用他所了解与信任的人。

曾国藩为募兵，曾经亲拟《招募之规两条》：

> 招募兵勇，须取具保结，造具府县，父母、兄弟、妻子箕斗清册，各结附册，以便清查。募兵须择技艺娴熟、身强力壮、朴实而有农夫土气者为上。其油头滑面，有市井气者，有衙门气者，概不收用。（载同治年《湘乡县志》）

因此，在湘军中便养成一种风气，除非是招募、选拔过自己的顶头上司，其他人无论官职大小、地位高低皆拒不从命。所以，不仅湘军以外的人无法进行指挥，即使在湘军内部，亦必须节节铃束，层层下令，任何人都难以越级指挥下级部队。

最后是军饷自筹。清军的绿营兵由于是清廷的经制之师，故其兵饷均由政府提供。湘军初建时，军饷尚由官方提供若干。后来，曾国藩发现中央财政枯竭，多次索取无望，于是便决定自筹。这样，湘军的军饷随时都可以保障到位，对于提高官兵的战斗士气大有好处。

太平天国史权威学者罗尔纲先生曾经精辟地总结过湘军与八旗、绿营军的区别，他认为：

> 在湘军以前，八旗早已衰朽，清代国家经制军队为绿营。绿营兵皆世业，将皆调补。国家对于士兵，本身登于名册，家口籍于兵籍，尺籍伍符，兵部按户可稽。国家对于将弁，诠选调补，操于兵部。至于军饷，则由户部拨给。故其全国绿营兵权，全握于兵部，归于中央。湘军既兴，兵必自招，将必亲选，饷由帅筹，其制恰恰与绿营制度相反，故兵随将转，兵为将有。到湘军制度代替了绿营制度，将帅自招的募兵制度代替了兵权掌于兵部的世兵制度，于是兵制就起了根本的变化，军队对国家的关系立即跟着改变。近世北洋军阀的起源，追溯起来，实始自湘军兵为将有的制度。①

---

① 罗尔纲：《罗尔纲文选》，桂林：广西师范大学出版社，1999年，第222页。

湘军陆军的阵容

湘军所具备的这些特点，表明湘军不仅是有别于清廷八旗、绿营的军队，而且具有很强的独立作战能力。在与太平军的对抗中，湘军地位日益提高，曾国藩集团的地位也随之水涨船高。

到了咸丰四年初，湘军编练成军时，有陆师12营，计5000余人；水师10营，计5000余人；快蟹船40号，长龙船50号，三板船150号，另有装载辎重的民船100余号。加上长夫、随丁、粮台、水手等辅助弁员，全军共1万5000余人。与金田起义后，从永安突围的太平军大致相当。至同治三年攻陷天京时，各路湘军总人数已达到40万之众，与太平军鼎盛时期，顺江而下占领南京时的兵力相同。[①]

咸丰四年（1854年）正月，曾国藩从衡州率领湘军出发，正式与太平军交手。同年八月，占领武昌、汉阳。咸丰帝一时喜出望外，没有多加考虑，即下诏让曾国藩署理湖北巡抚，曾国藩以“母丧未除，遽就官职，得罪名教，何以自古”。婉拒关防。咸丰帝顺水推舟，随即取消任命。赏兵部侍郎虚职

①吴国瑛、吴国璋：《天局：太平天国文化与中国近代史的开端》，南京：东南大学出版社，2021年，第306—307页。

《曾文正公水陆行军练兵志》

“毋庸置理湖北巡抚”。[①]

但是，曾国藩率领的湘军在同太平军的战斗中，并非总是一帆风顺。4月28日，曾国藩亲自率领一支由40艘战船与800士兵组成的部队攻打长沙靖港，就吃了败仗。当时南风大作，水流湍急，其相加的作用力致使战船无法操控。它们被太平军俘获或烧毁。曾国藩在刚刚被迫从岳州撤回后，就遭到第二次失败，他又羞又愤，两次跳水自尽，但每次都被朋友们救起。由于三天后有了湘潭“大捷”，有了“胜过希望之光的胜利”。[②] 曾国藩可以说是幸运的，因为这是“黎明的到来”，太平军终于遇到了强劲的敌手，在没有满族人参与的情况下遭到了惨败。

咸丰十年（1860年）三月，太平天国打垮了江南大营。四月，进军常州、苏州，绿营最大的一支军队被击溃。咸丰帝悔之晚矣。同月，始赏曾国藩兵部尚书衔，署理两江总督；六月，补授两江总督，并授为钦差大臣，督办江

① 李瀚章编撰，李鸿章校刊：《曾文正公奏稿·卷三》，《咸丰四年九月十三日谢恩仍辞署鄂抚折及折后朱批》，载《曾文正公全集》，北京：线装书局，2014年。

② ［美］解维廉：《曾国藩与太平天国》，王纪卿译，太原：山西人民出版社，2018年，第126页。

南军务。咸丰十一年（1861 年），命统江苏、安徽、江西和浙江四省军务，巡抚、提、镇以下悉归节制。同治元年（1862 年）正月，命以两江总督协办大学士。此时，曾国藩身膺疆寄，大权在握，十分风光。不到四年时间，攻下天京，取得了对太平天国的“决定性胜利”。[①] 由此可见，在“围剿”太平军的过程中，曾国藩起到了决定性的作用。

授予曾国藩的统一集权，按照其思维方式与行为行事。在其集中统帅下，湘军的战斗力“无与伦比”。其用人制度、管理方式和激励行为，均超过了用“拜上帝”的理论，以“天父天兄”等宗教思维武装的太平军。与其说是湘军的战力超过了太平军，不如说是湘军的理论武装似乎比太平军更强大。

三、曾国藩与洪秀全的成败原因

太平天国运动能够维持 14 年，横跨中国南部的半壁江山，固然有其可取之处。但是，在曾国藩领导的湘军崛起之后，洪秀全领导太平军的缺陷就逐渐暴露出来。从本质上讲，湘军“与太平军一样，都是一支有灵魂的军队”。但是，湘军与太平军的首领却有着不同的志向追求，以及完整与欠缺的处事谋略。

（一）不同的志向追求

洪秀全的失败，曾国藩的成功不是偶然的因素。两个人的胜负命运从某种意义上讲，在开战前就已经决定了下来。仅仅是决胜出高低的时间尚未确定。

他们两人都在五六岁入私塾，读的都是孔孟之道与圣贤之书，《四书》《五经》是其主要课本。他们学的都是八股文，走的都是参加科举考试，以求进入仕途的道路。但是，洪秀全从 16 岁到 31 岁，曾经四次参加乡试，最

① 罗尔纲：《湘军兵志》，北京：中华书局，1984年，第52、53页。

后都名落孙山，大败而归，仅仅是一个落第秀才。而多年来的读书生活，已经使他丧失了下田种地，进行农耕的能力与信心，仅能做一个私塾先生来维持生活。

相比而言，曾国藩23岁中秀才，24岁成举人，28岁得进士，以个人之真才实学，跻身仕宦的行列。同时，他又逢佳运与贵人相助，仕途步步高升。洪与曾有相同的经历，却导致了不同的结果。他们两人对于《四书》《五经》及其注疏，一个是不通不透，另一个是滚瓜烂熟；一个是作文、作诗流于粗俗，另一个是严于律己、文章诗文均称得上是上乘之作。

同样都是书生背景，最后走上军事对抗的道路。太平军与湘军，看起来是两军对峙，实际上是读书人文化背景与不同志向的较量。因此，导致一个是立志“造反”，另一个是志在圣贤功臣；一个是有机会就贪图享受，生活糜烂，另一个则是严格理性，生活自律。两人因学识与修养不同，在学业过程中结交的朋友与同僚也有很大文化差异。

纵观曾国藩的一生，他能够在官场上取得巨大的成功，这在很大程度上得益于读书对于他的帮助。他通过读书，领会官场兴衰之道。在走上仕宦之途伊始，他便树立了“为官，为国及为大同”的远大理想。曾国藩在京师供职的时候，正是中国天灾泛滥、“内忧”外患交加的时候。因为天灾有黄河决口，内忧有太平天国，加上各地暴动此起彼伏；外患有“列强”虎视眈眈。所以在闲暇时刻，曾国藩阅读了大量的古代史籍，琢磨古人的为官处事之道，一旦遇到具体的问题，便能把平时读书所得知识，拿出来应用。

在战乱频繁、政务缠身的岁月里，曾国藩始终手不释卷。在他读书榜样的示范下，湘军将帅们也积极加入读书的行列中来。尤为可贵的是，曾国藩把读书学习作为一生之事，相伴终生。1871年，曾国藩的身体一天不如一天，为鞭策和警示自己读书不要放松，他写了几句箴言：“死中求活，淡极乐生。”

在初次出山举办团练时，曾国藩便标榜“不要钱、不怕死”。他写信给湖南各州县公正绅者说：“自度才能浅薄，不足谋事，惟有‘不要钱，不怕死’六字时时自矢，以质鬼神，以对君父，即借以号召吾乡之豪杰。”曾国藩说过："予自三十岁以来，即以做官发财为可耻，以宦囊积金遗子孙为可羞可恨。故私心立誓，总不靠做官发财以遗后人。神明鉴临，予不食言。"①

不仅如此，他在战争闲暇之余，还用多次采用家书的方式，教育他的儿子们。咸丰六年（1856年）九月二十九夜，曾国藩在江西抚州征战的空余时间，写给儿子曾纪鸿的信中，他以一种较为少有的温婉语气，谆谆告诫儿子要"勤俭自持，习劳习苦"，不要沾染官家气息，保持寒素家风；读书写字不能间断，早上要早起，以此培养勤奋的习惯。这封信可称得上曾氏上千封家信中最为铭记传颂的一篇。

> 字谕纪鸿儿：
>
> 家中人来营者，多称尔举止大方，余为少慰。凡人多望子孙为大官。余不愿为大官，但愿为读书明理之君子。勤俭自持，习劳习苦，可以处乐，可以处约。此君子也。余服官二十年，不敢稍染官宦气习，饮食起居，尚守寒素家风，极俭也可，略丰也可，太丰则吾不敢也。风仕宦之家，由俭入奢易，由奢返俭难。尔年尚幼，切不可贪爱奢华，不可惯习懒惰。无论大家小家、士农工商，勤苦俭约，未有不兴，骄奢倦怠，未有不败。尔读书写字不可间断，早晨要早起，莫坠高曾祖考以来相传之家风。吾父吾叔，皆黎明即起，尔之所知也。②……

曾国藩的小儿子曾纪鸿，此时年方九岁。曾氏在一连生了四个女儿后，到38岁才生有曾纪鸿，他对这个儿子自然极为疼爱。信中所述："凡人多望子孙为大官。余不愿为大官，但愿为读书明理之君子""仕宦之家，由俭入奢易，由奢返俭难"。

这两句话，特别是前一句，百余年来在士人之间广为传颂。他自己身为

---

①马平安：《晚清殇史：大清王朝灭亡之谜》，北京：中国文史出版社，2012年，第76—77页。

②（清）曾国藩：《曾国藩全集·家训》卷四《谕纪鸿：读书重在明理》，西安交通大学出版社，2015年，第215页。

大官，却不愿儿子做大官。曾国藩这种家教言语，启迪了千千万万望子成龙家长的心扉。

正因为曾国藩讲究“道德”和功业，教育子女流风所习，他身边也逐渐集聚了一大批“有志于治国安天下的，两湖籍知识界精英和将士”。在曾国藩的率领下，湘军官兵“精诚团结，共赴国难，奋勇杀敌”。

而洪秀全集团定都天京伊始，他就带头大兴土木，建造豪华的宫殿；创业伊始，他就开始大规模选美女。天王在金田起义，为了庆祝建国，迎娶了15或16名妻子。到达永安时，他声称有36名妻子。到达南京后，他妻子的数量增加到了88人。[①]他的这种立足未稳，就开始讲享乐的小富即安思想，带动其他诸王之间相互攀比。后期，为争夺王位又同室操戈，相互厮杀。在志向追求方面，曾国藩与洪秀全相比，“真不知高出了多少倍”。

民国时期的军事战略家、教育家蒋百里认为：

> 湘军，历史上一奇迹也。书生用民兵以立武功，自古以来未尝有也。谚有之，秀才造反，十年不成，而秀才既成矣。虽然书生之变相，则官僚也，民兵之变相，则土匪也。故湘军之末流，其上者变而为官僚，各督、抚是也，其下者变而为土匪，哥老会是也。[②]

按照蒋百里所述，曾国藩与洪秀全都曾经是书生出身，并非有绝对的不同。湘军可成为太平军，太平军亦可成为湘军。两军之间，并无太大区别，成败的关键，在于统帅人物的立志与“变相”。曾国藩“立志高远，严于律己”，因此成为“上者”；洪秀全贪图享乐，生活腐化，因此成为“下者”。湘军也成为“历史上一大奇迹”。

由于受到儒家思想的熏陶，曾国藩管理湘军，首先制定的是一套“辨等明威”的军礼，把尊卑上下的封建等级贯穿到营制组织中去。他训练军队，

---

①洪天贵福（幼天王）状，转引自：简又文《太平天国革命运动》，第128页。

②吴国瑛、吴国璋：《天局：太平天国文化与中国近代史的开端》，南京：东南大学出版社，2021年，第304页。

重在思想性的训练，技术性的教练倒在其次。湘军之训又分为“训营规”“训家规”两种。其家规之中，“三纲五常”又是主要线索，把礼教放在了法律和命令之上。这与太平军的“上帝”之训，则有异曲同工之妙。[①]

（二）随时应变的处事谋略

如果说，洪秀全在太平天国起义初期，十分清楚自己是在拿宗教作为号召工具，发动人们进行反清斗争的话。那么，在太平天国后期，有材料表明他真的沉迷于宗教，真的相信自己编造的谎言和鬼话，真的把自己看成了天父的第二子。

太平天国末期，天京被围并难于防守，形势极为危急。李秀成、李世贤多次提议，放弃天京，冲出重围，占据西北或进军中原。对此唯一可以救亡图存的良策，洪秀全却听不进耳。他顽固坚持“靠实于天，不肯信人”，偏执地认为“万事俱是有天”助他。他斥责李秀成：“朕奉上帝圣旨、天兄耶稣圣旨下凡，作天下万国独一真主，何惧之有？”[②] 此时的洪秀全，完全不具备随时应变的处事谋略。已经到了临近败亡的境地，他还一味靠天行事，以其错觉、幻觉来鼓舞与激励自己。他一直到临死，还在劝导人们要相信皇上帝把幸福赐给天朝臣民，指望天父来保护天朝万万年。

到太平天国后期，太平军纪律废弛是无可讳言的事实。许多官兵把掳获的财物不归公而私吞，并因劫掠而滥杀无辜，这些本是太平天国所严禁的事。赌博、抽鸦片的恶习也在军中出现了。[③] 这些现象使军队的作战力降低，也严重损害了军民关系。太平军不但要对付清朝的军队，而且连自己统治地区内的“土匪”也成了它所难以战胜的敌人。因此，洪秀全败给曾国藩，就是注定的事。

与洪秀全相比，曾国藩的人格“更加健全”，更能适应不同的环境。曾

---

① 吴国瑛、吴国璋：《天局：太平天国文化与中国近代史的开端》，南京：东南大学出版社，2021年，第307页。

② 马平安：《晚清殇史：大清王朝灭亡之谜》，北京：中国文史出版社，2012年，第76页。

③ 胡绳：《从鸦片战争到五四运动》，上海：华东师范大学出版社，2021年，第178页。

曾国藩与《挺经》

国藩的朋友，欧阳兆熊曾总结出曾氏的“一生凡三变”，即做京官时，以“程、朱”为依归；至出而办理军务，又变为“申、韩”，自称要著《挺经》，说明他强硬的手腕；咸丰七年（1857 年）从江西回家奔丧，又感悟“黄、老”处世的法则；到咸丰八年（1858 年），再次出山后，改用“柔道”行之，这是第三变。[①] 曾国藩以这种一变再变，让自己的内心去适应变化了的形势和环境，以自己强大的统治能力，去调整自己的行事方针与策略，这是曾国藩的取胜之道之二。

欧阳兆熊（1807—），湖南湘潭县人，清末书法家、医学家。道光十七年（1837 年）举人。1838 年初，曾国藩会试落第，路过湘潭时，曾因病居住在旅舍。欧阳兆熊谙熟医术，留住旅店月余，直至曾国藩病愈始去，以后两人成为布衣之交。著有《水窗春呓》《四柏山房文集》《兵法集览》等书。

曾国藩在《挺经》一书中，详细记录了他在宦海沉浮中，总结出来的为人处事之道。是其从自身的成败得失中总结出来的一套独到的为人、为官的基本原则和理论。所谓“挺”，即表示“事不可用尽，功不可独享”。他在《挺经》中主要论述：大名面前要推让几分；盛时要为衰时着想；刚柔相济，

---

① （清）欧阳兆熊，（清）金安清撰，谢兴尧点校：《水窗春呓》，北京：中华书局，2007 年。

无为而无不为；百尺竿头，不可再进一步；欠缺本身就是完美。

曾国藩以“盖世之功”，而能于众说诋毁中安然保全自身，全赖这一个“挺”字。他在国家遇到“危难”之时主动、积极参与，但以淡泊的出世之心来入世，在困厄中求出路，在困苦中求挺直。如此方能在“前有猛虎，后有毒蛇”的情况下，不受其左右，气定神闲地享受人生之至高境界。

以“程、朱”之名为其增强读书人的资本，再以法家的霸道，去推行自己的施政理念。与此同时，长袖善舞地周旋于复杂、阴暗的上层官场，包括在终结太平天国之后，面对众人质疑他就地处死李秀成，以及打下被称为“金银如海，百货充盈”的太平天国都城后，却没有丝毫银两上缴国库的疑问时，他一方面即刻解散湘军，并令其九弟曾国荃返乡。同时，向同治帝上奏“曾国荃因病请开缺回籍调理折”，[①] 力图取得皇上的谅解。

另一方面，他又令李鸿章扩充淮军，使自己仍能拥有一手对付朝廷、对付皇帝的好牌。这种权谋手腕的灵活切换，恐怕是洪秀全、杨秀清都不曾想到的。他们至死也不会明白，是太平天国的战火培养了这位权力达人，也是太平军将士的鲜血，成就了这位所谓的“古今完人”。[②]

李鸿章（1824—1901），虽然早在道光二十七年（1847年）中了进士，但长期没有得到什么官职。太平天国战争前期，他只是在安徽巡抚福济手下任职。到了咸丰八年（1858年），他才当了曾国藩的幕僚。所以他和湘军的关系并不深。不过他曾师从曾国藩，受到曾的赏识。在咸丰十一年（1861年）冬，曾国藩决定派军队到上海方面去的时候，推荐李鸿章为江苏巡抚，担当这方面的主帅。

李鸿章受命到他的家乡安徽庐州（合肥），依靠当地办民团的地主们招募士兵，再加上曾国藩从湘军中拨出若干兵营，李鸿章自成一军，号称“淮军”。淮军的军制完全按照湘军的传统，它是从湘军所派生出来的。在太平

---

①唐浩明：《唐浩明评点曾国藩奏折》，济南：山东人民出版社，2018年，第215—218页。

②吴国瑛、吴国璋：《天局：太平天国文化与中国近代史的开端》，南京：东南大学出版社，2021年，第309页。

天国战争结束以后，湘军逐步遣散，李鸿章的淮军成了最大的实力派。

四、太平军在军事战略上的失误

1853 年 3 月，在建都天京后，太平天国的领袖们就设计了一个长期的军事行动规划，将规模已经达到 500 万之众的太平军分为三个方面军，分别为中央军、北伐军和西征军，由杨秀清（正军师衔）统一全权领导，太平军的领袖们以此为基础，规划了一个三线攻防的作战战略，每一方面军队分别执行一项任务。

如果北伐军和西征军两支远征军可以顺利完成任务，并在四川会师，清帝国未被攻占的省份就会一个接一个地被轻易占领，太平天国也就可以统一中国。简又文指出：太平天国的革命者们的军事规划有三处根本性的战略错误，决定了他们最终覆亡的命运。

第一个战略错误是，他们放任钦差大臣向荣和琦善在天京的前后门安营扎寨，不断干扰他们的军事行动。在远征之前，他们应该倾全力消灭或者驱逐驻扎在附近的清军。第二个战略错误是，他们派遣两路远征军同时出击，而不是在攻占北京前把力量集中在北伐上。最终的结果是，北伐军被切断了和天京的联系，丧失了一切得到增援的机会，孤军奋战，前有阻截，后有追兵，成了清军的盘中之餐，全军最终被分割歼灭。第三个战略错误是他们低估了上海对于革命的重要性。他们曾经做过占领上海的假设，但当天地会（小刀会）响应太平天国革命，控制了这座城市的时候，太平天国则疲于西、北两线作战，无暇向东派出占领军，因此失去了占领上海的唯一契机，同时也导致天地会在上海最终遭到镇压。[①]

胡绳也指出：太平军进攻上海，犯了没有一开始就集中足够优势的兵力

① 简又文：《太平天国革命运动》，王然译，北京：九州出版社，2020年，第153—154页。

的错误，所以在同治元年正月间，虽然已经迫近上海，却没有取得决定性的胜利。①

还有浙江省的研究学者指出：太平军攻克宁波后，没有派重兵去攻打定海（今舟山市），只用千余兵力，以致进攻定海没有成功，使定海成为清军在浙东的重要基地，这是军事战略上的错误。后来，清军就是从定海出发进攻镇海（今宁波市镇海区）、宁波，与外国侵略者相勾结，很快夺得宁波和浙东各地。宁波重镇失守，对太平天国在浙江的局势影响很大，从此，太平天国在浙江渐渐失势，导致太平天国在浙江的革命活动最终被镇压。②

综上所述，初期的湘军与太平军一样，“都是一支有灵魂的军队”。湘军之胜，并非胜在其军事能力；太平军之败，并非败在其战役素养。根本原因体现在领导人的决策能力和文化素养上。太平天国革命运动虽然失败了，但是它极大地扰动了封建社会的旧秩序，促进了清代封建社会的崩溃。它向外国帝国主义侵略者彰显出来，中国广大劳动人民中蕴藏着的不可估计的强大的革命力量，起到了阻止中国殖民地化的作用。

① 胡绳：《从鸦片战争到五四运动》，上海：华东师范大学出版社，2021年，第163页。
② 王兴福：《太平天国在浙江》，北京：社会科学文献出版社，2007年，第180页。

第十章 民众基础变迁与太平天国兴亡

在国家发展与兴亡的过程中，民众基础是一个极其重要的因素。它不仅对政权稳定有很大的影响，同时也是各领域发展的基础和保障。太平天国的民众基础，从最初阶段军民关系融洽，促进与繁荣经济发展，到后期实践上背离《天朝田亩制度》的基本主张，未能很好解决土地问题，导致民变情况不断发生，从而丧失了民众的基础与支持。

一、初期建立良好的民众基础

太平天国初期的民众基础，主要体现在严格的军纪、管理纪律，创立“讲道理”的宣传教育活动，实施促进与繁荣经济发展措施等方面，从而得到了占领区市民的广泛拥护与支持。

（一）太平军初期的军纪问题

在太平天国初期出台的法令中，有不少关于严格官兵纪律的条文。如太平军制定的《行营规矩》里，就有“令内外强健将兵不得乱拿外小（即老百姓）”、“不得掳掠财物”、“不得焚烧民房”和“不得枉杀老弱无力挑夫”等诸多条文和严格规定。[①] 再如，在《行军总要》中，有“不准兵士强奸民间妇女。一经拿获，斩首示众”[②] 这样十分严厉的惩罚措施。

在太平天国初期，东王杨秀清就曾下令：“凡安民家，安民之地，何官

---

①《行营规矩》，中国史学会主编《太平天国》第1册，上海：神州国光社，1952年，第156页。

②《行军总要·禁止号令》，中国史学会主编《太平天国》第2册，上海：神州国光社，1952年，第428页。

何兵，无令敢入民房者斩不赦，左脚踏入民家门口者，即斩左脚；右脚踏入民家门口者，即斩右脚。”[①]其法令措施也十分严厉。1853 年 3 月，太平军在攻克南京城时，起初南京市民，特别是妇女们人心惶惶。但见太平军军纪严明，“但掳掠而不奸淫，见女馆则不敢入，于是觅死之念遂息”。[②]

太平天国各路将领在攻打每座城市时，都事先以发布檄文的形式，告诫民众与市民。如：1861 年 4 月，在侍王李世贤率部进入浙江时，沿途颁布檄文，檄文中说：“凡我军所到之处，无不体恤民情，严禁滋扰……既未妄戮无辜，更不烧毁民屋。”[③]

李世贤（1834—1865），广西藤县大黎乡人，出生于道光十四年（1834 年），忠王李秀成的堂弟。1851 年李世贤参加太平军，1857 年升为左军主将。次年驻军芜湖，在宁国府湾沚镇（今属宣城）歼灭清浙江提督邓绍良军。1860 年与陈玉成等合力消灭清军江南大营，封为侍王雄千岁，爵称“天朝九门御林军忠正京卫军侍王”，是太平天国后期重要将领。

1862 年 1 月 7 日，李秀成第二次攻打上海之前，曾向上海松江人民、清朝兵勇及上海诸外国人等发出一份谆谕：“尔等试看我师一路而来，抚恤各处投诚之人，着即放胆，亦照该等急早就之如日月，归之如流水，自当于纯良之百姓加意抚安，其于归降之兵勇留营效用。”[④]太平军在法规和告示中是这样宣传的，实际上也确实是这样做的。

关于太平军的军纪，即使在封建统治阶级和封建文人撰写的史籍中，也透露出一些真实情况。[⑤]张德坚奉曾国藩之命撰写的《贼情汇纂》是千方百计搜集太平天国情报编撰而成的官书。在这部官书中也曾提到：“奸淫之禁，

---

①《李秀成自述》，太平天国历史博物馆编《太平文书汇编》，北京：中华书局，1979 年，第486页。

②陈作霖：《可园备忘录》，《太平天国史料丛编简辑》第2册，南京：南京出版社，2020 年，第368页。

③《侍王李世贤劝四民投诚归顺谆谕》，太平天国历史博物馆编《太平天国文书汇编》，北京：中华书局，1979年，第133页。

④《李秀成谆谕》，转引盛巽昌：《实说太平天国》（增订本），上海：上海书店出版社，2023年，第449—452页。

⑤王兴福：《太平天国在浙江》，北京：社会科学文献出版社，2007年，第102页。

位于浙江金华侍王府的李世贤铜像

贼令甚严，谓之犯天条，和奸并诛，强奸则杀行奸者。”[①] 沈梓在《避寇日记》中曾记载，太平军攻克杭州后，他向从杭州出来的人询问有关城内景象，来人说：“（杭州城内，满营）将军自刎，满营官兵放火自烧而死，其余官员之自刎者不少。城中百姓不甚伤。”[②] 在这本日记中，沈梓还记载：“因忠王有令不许伤百姓一人，故（杭州）百姓并不加兵。”[③] 作为湘军首领，曾国藩在他撰写的《沿途察看军情贼势片》中也承认：太平军“禁止奸淫，听民耕种，民间耕获，与贼各分其半，傍江人民亦且安之若素”。[④]

当时与太平天国革命有过接触的一些外国人，也留下类似的记载。在一

①张德坚：《贼情汇纂》，中国史学会主编《太平天国》第3册，上海：神州国光社，1952年，第317页。

②沈梓：《避寇日记》，载《太平天国史料丛编简辑》第4册，北京：中华书局，1963年，第98页。

③沈梓：《避寇日记》，载《太平天国史料丛编简辑》第4册，北京：中华书局，1963年，第99页。

④曾国藩：《沿途察看军情贼势片》，转引自范文澜《中国近代史》，北京：人民出版社，1953年，第439页。

些通讯、报告中，他们也不得不承认太平天国军纪律严明。例如，英国驻宁波领事夏福礼，在写给英国驻北京公使卜鲁斯的报告中说：

> 我曾亲自秘密地、仔细地访问过在杭州陷落后，去该城与在杭州陷落前的欧洲人，他们都很肯定地声称："一切谣传的大屠杀都不真实，那里并没有任何屠杀（除交战时被杀的满人以外）。在街上看不见死尸（只有很少几个尸首躺在那里，但也早被叛军装殓抬走了）。总之，杭州的情形，并不比目下宁波的情况坏。"①

作为亲自参加过太平天国运动的英国友人，呤唎在他所著《太平天国革命亲历记》一书中，则介绍得更加明确。他写道：

> 太平军攻克杭州后，那些竭力狂吠太平军残暴而忘记了清军残暴的反太平军者，大肆叫嚣，用他们歪曲事实的狂想，丑诋太平军滥行杀戮。不错，许多人丧失了生命，可是除了在阵地战殁以外，没有一个人被杀，除了饿毙和自戕以外，也没有一个非战斗人员被害。②

形成鲜明对比的是，1864 年 6 月，湘军在攻破南京城后，"贪掠夺，颇乱伍"，致使本已残破的南京城雪上加霜。据曾国藩机要幕僚赵烈文在《能静居日记》中记载：湘军"亦四面放火。贼所焚十之三，兵所焚十之七，烟起数十道屯结空中，不散如大山，紫绛色"。此外，湘军还肆意奸淫杀戮，连老者与两三岁的幼儿也不能幸免，演变成杀人的游戏。"搜曳妇女，哀号之声不忍闻"，"沿街死尸十之九皆老者，其幼孩未满二三岁者亦斫戮以为戏，匍匐道上。妇女四十岁以下者一人俱无，老者无不负伤，或十余刀、数十刀，哀号之声达于四远"。就连曾国藩机要幕僚赵烈文也认为"其乱如此，

---

① 王崇武、黎世清：《太平天国史料译丛》，上海：神州国光社，1954年，第9—10页。

② ［英］呤唎：《太平天国革命亲历记》，王维周译，上海：上海古籍出版社，1985年，第404页。

可为发指”。[①]

基于以上史实，太平天国史专家简又文先生在《太平天国全史》中评论这一事例说，太平军初期“军纪优良，斯为铁证”。[②]简先生的评论是公允正确的。

由于太平军纪律良好，为当地市民树立了太平天国的良好形象，并建立起军民鱼水情的亲情关系。沈梓在《避寇日记》中写道：“镇守嘉兴的将领廖发寿所部，军民往来如水之平。”[③]在浙江兰溪，当老百姓前来向太平军慰劳时，太平军“答以衣服等物”[④]。由此可见，当时的军民关系之融洽程度。

（二）创立“讲道理”的宣传教育活动

为了建立良好的民众基础，太平天国创立“讲道理”的宣传教育形式，并传令将军与战士，经常对当地群众进行宣传教育。当时，太平天国对“讲道理”非常重视，在律法中明确规定，“凡传令听讲道理，如各官有无故不到者枷七个礼拜，责打一千，再犯斩首不留”。[⑤]

太平天国规定，凡是在征收钱粮，鼓舞战士斗志，或鼓励群众去做艰巨的工作时等方面都要事先“讲道理”，并对群众进行各种思想教育，决不可强迫进行。在现存档案中，保存有太平天国在浙江省进行“讲道理”宣传教育的记录。例如：在湖州乌青镇，太平天国地方官员每月定期举行“讲道理”的活动。讲道理时，太平军战士齐集“列坐听讲”。[⑥]太平军在杭州城内大方伯里广场，筑有“讲道理”用的高台，讲道理时，“堂下万人来听讲”，[⑦]

① 赵烈文：《能静居日记》卷20，转引自夏春涛《太平天国与晚清社会》，北京：北京师范大学出版社，2018年，第45页。

② 简又文：《太平天国全史》下册，香港：简氏猛进书屋，1962年，第1729页。

③ 沈梓：《避寇日记》，《太平天国史料丛编简辑》第4册，北京：中华书局，1963年，第182页。

④（光绪）《兰溪县志》卷八，第27页。

⑤ 张德坚：《贼情汇纂》，中国史学会主编《太平天国》第3册，上海：神州国光社，1952年，第231页。

⑥ 甫里：《寇难纪略》（抄本），转引自王兴福《太平天国在浙江》，北京：社会科学文献出版社，2007年，第227—228页。

⑦ 丁葆和：《归里杂诗》，《太平天国史料丛编简辑》第6册，北京：中华书局，1963年，第462页。

说明当时听讲的人十分踊跃。在海宁花溪镇，驻硖石的太平军守将为征集钱粮事宜，曾设立演讲台，“并催完银”。[①] 以此来宣讲征纳钱粮的道理。

在浙江嘉兴，太平天国驻当地行政长官轮流到各所属各镇，通过开展“讲道理”的活动，来解决各种问题。有一次，在嘉兴新塍镇，因捐税问题引发商人集体罢市。太平天国官员符天燕等专程前往嘉兴，进行“讲道理安民，于是开店”，不再罢市，说明这次宣讲很有成效。[②] 在宁波，当外国侵略者进行种种挑衅，妄图武装侵犯时，太平军将领戴王黄呈忠集合宁波太平军战士，开展“讲道理”活动，揭露外国侵略者的种种罪恶行径，动员战士准备抗敌。[③] 从上面这些史料记载，我们可以看出，太平天国创立的“讲道理”宣传教育活动是经常进行的，并且也是有成效的。由此也激发了当地更多青年人加入太平军的热情。

此外，洪秀全一贯厌恶鸦片。为整肃军纪、扭转颓废奢靡的社会风气，南京及太平军占领地均严禁吸食鸦片和黄烟，严禁饮酒、赌博。对卖淫嫖娼现象查禁尤严，且贯彻始终，收效显著。清人陈庆甲在《金陵纪事诗》中描述“莫道桑间旧染渐，烟花禁令却森严”。[④] 出于让民女从事后勤劳务的考虑，还禁止女子缠足。全城居民均改换或仿照太平天国军服，其中男子一律用红巾扎额。简又文指出：太平天国施行的社会改良中最有价值的，便是将妇女从传统社会被压迫的底层中解放出来。

（三）扶植工商业发展与制造钱币

目前，国内学术界多从政权建设、思想意识等领域，对太平天国的成败与阶级局限性展开论述。但是，关于太平天国的经济基础，特别是农村的经

---

①冯氏：《花溪日记》，中国史学会主编《太平天国》第6册，北京：科学出版社，1959年，第691页。

②沈梓：《避寇日记》，《太平天国史料丛编简辑》第4册，北京：中华书局，1963年，第67页。

③郭廷以：《太平天国史事日志》下册，上海：商务印书馆，1946年，第888页。

④（清）陈庆甲：《金陵纪事诗》，《太平天国史料丛编简辑》第6册，北京：中华书局，1963年，第403页。

济秩序建立与运转则亟待深入研究。

在太平天国时期，由于始终处于战争状态，太平军与清军的战斗没有停止过。为了军务和安全的需要，在军事要害的城市，太平天国是禁止商人在城内经商的。但是，在城市外和各乡市镇，太平天国对工商业却采取保护和鼓励的政策。[①] 如在湖州乌镇，太平军守将就发布告示说："各店铺尽开，照常贸易。"[②] 在桐乡濮院，太平军将领也发告示："尔等子民勿必惊疑，通商贸易。"[③]

忠王李秀成属下一位部将，曾在杭州一带张贴安民告示，要求"工商者复其工商，各安其旧，无忘故业"[④]。镇守桐乡的符天燕、钟良相贴告示中列出13则规条，其中一条是"商贾贩卖，平价交易"。[⑤] 这些史料说明，太平军在浙江是重视工商业发展，鼓励买卖的。其他城市也有类似情况。吴燮恺在《劫难备录》中载，绍兴"此时做生意者，到（倒）大发其财"，[⑥] 由此说明，当年从事经营商业者收入很大。

太平军在城外往往划定一定区域作为交易场所，叫作买卖街。如《避寇日记》中记载："嘉兴塘汇、南堰等处百姓开店，与长毛交（易），长毛称为买卖街。"[⑦] 张尔嘉也在《难中记》中说，他被太平军俘虏后，曾和太平军老兄弟一起把十数车丝运到杭州郊区买卖街去出售，再买些鱼、肉等食物回来。在一天里，十数车丝能卖得出去。[⑧] 由此看来，当时杭州郊区的买卖规模还相当大。当年的《上海新报》记载道："杭州城外，百姓生业，

---

①王兴福：《太平天国在浙江》，北京：社会科学文献出版社，2007年，第194页。

②甫里：《寇难纪略》（抄本）。

③沈梓：《避寇日记》，《太平天国史料丛编简辑》第4册，北京：中华书局，1963年，第65页。

④太平天国发布：《安民告示》，中国史学会主编《太平天国》第2册，上海：神州国光社，1952年，第704页。

⑤沈梓：《避寇日记》，《太平天国史料丛编简辑》第4册，北京：中华书局，1963年，第73页。

⑥吴燮恺：《劫难备录》（抄本）。

⑦沈梓：《避寇日记》，《太平天国史料丛编简辑》第4册，北京：中华书局，1963年，第106页。

⑧张尔嘉：《难中记》，中国史学会主编《太平天国》第6册，上海：神州国光社，1952年，第639页。

太平天国钱币

大为热闹。”[①]由此说明，太平军扶植工商业发展是有成效的事，并且受到当地百姓极大欢迎。

钱币是促进商品经济的流通手段，为了适应商业交易的需要，太平军在浙江有些地方曾开炉铸造钱币。如丁葆和在《归里杂诗》中描述：在杭州“以郡庠为硝馆，兼铸伪钱，其文曰‘太平天国圣宝’，克复后，药臼泥炉弃置满地”。[②]可见，太平军在杭州铸造过大量钱币。在记述太平天国在绍兴情况的《越州纪略》中也曾记载：“自号天朝，铸太平天国钱。”[③]另据简又文考证，太平天国在浙江各地铸钱的不少，他在《太平天国典制通考》中说：“无论如何，浙江各王自行铸钱，可称定论”，[④]马定祥、马传德的《太平天国钱币》一书中说，太平天国时期，浙江地区某一天地会组织在浙江也铸造和使用过钱币。[⑤]铸造太平天国钱币，对于促进商品流通，繁荣经济起到

①据壬戌年闰八月二十八日《上海新报》新闻，转引罗尔纲《太平天国史》第2册，北京：中华书局，1991年，第943页。

②丁葆和：《归里杂诗》，《太平天国史料丛编简辑》第6册，北京：中华书局，1963年，第461页。

③隐名氏：《越州纪略》，中国史学会主编《太平天国》第6册，上海：神州国光社，1952年，第768页。

④简又文：《太平天国典制通考》上册，香港：简氏猛进书屋，1958年，第576页。

⑤马定祥、马传德：《太平天国钱币》，上海：上海人民出版社，1983年。该书的附录中有一节“浙江地区的天地会钱币”。

重要作用。

在金田起义时，太平军共约2万人，其中有战斗力的不足万人。它的兵力逐步扩大。太平军到达永安时，全军有4万～5万人，有战斗力的人近2万人。经过蓑衣渡一战的损失后，进入湖南时剩下不到1万。他们在湖南、湖北逐步有了十几倍的扩充，从武汉东下时已经号称拥有50万之众了。[①]这是与太平军初期严整的军纪，以及创立“讲道理”的宣传教育活动，以及扶植工商业发展密切相关。

二、土地问题与腐败现象导致民众基础变迁

1853年冬季，太平天国定都天京后不久，就颁布了《天朝田亩制度》，这是太平天国的纲领性文件。其主要内容以解决土地问题为中心，包括社会组织、军事、文化教育、司法等多方面内容。它主张“凡天下田天下人同耕”，和“凡分田照人口”。[②]这是对封建土地所有制的根本否定，是要把封建土地所有制变为农民土地所有制。但是，由于种种主客观原因，《天朝田亩制度》中规定的平分土地没有可能付诸实现。相反，大量文献资料表明，太平天国仍然维护旧的封建土地所有制。

太平天国在各省普遍推行乡官制度。乡官是县以下太平天国的地方基层政权，设立军帅、师帅、旅帅、卒长、两司马和伍长等官，全部由本乡人出任，负责管理民事。按太平天国制度规定，军帅之上还有县一级的监军，相当于清制的县令；监军之上还有郡一级的总制，相当于清制的知府。太平天国前期，总制和监军等官职原则上由太平天国中央政府委派，太平军中的军

①胡绳：《从鸦片战争到五四运动》，上海：华东师范大学出版社，2021年，第78—79页。

②《天朝田亩制度》，中国史学会主编《太平天国》第1册，上海：神州国光社，1952年，第321页。

官出任，直接领导各级乡官，管理各地方民事事务，称为“守土官”，不由本地人担任。但是，到了太平天国后期，各省的情况就不同了，总制、监军也由本地人充任，降为乡官了。如许瑶光在《谈浙》中明确地说：太平天国在绍兴“设伪总制、监军、军帅、旅帅，谓之乡官”。[①]王彝寿在《越难志》中也说：在绍兴，太平天国“官之在乡者，乡之人为之……最尊者曰总制，辖一郡；次曰监军，辖一邑”。[②]

太平天国后期，太平军队伍的组成比较复杂，收降了一批清军和吸收一些游民参加太平军，这些人的纪律性往往较差。像嘉兴、湖州一带的“枪船”、台州的“十八党”成员多数是游民，参加太平军后纪律松懈。太平军收编他们之后，并没有对于他们进行过改造工作，这是有很大责任的。

另外，各地将领执行政策时，往往因人而异。在浙江的部分地方，竟然出现公开保护地主阶级利益的情况。如在1862年，桐乡濮院镇太平军守将钟良相出告示说：“住租屋，种租田者，虽其产主他徙，总有归来之日，该租户仍将该还钱米缴还原主，不得抗欠。”[③]这是完全站在地主阶级的立场说话，太平军保护地主利益的做法。还有一些太平军将领甚至替地主设局催租，如嘉善有一地主写信给人说：“据议此次收租，无论向例遥讨限收，各业户送票至局，由局盖戳，发旅帅等着佃亲送到业户处”，由此他声称“以长毛之威，不怕租米不还也”[④]。从而导致有些地方地主的反动气焰十分嚣张。

特别严重的事件是，太平军镇守杭州石门的负责人，邓光明发给地主的“护凭”，并为其保护人。邓光明，湖南人，参加太平军后，为忠王李秀成部将。1860年随军转战江浙，1861年参与攻克杭州的战役，与听王陈炳文同驻杭州。

---

①许瑶光：《谈浙》，载中国史学会主编《太平天国》第6册，上海：神州国光社，1952年，第585页。

②王彝寿：《越难志》，载邢凤麟、邹身城：《天国史事释论》，上海：学林出版社，1984年，第359页。

③沈梓：《避寇日记》，《太平天国史料丛编简辑》第4册，北京，中华书局，1963年，第73页。

④《赵氏日记》中《复秋晓表弟》《又致晓秋表弟》，转引自罗尔纲《太平天国史事考》，北京：生活·读书·新知三联书店，1955年，第215页。

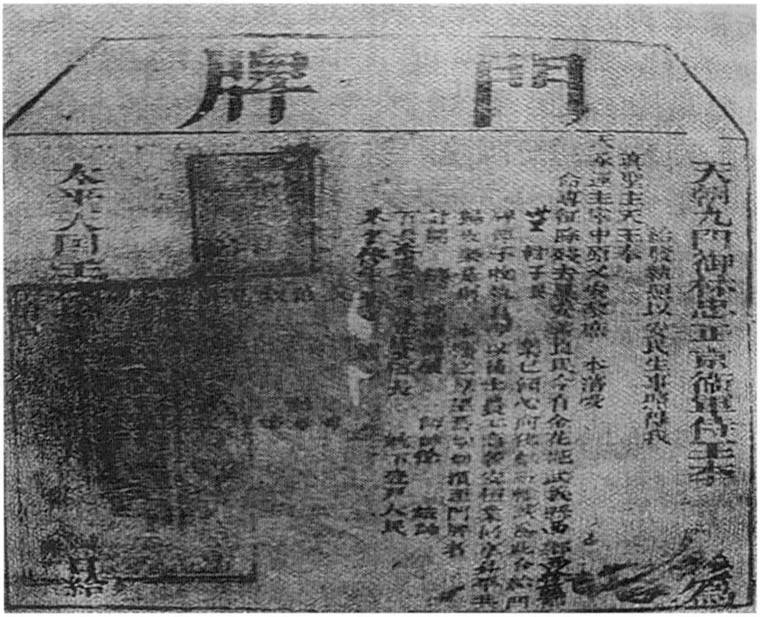

侍王李世贤发给武义县子民朱聿修的门牌

1862年镇守石门。站在地主立场上，邓光明竟然对沈庆余等地主的处境感到“可怜”，对农民打击地主的行动感到“可恨”。他发给沈庆余“护凭”，作为“永为保家之实据”。如果以后遇到什么事，叫沈庆余“放胆持凭即赴监军衙门控告”，[①] 如监军等人不理，可来城向邓光明本人控告，他一定会为其追究，“一洗沉冤”。此时，邓光明及其部下完全成为地主阶级利益保护人了。

除了向当地居民征收门牌捐、田捐等税收之外，太平天国在浙江还有许多其他杂捐，如在嘉兴一带征收房捐、火药捐和柴捐等额外的税收。同时，在洪秀全的带领下，太平天国的各级将领纷纷仿照，在占领区建立各自的王府。如南京的天王府十分壮丽，可惜天京陷落后，被清军放火烧毁，“十年壮丽天王府，化作荒庄野鸽飞”；听王陈炳文在攻克嘉兴后，在主要城中心位置，建造其听王府，规模很大。自1861年动工兴建，到1864年3月太平

① 《佃天福李吏政书舒给沈庆余会谕》，太平天国历史博物馆编《太平天国文书汇编》，北京：中华书局，1979年，第262页。

军退出嘉兴，还没有竣工。其征收经费浩大，均由当地百姓负担。沈梓在《避寇日记》中记载：在嘉兴“海塘费每田二十亩派费三千文，造听王府费亦如之”[①]。可见当时征收数目之大。

此外，在浙江一些太平天国官员和将领的生日寿庆、晋升开印也要向民间派费。在《避寇日记》中还记载：“伪忠王做生日，濮院派费六百两”；嘉兴新塍镇也有“办忠王寿礼，惟人参、燕窝、蜡烛等物”。[②]这种名为贺礼之份，实为敛钱之举。从官员生日寿庆、将领晋升开印等派捐中，可看出太平天国后期，各级政权的腐败和严重封建化。正是这种腐败和严重的封建化行为，加上农民阶级不可克服的局限性和种种缺点，最后导致革命失败。

受时代和阶级的局限性，太平天国提不出新的社会改造方案，始终难以突破前朝旧制，各项措施却愈加繁杂无序，苛捐杂税不胜其滥。北大研究学者刘晨指出：太平天国虽有后方基地，但将战略重心置于“取民”。他们既不致力于恢复和保障农业生产以开源，又不精兵简政以节流，一味依靠乡官榨取资源，以致辖区居民民穷粮尽。不重视发展农业生产以支援军需，也是绝大多数旧式农民起义的常见问题。太平天国领导层淡忘了农民利益，《天朝田亩制度》中“天下一家”理论构想也就难以继续汇聚人心。[③]

归根结底，太平天国没有真正解决农民的土地问题，没有真正打破封建土地制度对农民的束缚并动员农民，也就无法建立稳固的基层政权，找到走出农民战争失败宿命的新路。加之太平天国领导阶层腐败日益严重，最终导致失败。而在当时缺乏先进阶级领导和先进理论指导的前提下，农民阶级是无法解决这一关键问题的。

---

①沈梓：《避寇日记》，《太平天国史料丛编简辑》第4册，北京：中华书局，1963年，第237页。

②沈梓：《避寇日记》，《太平天国史料丛编简辑》第4册，北京：中华书局，1963年，第146页。

③刘晨：《太平天国辖境苏浙农村社会经济秩序探析》，《历史研究》2022年第5期。

三、民变事件频发与政权根基动摇

太平天国后期，包立身事件、沈掌大事件和“盖天王”事件是太平军占领浙江后所发生的三起较大规模的，由平民领导民众反抗太平军事件，其规模均在万人以上。它们与一般地主阶级武装的破坏活动不同，三位领导者均是平民出身，起事之因大都反映了民众的主张与诉求，即反抗动因是与民生相关的经济问题。它们聚众起事与清政府没有直接的组织联系。由此说明，后期太平天国的基层社会治理出现了严重问题，直接影响到太平天国政权的稳定。

（一）持续数年的包立身事件

以往研究学者将包立身事件归结为地主阶级的破坏活动。[①] 实际情况并非如此。据史料记载，包立身（曾用名包立生），农家子，年 20 余。有史料记载称他“尝往来肩贩石灰”，可见其起身微末，很可能是一名自耕农。他的家世也不显赫，全家 17 口人均在乡务农，亲属中较有身份的是其姑表兄弟冯仰山，身在佐杂班，仅是个未入流的小吏。[②] 所以基本上可以认定，包立身及其家族均属于平民阶层。

据说包立身曾经遇到过仙人，得到仙人的指点，常焚香默坐，预言吉凶之事，常被言中。大部分史料都认为，他曾经练习过“奇门遁甲”之术。因此乡人称他为“包神仙”。包立身还得到了一些中小知识分子的支持，在《浙江忠义录》中记载的朱之琳、余观莹、傅观涛、沈方颐均是士绅身份。但是，这些文人仅供驱使，大部分“文弱者亦挥戈从事”，少数类似于幕僚者参赞

---

① 王兴福：《太平天国在浙江》，北京：社会科学文献出版社，2007年，第151页。

② 毛祥麟：《墨余录》，包祖清辑：《义民包立身事略》，第16页。

军机则有之，统领大局、令行禁止的只有包立身一人。[①] 包村的武装是以包姓亲族为各营总制的私人武装集团，连负责军资器械的文局，也设在其亲信包尚杰家中。所以“平民精英”包立身的领导地位是无可动摇的。

关于包立身起事之因，可从现存的两篇檄文中分析。这两篇檄文是包氏反抗太平天国的纲领性文献，反映了他对抗太平天国的初衷。

第一篇为《包立身讨粤匪檄文》。[②] 这篇檄文中，揭示了包立身起事的主要原因：一是太平军军纪败坏；二是太平军灭绝文化、践踏风俗。该文署名“杭州王小铁撰”。其形成时间在咸丰十一年（1861 年）底，至同治元年（1862 年）初。

1861 年 10 月，太平军先后占领绍兴、诸暨。包立身利用“邪术”托词誓师，自称“白鹤真人”传人，创办“白头军”，与太平军大小数十战，邻近各县百姓纷纷举家来投。同治元年（1862 年）五月，太平天国将领侍王李世贤、戴王黄呈忠、梯王练业坤、首王范汝增、来王陆顺德等，率领 10 余万太平军再次围包村。7 月 27 日，由梯王练业坤率大军进攻，最终打下这个顽固的堡垒。包立身率残兵突围至马面山时，被太平军击毙。

第二篇为《东安义军统领包为播告同仇齐心杀贼共襄义举事》，在海宁冯氏《花溪日记》和沈梓《避寇日记》中均有收录。这篇檄文的形成时间或较第一篇略晚，大约在同治元年（1862 年）三月前不久。此时，包村民众已与太平军进行了数次较大规模的战斗，双方互有死伤。檄文言辞难免有不实之处，像“不论”“无论”“悉被”“皆为”“处处”“均行”“尽绝”这类绝对化的控诉，可能有所夸大。如补充兵源的方法，而太平天国“掳兵”的现象贯穿始终，实是早期普遍征兵制的贻害。但是，太平天国在原则上奉行募兵制，各地均有不同程度的执行。故檄文所称“不论工商农士，掳以当兵”，有所夸大。[③]

① 刘晨：《太平天国后期浙江地区的民众反抗事件》，《史学月刊》2020年第7期。

② 包祖清辑：《义民包立身事略》，国家图书馆藏书，清宣统三年（1911年）铅印本，第25—26页。

③ 刘晨：《浙江的三起平民对抗事件》，上海：《澎湃新闻·私家历史》，2021年4月23日。

这篇檄文宣布了太平军十二大“罪状”：煽惑邪教；滥杀无辜；奸淫妇女；索贡劫掠；焚烧屋宇；肆意掳兵；横征暴敛；严刑酷法；灭绝文化；僭越名号；残害忠良；践踏风俗。

十二大“罪状”可分为三个方面：第一是对太平军后期军纪败坏的控诉（滥杀无辜；奸淫妇女；索贡劫掠；焚烧屋宇；肆意掳兵）；第二是对太平天国经济政策的控诉（横征暴敛）；第三是对太平天国移风易俗社会改造的控诉（灭绝文化；践踏风俗）。这说明引发包氏起事的主要原因，在于太平军后期出现的军纪不良问题，以及太平天国在社会、经济政略方面的过失。而其余煽惑邪教、严刑酷法、僭越名号、残害忠良等“罪名”，带有站在“正统”立场对“异端邪说”敌视之色彩，这应是包立身军中的知识分子对檄文修饰润色的结果。

在内容上，两篇檄文均强调与反映包立身起事的重要原因——太平军军纪败坏和破坏风习。而第二篇着重强调了第一篇几乎全部遗漏的经济因素，这可能对普通农民出身的包立身来说，则是重中之重。在包立身的第二篇檄文中，有大段的文字控诉的是太平天国捐费杂税之繁重。因此，这场太平天国占领区规模最大、持续时间最长、斗争最为激烈的农民反抗运动的失败，具有综合性的因素。其中，民众抗争的根源，在于对太平军征收重税、军纪败坏和破坏风习等社会、经济方面的问题。当时太平天国虽已占领绍兴府城及诸暨县城，但实际并未完成对广大乡村地区的建政工作，大部分社会经济政略还未及在包村及附近地方展开，包村民众的对立主要起源于恐慌而非切实感受。

（二）为民请愿的沈掌大与“盖天王”

沈掌大，嘉兴海盐县澉浦镇人，在各种史料中唯《花溪日记》作“沈长大”。他以“灌园为业”，家“赤贫”，是一位菜农，起事时已61岁；光绪《海盐县志》在《殉难绅士兵民姓氏》表中录其姓名，特意标明“民人”身份，以示不同，确属平民层。咸丰十一年（1861年）5月11日，沈掌大先聚集千余乡民，至澉浦乡官局质问乡官姚成初，恰遇黄湾数百乡民亦来控诉。于是，众人共同拆毁局屋、捆缚姚成初，又沿途再次捉打乡官。至5月13日，反抗队伍已聚集万余人，还配合清军攻打海盐通元、屿城等镇，后失利而返回。18日，太平军开始围攻澉浦镇，并索要首事诸人，沈掌大于26日挺身而出，后就擒被杀。

以沈掌大为首，海盐农民反抗太平军的原因，可概括为太平天国经济政策的苛刻和乡官政府的腐败。与包立身起事不同的是，沈掌大起事的根源在于民众对太平天国社会经济政略的切实感受。在上述两点内容中，民众更加痛恶太平天国的横征暴敛。同时，乡官政府虽然腐败，对民变有促发性，但他们的作为也是执行太平天国经济政策的体现。

刘晨指出：太平天国经济政策体现在四个方面：勒贡、征税、完粮和收租。其中，勒贡是引发海盐民众对立行为的关键因素。光绪《海盐县志》载："时有贼首葵天豫来城安众，号召吏民，旋令县差高掌三邀人办事，诡言必不扰害地方。未几，责令四乡贡献，追呼无虚日。章贼复向南乡逼勒巨款，妇女悉脱簪珥以畀之，士民莫不饮恨。"由此可见，完粮和收租不是引发海盐农民反抗的主要因素，虽然咸丰十一年春、冬太平天国海盐当局有试图恢复传统社会经济秩序的努力，但受主客观环境掣肘，海盐地区的田赋征收工作直到同治元年十二月才得以全面展开。然而执行情况不佳，传统社会经济秩序未能成为太平天国施政的主流。在沈掌大起事前夕的咸丰十一年四五月间，太平天国官方的田赋地租政策还未正式出台，征收工作也未全面展开。

"盖天王"事件，同样是参加者因切实的生活所迫。同治二年（1863年）八月，盐枭陈三丫头聚众起义，人数有一万余人。"盖天王"并非首领代号，而是起事队伍的精神象征，起事者于海宁黄湾三神庙聚议，推庙中三神像为王，"所谓盖天王者，庙中元武帝也"。至九月，民间就有"盖天王"在绍兴被清军招安的传闻。太平天国嘉兴和海宁当局对起事者展开抓捕，但成效不大。直到十月，饥民愈聚愈多，"招集饥民，投者无算，共万余"，太平军"亦畏势不敢动"。[①] 直到太平天国统治结束，这支主要由饥民组成的地

①海宁冯氏：《花溪日记》，中国史学会主编：《太平天国》（六），第713页。

方势力仍然没有被彻底驱散。

"盖天王"事件，是太平天国占领区农民因灾荒与饥寒所迫，起身反抗太平军的典型案例。同治二年十二月，太平天国桐乡当局逮捕了三名"盖党"，经军帅姚福堂审讯，录有如下供词："我等本良民，饥寒所迫，故为行劫之计。……我等奉义而行，故所劫皆至公无私，本系饥民，不劫则死，死固分内事，子欲杀，则竟杀之可也；若根究主使，则天神也，不可得也；若诛党与，则随地皆在，不啻数万人，不可胜诛也。"① 这篇名为"民不畏死奈何以死惧之"的慷慨陈词，反映了太平天国后期，对于统治区居民的横征暴敛行为，导致桐乡地区民不聊生。

由此可见，将农村地区成功改造成为革命根据地，是赢得近代中国革命胜利的关键问题。而太平天国在构建农村社会经济秩序混乱，民变事件频发，导致政权根基动摇。这种失败教训值得深刻揭示，并引以为鉴。

① 沈梓：《避寇日记》，罗尔纲、王庆成主编：《太平天国》（八），第227页。

第十一章

美国与太平天国兴亡

1851 年初，太平天国运动爆发后，由于其具有浓厚的宗教色彩，又以基督教相标榜，因而引起了美国政府、商人，尤其是美国传教士的强烈关注。随着形势的发展和西方世界对这一运动的逐渐了解，美国政府的态度和政策也发生了明显变化。通过对美国对太平天国态度及政策的变化发展的研究，可以分析美国与太平天国兴亡的关系。

一、太平天国前的中美关系

1851 年初太平天国建制立国，1853 年 3 月迅速占领南京，并定都为天京，形成与清政府南北对峙的政权局面。对此事件而言，西方传教士也会陆续通过北京的《京报》，中国基督教徒，马路新闻、谣言等对太平天国的奇特宗教性质的报道，从而对太平天国形成了大概的初步印象。

1851 年之前，美国人在华以开展商贸活动和传教工作为主。在商业领域，早期的美商贸易处境困难，不仅缺乏本国政府的军事外交支持，还面临着满清顽固排外态度的挑战，但可观的利润仍然吸引了众多美国人冒险前往。1844 年《望厦条约》签订后，美国人利用所获特权加速发展对华贸易。在中国的传教领域，19 世纪 20 年代，美国海外传教兴盛起来，然而受政策、语言和文化等条件的阻碍，传教工作在中国进展得并不顺利。对于金田起义爆发前的拜上帝会活动，包括传教士在内的美国人并没有给予足够重视，受清政府当局和英国人看法的影响，他们只是将太平天国运动认定为一般性质的会匪活动。

美国摆脱英国殖民统治，获得独立后不久便开始向中国进发。1784 年 2 月，一艘载重 360 吨的商船“中国皇后号”驶离纽约港，经过整整半年的艰苦航行，于8月间抵达广州，此次历史性航行揭开了美中关系的序幕。自“中国皇后号”首航成功，到1844年《望厦条约》的签订，这段时期被视为美中关系史上的早期阶段。①

在与中国的早期交往中，美国不仅涉足了商业领域，而且出于一种人道主义的驱动，还进入了宗教领域，以此来传播基督教福音，为中国人在上帝的天国里找一席之地。1829年，裨治文（E. C. Bridgman）接受宣扬基督福音的使命，成为第一个前往中国的传教士，由此开启了美国人一个多世纪的在华传教活动。

然而，传教士在中国的传教事业进行得举步维艰，他们一方面苦于语言的不通，一方面又受到清政府禁教法令的限制。为了合法地居留在中国，很多传教士甚至乔装成商人开展秘密活动。卫三畏（Samuel Wells Williams，1812—1884）给美部会秘书的信中写道：“我是被作为一个贸易商报告给行商们的，并被安排在广源行，这个商行的主人为我的遵纪守法提供了担保，虽然我们从来没有见过面。”②令传教士更为苦恼的还是文化上的障碍。中国是一个国民宗教意识淡薄的国家，泛神论与基督教各自具有强烈排他性。而且，以儒家道统学说为核心的中国传统文化千百年来早已根植于中国人的内心，这种传统文化意识以及道德习俗与基督教神学的剧烈碰撞，必然会引起中国社会对传教士的抵触情绪。在中国，普通人信教甚至会遭到周围同胞的孤立和歧视。

尽管阻碍重重，远渡重洋的美国传教士们仍然以极大的宗教热情投入传教活动中。台湾研究学者邓元忠指出：“太平天国兴兵的前数年，到中国来的基督传教士人数每年增加，并且多来自美国。例如，在1844年1月时，只有一位德国籍、十位英国籍和二十位美国籍的传教士；在1848年有两位瑞士籍、两位德国籍、十九位英国籍和四十四位美国籍的传教士。”③在44

① 高静：《美国对太平天国运动态度及政策的演变（1851—1864）》，山东师范大学硕士论文，2016年，第10—12页。

② ［美］卫斐列：《卫三畏生平及书信》，顾钧、江莉译，桂林：广西师范大学出版社，2004年，第21页。

③ 邓元忠：《美国人与太平天国》，台北：华欣文化事业中心，1983年，第8页。

位美国传教士中，以罗孝全最为知名，并且与太平天国的关系最为深厚。

罗孝全（1802—1871），原名 Issachar Jacob Roberts，美国浸礼会牧师。1802 年，他出生于美国田纳西州，1821 年加入美国浸礼会，1833 年被安排为牧师。1837 年他被派到澳门，开始在中国的传教生涯。他也是第一位来香港的传教士。另外，他还因为与太平天国有着特殊的关系而闻名于世。

1842 年，他在澳门学中文后，来到香港出席了《圣经》翻译会议。1844 年到广州，开始改穿中国式的服装，1846 年还在那里建立了一所小教堂。1847 年，他认识了洪秀全，这对他以后的经历产生了重大影响。

在 1847 年，洪秀全曾去过广州，师从罗孝全念《圣经》，终日鞠躬维谨。学道两个多月，他想受洗礼；更希望受洗礼后，能在教会里求得一个固定的职业。美国华裔学者、著名历史学家邓嗣禹研究指出：若是成功，洪秀全可能成为传教士的助手，过着平淡的生活，用不着革命了。不幸这位教士自己未受过良好的教育，而且他生性孤僻，一生难与其他传教士及美国教会合作。所以，当罗孝全一闻洪秀全想在教会中找工作，作为受洗礼的条件，马上斥责他为谋求饭碗的基督徒。不给他施洗礼，叫他离开教会。此举对于洪秀全的影响很大。假如他继续研究《圣经》二三年，他后来的太平天国，可能符合教义，得着国际舆论的景仰与援助。①

太平天国前期，尽管美国传教士举步维艰，然而在 19 世纪 50 年代初爆发的太平天国运动，让他们看到了在中国传播基督事业的希望。

二、美国传教士的参与和影响

美国对太平天国运动政策的制定及执行过程中，传教士扮演了非常重要的角色。由于美国较其他欧洲国家来说，与中国的接触时间较短，对中国的

① 邓嗣禹：《太平天国兴亡与美国的关系》，载彭靖编：《家国万里：中国历史的海外观察》，北京：北京师范大学出版社，2018年，第63页。

政治经济、历史文化等方面的了解不足，所以美国在华传教士对于美国与中国关系的影响更为重大。

值得注意的是，传教士的确具备参与决策制定的能力。他们中的相当一部分人毕业于神学院，受过高等教育，具有神学、医学或哲学博士学位，有着高于普通在华人士的观察分析能力。不同于频繁更替、不懂中文的外交官员；也不同于以赢利为目的、疲于奔波的商人，传教士们出于传教事业的需要，常常久居中国，调查各地的风俗文化、人文地理等特征，广泛地接触中国社会的各个阶层。[①] 因此，他们擅长调查、搜集和分析各种情报，然后以书信或者回国述职、演讲和发表文章等方式，将其了解的情况进行汇报和公布。

美国传教士常常是根据他们自己对太平天国的宗教、政治、军事、社会经济和道德风俗等方面的认识而进行论述。但是，随着时间的推移及对太平天国占领区深入调查与了解程度，传教士对太平天国的认识及态度的具体表现，经历了由间接到直接，从表面到深入，由希望到失望的过程。随着西方对华政策变化向清政府一方倾斜，且与之交战，传教士与太平天国的联系也随之终结。

（一）早期的印象与宣传

从 1851 年到 1853 年，传教士的认识主要呈现出间接性、无实质性的特点。他们与太平天国没有直接的接触，但是对其宗教充满美好印象，流露出赞美的情感，极少数反对。1851 年 10 月 6 日，美国传教士罗孝全提出洪秀全的大名，报告他的宗教历史，在天堂见上帝的故事，并严正指出洪秀全是基督教徒的革命运动者。并认为“在中国出现了比较开明的文明的曙光”的代表人物。同时，他兴奋地说：“中国要革命了，要基督教化了，广大的人民群众要得救了。全世界各国的教徒，当用最大的努力，助主完成这个大革命。”[②]

---

①高静：《美国对太平天国运动态度及政策的演变（1851—1864）》，山东师范大学硕士论文，2016年，第66—67页。

②邓嗣禹：《太平天国兴亡与美国的关系》，载彭靖编：《家国万里：中国历史的海外观察》，北京：北京师范大学出版社，2018年，第63页。

美国著名汉学家丁韪良

经过罗牧师的宣扬，太平军在军事上的实际发展，太平天国的基督教运动引起很多外国人的同情。好几位传教士皆冒险去南京，未成功；他们曾经在镇江逗留几天，觉得很满意。经过邓嗣禹研究后指出：冒险观光南京的美国传教士之一，是丁韪良（W. A. P. Martin），美国印第安纳大学毕业生。他写过三四封信，要求美国政府承认太平天国。第一封信，要求美国严守中立；第二封信，他把太平天国运动与英国克伦威尔（Cromwell）的清教基督徒相比较，预言洪秀全在两三年内一定成功，中国可成为美国最大的市场。所以，美国与其他国家一定不要援助清朝。为广泛宣传起见，他将他的信件在上海《华北先驱报》发表。①

丁韪良（1827—1916），美国基督教长老会传教士。1846 年毕业于印第安纳州立大学，后入新奥尔巴尼长老会神学院研究神学。1849 年被按立为长老会牧师。他于 1850—1860 年期间，曾在中国宁波传教。由于他熟谙汉语，善操方言，1858 年中美谈判期间，曾任美国公使列卫廉的译员，参与起草《天津条约》。1898 年，京师大学堂成立，光绪皇帝授丁韪良二品顶戴，并任命他为京师大学堂首任总教习（现为北大校长）。在他 89 年的生命中，

① 邓嗣禹：《太平天国兴亡与美国的关系》，载彭靖编：《家国万里：中国历史的海外观察》，北京：北京师范大学出版社，2018年，第64页。

有62年生活在中国。据不完全统计，他一生出版了中文著译作42部、英文著述8部，并且在各种报纸杂志上至少发表了153篇文章。

丁韪良在起义爆发后，就对太平天国表现出了一种浓厚的兴趣。在晚年撰写的回忆录《花甲记忆》中，他说道：太平天国起义，传教士们在讨论这一运动对于传播基督教信仰可能带来的机遇。因而，他们都在通过各种努力来调查南京的事实情况。1853年6月的一天，他出发时顶风冒雨，决心冒险亲眼看一下被太平军占领的南京。

> 在一位中国基督教徒的陪伴下，我登上了一艘沿海岸航行的小船，途中遇上了暴风雨，我们被迫在一群岛屿之间躲避了一段时间。在上海，我雇了一条平底帆船，并买了一条小划艇；前者将我们载到了镇江下游的清军水师舰队处，后者使我能越过封锁线，以进入太平军控制的区域。这些准备工作都是以极其秘密的方式进行的，美国公使已下令禁止美国人跟叛军联系。为了避开美国联邦司法区执法官的警戒线，我顶风冒雨，从吴淞口登上了（开往南京）船。①

经过艰难的航行，丁韪良终于到达了镇江附近。但是，由于有清军拦阻以及河盗的骚扰，不得不中途又折回了上海。他希望拜访太平天国的愿望并没有实现。在清军与太平军对垒的险要形势下，太平军对一切可能进入控制区的人和行船都要进行严格的检查。所幸，丁韪良在去南京途中，遇到了几个曾经参加过太平军的当地百姓，这几个人曾经参加过许多战斗。

不幸的是，他们是厌倦了战争的人，所以悄悄地逃离了太平天国。尽管他们的行为是一种逃跑行为，但他们还是对丁韪良描述了大多数战士的信心和勇气。由于他们相信太平军领袖是“上帝的儿子”，肩负着神圣的使命，所以，他们即便是面对清军的围堵也不会绝望。

在这一时期，无论西方传教士对太平天国的传教事业有期许或赞赏；或

---

①［美］丁韪良：《花甲记忆》，沈弘、恽文捷、郝田虎译，上海：学林出版社，2019年，第123页。

是对其保持平缓的态度，他们并未真正与太平天国接触。他们只是道听途说，对太平天国流行的宗教传说存在着某种不确定性，只是认为太平天国与基督教有着某种联系。总而言之，这个时期美国传教士对太平天国的了解是间接性的，其内容存在单一和片面性，同时还有着比较大的猜测性。

（二）中期的拜访与升温

第一位前往太平天国统治区的传教士，是美国南方卫理公会的戴作士牧师（Dr. Charles Taylor）。1853 年 6 月 2 日，戴作士带着两大箱《圣经》和其他宗教册子从上海出发，四天后到达镇江。他在镇江受到了热烈欢迎，并被称为“洋兄弟”。他通过对太平军营地中所见所闻，观摩了太平军的礼拜仪式，并有过这样一段记述：

> 清晨和黄昏，赞美诗的声音从这座被围困的城市飘逸出来，我相信他们正在做晨祷，唯一不够庄重之处是唱赞美诗的有民间乐器做伴奏，他们不做饭前祷告，却用牲醴茶饭供奉上帝，就此推断太平军对《新约》教义仍一无所知。[①]

于是，他返船去取他带来的宗教书册。当他穿过清政府的封锁线时，恰巧碰到清军发动的攻击，这使得太平军误以为戴作士是间谍。由此，戴作士被迫离开镇江返回上海，无法再作深入调查。戴作士牧师通过与太平军的短暂接触，认为太平天国对基督教义并没有深切的了解，其宗教因杂糅了迷信，领导者成了绝对的权威。[②]他对于太平军在镇江的军营、军事部署情况，以及其礼拜仪式作了较详细的描述。其中有赞美的态度，同时也指出其宗教掺杂有迷信的成分。

---

①罗尔纲、王庆成主编：《太平天国》第九册，桂林：广西师范大学出版社，2004年，第77—78页。

②高静：《美国对太平天国运动态度及政策的演变（1851—1864）》，山东师范大学硕士论文，2016年，第10—12页。

裨治文和他在上海的住所

进入太平军占领区的第二位和第三位美国传教士，是裨治文（E.C. Bridgron）和克陛存（M.S. Culbuston），他们分别是美国公谊会和长老会的牧师。1854 年 5—6 月期间，两人结伴前往太平天国的都城南京，以及镇江和芜湖等占领区进行长达两个月的考察。[①] 裨治文对太平天国政治、军事和宗教方面作了仔细的分析和报道，认为他们只是名义上的基督徒。

克陛存对南京城的各方面作了详细的勘察。他对太平天国宗教基本持担忧与悲观的态度。他认为洪秀全自称是耶稣胞弟，东王杨秀清被视为“圣神风”，是荒谬的。在南京期间，他看不见太平天国首领对“三位一体”教义有正确理解，神圣名词只是作为他们无知以及恶劣行为的借口。他还认为，太平天国实际情况“只能增加我们对这场革命之直接影响的担忧，并不是增加曾经抱有的期望”；更是进一步表明“我并不认为去南京传教的道路目前已经打开”。

裨治文（1801—1861）出生于马萨诸塞州。1826 年大学毕业后到神学院进修，毕业后被封为牧师。受公理会聘请，于 1830 年赴广州，成为第一位来华的美国传教士。1832 年 5 月创办《中国丛报》，并任主编 15 年。1839 年他曾到虎门，担任林则徐的译员。鸦片战争期间，曾任美侵华海军司令的

① 高静：《美国对太平天国运动态度及政策的演变（1851—1864）》，山东师范大学硕士论文，2016年，第55页。

翻译。后随美国使团参与《望厦条约》的签订。

他曾在广州及周围活动长达 17 年，1847 年转赴上海传教，1861 年 11 月 2 日病逝于上海，享年 60 岁。裨治文是第一位来华美国新教传教士，号称“美国来华传教之父”，更是美国汉学的早期奠基者、近代中国启蒙的海外源头之一，对近代中外交往产生重要影响。基于他在美国汉学界的影响力，1864 年出版了《裨治文传记》，介绍裨治文的生平事迹。因此，他的言论对西方列强在华政策的制定有一定影响。

从 1853 到 1859 年，自太平天国定都南京后，西方传教士纷纷想与其发生进一步接触，而当时太平天国并没有表现出与西方人接触的意向。另外，按条约规定，传教士当时仍被限于通商口岸活动传教，赴内地仍属违法行为，加之清军的严密防守，传教士与太平天国近距离接触并非易事。因此，传教士能够与太平天国直接接触的人数仍为少数。访问的方式也多为走马观花式，访问观察对象多为民众士兵等普通阶层，并且多以口述、转述等方式完成的。[①] 他们并没有直接，或者是深层次接触到太平天国高层首领们。因此，这一时期传教士们对太平天国的教义、宗教仪式等方面虽有一定的认知，但对其宗教认识仍停留在表面的观察，有较多的不确定因素，但其主调仍是抱有幻想。

1860 年春，太平军打了几次大胜仗，消灭了清军的江南大营，天京第二次获得大解围。6 月 2 日，太平军占领苏州，随后又相继攻克昆山、太仓和嘉定等地，与上海近在咫尺。于是有些趋炎附势的外国人，对于太平天国又刮目相待。

最早从上海去苏州的，是三位来自美国南浸信传道会的传教士，哈特威（J. B. Hartwell）、花穆斯（J. L. Holmes）和克劳佛（T. P. Crawford）牧师。1859 年，哈特威和花穆斯曾经首次抵达中国。他们试图查明太平军的所作所为和宗教信仰，以及对外国人，特别是对传教士的态度如何。

1860 年 6 月 23 日，三位牧师到达苏州，在由 50 名骑马和徒步士兵组成

---

① 唐玮婷：《西方传教士的太平天国观（1853—1864）》，吉林大学硕士论文，2016年，第6—7页。

的队伍护送下入城。守城主将刘玱琳亲自拜访，并以西方的礼节与他握手表示欢迎。传教士们告知了刘主将上海方面的清方军事实力，以及外国决心保护此商埠等情况，并以只谈基督教义为由，婉拒了为其购买军火的请求。刘玱琳表示，若教士能替太平军在洋人中疏通，他愿意付给很大的报酬。[①] 并指出目前城内情况尚未稳定，不宜传教士们居住，但天朝十分欢迎外国传教士和商人前来。

在经过交流询问以及观察后，传教士们对太平天国宗教充满着希望，说他们的政治军事，比起大清帝国要进步。[②] 克劳佛曾经二次到苏州活动，带回太平天国致上海各总领事书信一份。在天京活动时，他多次得到太平天国高级领导人接待；在苏州之行时，花穆斯肯定了太平军对基督教教义有基本正确认识。而后，他访问南京时，却表现出对拜上帝教的失望，转而攻击太平天国。

花穆斯牧师在访问苏州后，鼓足其余兴，从苏州至南京，住了八天（8月7日至15日）。他要求以私人的资格面见天王，未被批准，改由章王林绍章接待。在私人闲谈中，章王又提出关于购买外国军火的问题。花牧师不高兴，以为章王瞧不起他，凡是外国人就是制造军火或修理武器者。又因为天王的诏书中，称他们为外族（outer tribe），也使这位青年牧师不高兴。他看见太平天国的官员，用烤猪肉祭上帝。在做礼拜、祭祀之后，大饱其口福，更不高兴。于是他离开南京，写一封长信，刊登在《华北先驱报》上面。他说："我此次到南京访问，本预期得到良好的印象。其实上次到苏州所得的良好印象，是引起我到南京一行的兴趣。我离开南京，观点大变了。我很伤心地找出他们毫无耶稣教的色彩，徒拥虚名与假冒行道而已。"[③]

邓嗣禹评论道：这一篇文章，给太平天国一个很大打击。这时候，洪仁玕正在写作《资政新篇》，企图将中国现代化。并预先将几部抄本送给西方

---

①高静：《美国对太平天国运动态度及政策的演变（1851—1864）》，山东师范大学硕士论文，2016年，第46页。

②邓嗣禹：《太平天国兴亡与美国的关系》，载彭靖编：《家国万里：中国历史的海外观察》，北京：北京师范大学出版社，2018年，第65页。

③简又文：《太平天国典制通考》中册，香港：简氏猛进书屋，1958年，第932—933页。

外交官，以更新他们的耳目。刚刚把国际舆论改善一点，想不到花牧师戳穿纸老虎，给了天国一个很大的反宣传。①

1860 年 10 月到 1862 年 1 月，经过几次失败后，罗孝全终于到达南京，并在此居住了 15 个月。洪秀全优待老师，使他丰衣足食，并聘他做太平天国外务丞相、洪仁玕的翻译，并与首领们多次展开宗教辩论。最初，他与洪秀全对宗教的见解交谈后，仍寄予希望："天王的教义并不十分正确，但只要给我时间和机会，我会努力去改正它。"② 洪秀全劝其改信奉拜上帝教。

住了一年多之后，两人关系日趋恶劣。罗牧师借故离开南京，指责洪秀全随意修改《圣经》，对于太平天国大事进行攻击，造谣言说太平天国反对国际贸易，所以，罗氏请求凡是欧美各国想在中国发展商业的，应及早设法把太平天国消灭。

而罗孝全发表这个恶劣的宣传，对于太平天国的打击，远较花牧师为甚。因为他是洪秀全的宗教导师，一向是太平天国的热心赞助者，最近在南京住了 15 个月，熟知宫廷内幕，故他的恶言，非常有效力，使人信以为真。1860 年 8 月，太平军进攻上海，扰乱了英国在华的商业中心，英国早想撕破中立政策的假面具，实行武装干涉，苦于国内舆论不甚赞成。罗孝全主张西方进攻太平天国的宣传，正可谓恰合孤意。

这一时期，美国传教士们近距离与太平天国首领们接触，讨论宗教问题。因此，传教士对于太平天国宗教观的认识更为全面、更加深化。

（三）后期的不满与诋毁

1861 年，成为西方传教士对太平天国宗教态度的转折点，也是他们与太平天国认识结束的界点。太平天国的关键人物干王洪仁玕，则是引起这一变化的导火索。1861 年 2 月 8 日，慕维廉牧师于南京与洪仁玕会谈之后，

① 邓嗣禹：《太平天国兴亡与美国的关系》，载彭靖编：《家国万里：中国历史的海外观察》，北京：北京师范大学出版社，2018年，第66页。

② 罗尔纲、王庆成主编：《太平天国》第九册，桂林：广西师范大学出版社，2004年，第244页。

在他的委婉劝说下，洪仁玕表露出，太平天国无意接受外国人的福音，天王并不接受依赖外援，而南京现在实际是一座军营，至少目前不会鼓励传教士这么做。

3 月，美国圣公会牧师施约瑟初次访问南京。他描述太平天国境内凄凉景象，认为传教前景黯淡。他在信中写道："现在，我对太平叛乱者的印象着实坏透了。自从与他们进行接触，并亲眼看到他们的真实面目后，我得出的结论是，他们根本不值得任何一名基督徒给予同情。除了可怕的亵渎外，他们的冒牌基督教似乎没有对他们的道德产生丝毫的正面影响。……叛军很不欢迎传教士在他们间定居。此外，在他们看来，传教士并没有什么可教给他们的东西。相反，传教士应当接受他们的指导。"①

1861 年 5 月，美国监理会两位牧师林乐知和蓝柏同行，先后访问了杭州与南京。他们考察后的结论是，对于太平天国不抱有希望，并用恶意的语言进行攻击，形容叛军到处残害杀戮，破坏城市经济，不适宜传播基督教。

1861 年 8 月，美国圣公会牧师艾约瑟曾与洪秀全采用书写的方式，讨论"上帝有形或无形"的论争。洪秀全试图劝其接受自己的观点，艾约瑟感觉到极其沮丧，对太平天国宗教前景感到无比的失落，从而也对他们所谓的"拜上帝教"有了更深刻的认识。

洪秀全的拜上帝教信仰，混合了中国传统礼教、他的幻梦和政治抱负，从梁发处阅读《劝世良言》的思想，以及罗孝全处得来的基督教基本教义综合而成，是一种多元素的混合体。由此，也在某种程度上注定了太平天国最终不可能被西方所接受的命运。

总之，传教士利用他们的职业优势，成了沟通美国与太平天国的重要媒介，在影响舆论环境、参与政策制定等方面发挥了不可替代的作用。

---

① Letters from S. Schereschewsky, *Western Reports on the Taiping*, p.295.

三、美国的敌对态度与对太平天国的镇压

1854年以后，在美国传教士的影响下，大部分美国人对太平天国的热情开始消退。在此情形下，美国"中立"政策开始倾向清政府，期望联合英、法等西方国家，通过共同修约的方式扩大在华权益，太平天国成了谈判过程中逼迫清政府做出让步的砝码。虽然，1860年太平天国出现了重振迹象，传教士余兴又起，使得"中立"政策受到了一定的冲击，却仍然没有挽回太平天国与西方决裂的局势。

（一）美国与西方国家的敌对态度

1861年，随着传教士和商人们对太平天国统治区调查的失望，以及之后太平天国与太平天国的忠实支持者罗孝全的公开决裂，传教士、商人和官方最终统一了敌视态度，一道走向了太平天国的对立面。双方的决裂为美国与清政府及英法合作镇压太平天国铺平了道路。此时期饱受内战之苦的美国政府无力顾及中国事务，只能与其他国家合作，支持他国的行动。英、法、俄三国在1860年《北京条约》签订后，就认定较好的政策是支持清政府，共同镇压太平天国运动。

1861年1月，太平天国所承诺的，一年内不进攻上海和吴淞周围100华里以内地区的期限将到。西方对太平军即将进驻上海忧心忡忡，英人代表宾汉（H. M. Bingham）照会太平天国，提出更进一步的无理要求：一是要太平军无限期地不进攻上海；二是把不进攻的地区，从上海一地扩展到包括汉口、九江、镇江等地区。①

太平天国当局对此事的反应极为强烈。1862年1月1日，蒙时雍代表

①高静：《美国对太平天国运动态度及政策的演变（1851—1864）》，山东师范大学硕士论文，2016年，第59页。

太平天国严正拒绝了上述要求。这种公开对英国意图不作理会的态度，是太平天国当局自 1860 年来所采取的友善对外政策的一大转变。这种态度的改变，亦可见于在宁波的太平天国士兵的行为中。在该城内美国长老会和英国教会设有传教站，开始时传教士们对官员们与太平天国将领所安排的保护外籍侨民的办法深具信心，因此都留在城内。[①] 正如第八章所述，作为列强在华经济活动的中心，上海的重要性无可替代，因此当太平军逼近时，他们就破门而出，直接与太平军兵戈相见。

太平天国公开拒绝了宾汉的要求后，英国彻底撕下了中立的伪装，决定武装干涉。迫于形势，清政府方面决定采用“借师助剿”的策略。早在杭州被围之时，上海的官绅和商人们就已预见到太平军必将攻打上海。他们一致行动起来，要求英、法驻沪军队“保卫”上海。

总之，当用基督教改造拜上帝教的企图失败，阻止太平军进攻上海等地的和平谈判亦告失败后，外国侵略者便撕下中立的伪装，与清政府一道，诉诸武力镇压太平天国运动。

（二）华尔洋枪队对太平天国的镇压

在对太平天国的镇压方面，1861 年美国内战爆发后，美国撤回了在华海军力量。此时，虽因内战无力直接参与，但美国与清政府及英法合作的态度非常明显。纵有与英法合作镇压之心，却难免力不从心。然而，华尔的洋枪队恰逢其时地解决了美国无力兼顾中国事务的困难。

1831 年，华尔（Frederick T. Ward, 1831—1862）出生于美国麻州的沙兰（Salem）港。早年受过一次军事训练，欲入西点军校而未成。15 岁时曾赴海外冒险，参加墨西哥与欧洲克里米亚等战役。也曾投效法军，任法军中尉。1851 年为美船大副，初次到上海，1857 年任中国沿海航行船只大副。1859 年，华尔闻中国内乱，想到可以大发横财，于是任职于航行长江下游的汽艇，仍为大副。不久改任中国军舰“孔子号”军官，得以结识上海著名商人杨坊，

①John Fairbank, *The Missionary Enterprise in China and America*, Cambridge, MA: Harvard University Press, 1974, p.196.

时年28岁。

1860年，苏州、松江等地接连被太平军攻陷，上海岌岌可危。上海富商杨坊等人成立“会防局”，欲求自卫。在忠王李秀成攻下松江以后不久，在美国驻上海领事的支持下，转荐于上海道台吴煦。商人杨坊许诺，给华尔3万两银子，叫他“克复”该城。[①]

华尔与杨坊协商达成一致意见：商人必须担负军饷，当“收复”一城或一镇时，依其面积大小与战略重要性，来决定给付红利的比率。这样，华尔募到一大群“酗酒粗暴的水手”，以富尔思德（Edward Forester）和白齐文（H. A. Burgevine）二人做他的助手，还有五六位英军逃兵做训练班长，组成了洋枪队，以西式方法加以训练武装。

7月1日，他们与太平军第一次接触，华尔失败而归。他知道这些粗暴的水手不能作战，于是重组队伍，由200名菲律宾人与100名西方人组成。杨坊更为华尔娶妻。于是内援外助，酒色财宝，皆不虞缺乏。每遇战役，这些醉醺醺的飞将洋兵，挟其优良武器一往直前，少有顾虑。[②] 7月17日，华尔率领这支重组的“洋枪队”攻下松江，并以此城作为根据地。夺得松江后，截断沪杭交通，给予太平军一次严重打击，上海的官绅大喜过望。同时，华尔及其所率军队在松江大肆抢劫。然而，美国官员对此的态度却是十分含糊的，这与以往驻华代表们的表现有所不同。

此时，上海英、美的海陆军当局，仍轻视华尔及其所率军队，且与美国1848年的禁令显相违背，不便公然马上撕毁假面具，加以武装干涉。所以，英、美海陆军当局只有睁一只眼闭一只眼，表面上拘捕华尔等人，禁止他们的活动，实际上暗中接济军火，任其自由行动，而英、美两国又互相猜忌。

在这样的国际情势之下，华尔慢慢地得到英人的谅解，扩大军队的组织，改用中国兵员为基础，与太平军激战于嘉定、青浦等处，屡建“奇功”。虽

---

①［美］解维康：《曾国藩与太平天国》，王纪卿译，太原：山西人民出版社，2018年，第190—191页。

②邓嗣禹：《太平天国兴亡与美国的关系》，载彭靖编：《家国万里：中国历史的海外观察》，北京：北京师范大学出版社，2018年，第71页。

1866 年，竖立于上海外滩的“常胜军纪念碑”

然华尔、白齐文等屡次受伤，伤愈后又重上战场。为此，清廷嘉奖其“成功的业绩”，誉为“常胜军”，规模最大时扩充至五六千人。至 1862 年，英国海陆军已与“常胜军”公开地在战场上合作，无复中立政策之诺言。

“常胜军”虽名义上是私人武装队伍，但华尔在成立壮大队伍的过程中是得到美国政府认可的。随着华尔声誉渐高，他在中国的“事业”不仅增加了清政府对美国的好感，而且还提高了美国在中国与英、法的对等地位。这支受美国人指挥的中国军队，一度成为清政府镇压力量的主力军，在协助清朝“平定”太平军的军事行动中，可与英法在苏浙等地的行动并驾齐驱。这对于美国政府和蒲安臣公使来说，是事先无法预料而又欣喜万分的事。

然而，在 1862 年 9 月 21 日，华尔奉李鸿章之命，亲率“常胜军”千人，自上海急急忙忙赴浙江慈溪督战。当时，华尔在慈溪城外，正大模大样地拿着望远镜向城内瞭望，城内太平军用鸟枪打中华尔胸膛，华尔受伤，第二天死去。击毙华尔是近代中国反侵略斗争史上的一件大事，在美国引起很大震动。美驻华公使蒲安臣专门为华尔之死向总统林肯报告：“本公使以沉痛的心情向阁下报告华尔副将的死耗。华尔系美国人，以其才能和勇敢在清帝国军界中擢升副将高位。”林肯把蒲安臣报告的抄件送国会备查。[①]从美国当局对华尔之死的震惊和重视程度，可看出太平军击毙华尔，对外国侵略者造成沉重打击的效果。

1866 年，由李鸿章出资，在上海外滩建立一座“常胜军纪念碑”。这是为纪念 1862—1864 年间，在江苏省攻打太平军的“常胜军”阵亡将士而建的。纪念碑原在外滩花园北门外，重建公园围墙时划入园内。它以正方形大理石为基座，基座上为三角锥形碑。碑上镌刻汉文“得胜”二字，共镌刻有 48 名阵亡的外籍常胜军官兵姓名。因华尔列居首位，因而又被称作“华尔纪念碑”。

历经 14 年的革命运动，在清政府与美、英、法三国侵略者的联合夹击下，最终归于失败。但是，太平天国革命运动代表了 19 世纪中叶，中国人民反抗压迫剥削、反抗外来侵略的时代诉求，其革命性与进步性不容否定。

① [美] 亚明德：《华尔传：有神自西方来》，雍家源译，章克生校，《太平天国史译丛》第三辑，北京：中华书局，1985年，第150—151页。

第十二章 太平天国王府建筑与壁画艺术

太平天国后期，曾经在全国各地建筑众多的王府，对于当地居民形成很大的负担，成为政权不稳定的因素之一。但是，从另外一个角度而言，太平天国的建筑艺术也有相当成就。现存的比较知名的太平天国建筑，主要有苏州的忠王府，金华的侍王府和嘉兴的听王府。其中，金华的侍王府规模最为宏大，分宫殿建筑和住宅建筑两种结构，1988 年被国务院列为全国重点文物保护单位。

同时，在这些王府中还保存有各种太平天国壁画，具有较高的艺术价值与观赏价值。截至目前，太平天国壁画已发现 35 处，集中分布于江苏、浙江和安徽三省。所以，国内学者对太平天国壁画研究主要集中于这三省发现的壁画上面。但是，太平天国北伐时，太平军进占天津府静海县期间，所绘年画在杨柳青一带被发现。这是目前研究学者尚未涉及与研究的内容。

一、王府建筑的数量、分类与特征

太平天国的王府建筑，作为中国近代建筑史中不可或缺的一部分，承载了这段波澜壮阔的历史，同时也随着太平天国的起落兴衰而发生巨大的变化。太平天国政权建立的 14 年，是动荡的 14 年。王府建筑并未在乱世形成一套完整的建筑制度。[①] 但是，我们仍可从动态中一观演变脉络，总结出太平天国王府建筑的独有特征及其演变动因。

太平天国初期，除天王洪秀全外，其余诸将仅封为五王（即东王杨秀清、西王萧朝贵、南王冯云山、北王韦昌辉和翼王石达开）。兵锋所到之处，即以清政府官衙作为临时王府。咸丰九年（1859 年）9、10 月以后，洪秀全开

① 侯雯：《太平天国王府形制特征及其演变动因研究》，苏州科技大学硕士论文，2022年，第1页。

始无节制地封王，太平天国后期竟有2700多人。[①]太平天国的王位分为大王、小王等若干等级，只有位高权重、拥兵一方的王者才能营建王府。太平天国王府，可分为京内王府和京外王府，以天京最为集中。太平天国后期版图缩小，湖北、江西大部分均已不存，活动区域集中在江浙皖地区，遂在三省陆续建造或改建若干王府。天京城内外太平天国王府共20余座，加上其他地区的，总数约50座。[②]但是，因其诸王在文化、制度和个性等不同因素，造就了相异的形制特征。

在太平天国战败后，大多数的王府建筑或毁坏或改建，原貌已不复存在。再加上清朝对这段历史的极力掩盖，部分历史文献已经丢失。有研究学者调研后指出：太平天国王府尚存有14座历史遗存。[③]即南京天朝宫殿（现总统府）、南京幼西王府（现瞻园）、南京英王府（现升州路药材公司）、南京堂子街某王府（现太平天国壁画艺术馆）、常州护王府（现护王府纪念馆）、常州志王府（现民元里一号）、金坛戴王府（现金坛博物馆）、宜兴辅王府（现宜兴太平天国王府文物保护所）、苏州忠王府（现苏州博物馆）、安庆英王府（现任家坡民宅）、杭州听王府（现听王府纪念馆）、湖州堵王府（现钱业会馆内）、绍兴来王殿（现下大路电器公司）和金华侍王府（现侍王府纪念馆）。

根据王府遗存与历史资料来看，太平天国的王府建筑基本上可以分为三类：第一类是新建，如天朝宫殿本是在南京两江总督署的基础上改建的，后遭遇大火又于原址重建，此类建筑可以鲜明地看出太平天国王府建筑的特性；第二类是在原址的基础上改建，太平天国王府大多为此类，须从原有建筑中剥离出太平天国的独有特色；第三类是对原建筑仅作装饰性改造，一般是流动作战时期的王府，或是封王后期一些食利贵族的住宅，这类建筑也可挖掘出一些装饰性特征。

---

① 华强：《太平天国王府考订》，《太平天国及晚清社会研究》2021年第1期。

② 华强：《太平天国王府考订》，《太平天国及晚清社会研究》2021年第1期。

③ 侯雯：《太平天国王府形制特征及其演变动因研究》，苏州科技大学硕士论文，2022年，第2—3页。

二、太平军占领南京前的临时王府

明清时期，永安州是省府桂林的南面门户，为水陆要冲之处，山势雄壮，势若龙虎，自古就是兵家必争之地。因此，太平军从金田发动起义，首先选择在永安州开国。1851 年 10 月 1 日，洪秀全进驻原永安知州衙门，以此为临时天王府。

（一）永安的临时王府

太平军在永安城驻留了大半年，其间清军一直围困永安州城，但城内物资一直不足。1852 年 4 月 5 日，太平军只得趁着大雨撤出永安城。作为一直围追的清朝官员，清人丁守存在《从军日记》中，记录了当时永安州内的情景:

> 进州署，见贼于署外张贴伪示甚多……入县署则黄纸裱墙，并有悬额二、三、四朝门字样，内门涂黄，对画龙虎……捕厅署则改为东王府，其署前照壁上有大炮子击中一处，斜穿尺许。[①]

太平天国占据永安的时期，仅有天王洪秀全与东王杨秀清占据衙署为王府，其余诸王分别扎营于州署四周。诸王称号是根据各王驻地的传统宇宙方位命名的，且各进房屋“悬额二、三、四朝门”，似乎是儒家传统序列的体现，透露出他们的中国传统思想。从记载看来，天王府与东王府仅有装饰性改造，并未对原衙署进行组群布局及单体形制上的改动，但从“黄纸裱墙”和“对画龙虎”的表述可以看出，太平天国在永安时期，他们所设立的王府，就已有了自己的装饰特征，并以此种皇室天子才可用的“龙虎”纹饰，以及

① （清）丁守存：《从军日记》，太平天国历史博物馆：《太平天国史料丛编简辑》第二册，北京：中华书局，1962年，第311页。

门内涂“黄色”来挑战清王朝的威严。伴随着太平天国政权的建立，太平天国王府雏形出现，并随着往后国家的起落兴衰而发生改变。

（二）武昌的临时王府

太平军在永安突围后，继续向北进发，于1852年12月连克汉阳、汉口。此时，天王洪秀全住在关帝庙，东王杨秀清则住在万寿宫，他们与武昌城隔江相望。20天后，太平军首克省城武昌，原汉口几处王府皆被捣毁，仅留有金丝披垫、围幔、八仙椅等文物遗存至今。进驻武昌城的各王均以衙署为府，天王洪秀全居抚署，“用立匾黄纸朱字大书曰天朝门”①，东王杨秀清占藩司衙门，西王萧朝贵据湖广总督衙门，北王韦昌辉居住按察使衙署，翼王石达开则居住在学政署。各王府大门上都贴着黄纸，除门上画龙凤外，就连居室内的帷幔桌围，都用绣有龙凤图案的黄绸装点。

天王居住的武昌抚署是武昌城内除总督署外等级最高的衙署，东王居住的藩司衙署等级略低于抚署，与北王居住的按察使署同属“三司衙门”。翼王所住的学政署为三个道台衙门之一，等级低于上述衙署。作为城内等级规模最大的衙署建筑，西王所居的武昌总督署，则位于武昌城内最西南边，与四王的距离甚远，或许这是其并未被选为王府的原因。

在武昌时期，由于南王冯云山已经死于战争途中，其余四王大体按照等级，分踞当地衙署为王府。除西南边的总督署外，天王府等级规模最高，且处于武昌城中心偏东偏北的位置，东王府与北王府等级规模次之，翼王府则再次之。从各王府的分布来看，从这时开始，太平天国王府就已经不再按照各王封号的方位来选址了，而是分散于城内，便于军事指挥。这是太平军首次攻克省城，因此占据的衙署等级和规模都高于永安时期，且整体格局也更宏伟壮丽。②

① 张德坚：《贼情汇纂》，中国史学会：《中国近代史资料丛刊：太平天国》第三册，上海：上海人民出版社，1957年，第165页。

② 侯雯：《太平天国王府形制特征及其演变动因研究》，苏州科技大学硕士论文，2022年，第23—24页。

在王宫的内部装饰上，延续了“涂黄”“龙凤”图案与朝门秩序。在永安到武昌的过程中，太平天国领导成员已经有了居住、议政的经验，王府建筑不断发展，应该已经有了相关空间划分。此外，这个时期，虽然没有礼拜堂的相关文字记载，但礼拜活动还在进行，为满足太平军礼拜等宗教活动，王府内部应该已经设有了专门场所。太平军在武昌仅待了一个月，驻留时间短暂，所以除装饰元素外，此阶段的太平天国王府并未看出其他独有特征。

三、在南京建造或改建的王府

太平军在攻克武昌后，并未能久留，仅有不到三个月的时间，于 1853 年 2 月 9 日开拔直下江南，四周后便兵临南京城下。其声势浩大，似乘风破浪而来，清军无不望风遁逃。经过 20 多天的攻城之战，于 3 月 19 日，“六朝古都”南京失陷，引发举国震惊。

此时正是建国之初，太平军一路征战，未有安身立命之所，且因惧怕清兵围赶，沿途未敢稍作休息。直至江宁，见宫室富、器用美，心生羡慕，待破城之后，各王纷纷占据衙署富室，开始大兴土木，兴建各自的王府。

（一）洪秀全天王府

南京的天王府外观十分壮丽。可惜在南京陷落后，天王府被清军放火烧毁。但是，我们仍可以依据现存史料，以及相关学者的研究成果，基本推测与还原其原貌。

1853 年 3 月 29 日，天王洪秀全乘轿自水西门入主天京，占据江南最高官员的衙署，即两江总督署为府，扩建成天朝宫殿。在宫殿修葺期间，他先是住藩司衙门，4 月才正式迁入天朝宫殿。在原两江总督署的基础上，洪秀全派人拆毁附近的行宫寺庙，搬运砖石木材，拓宽基址。其范围大致是南到卫巷，北至杨吴城壕，西临箭道，东达利济巷。但是，它却在即将完工时毁于一场大火，其原因不详。次年4月，洪秀全大兴土木，于原址基础上重建宫殿。比起年前修建的宫殿，实则有过之而无不及。①

仿照中国传统皇宫的空间序列，从南到北依次是天朝门、圣天门、忠义门、金龙殿、基督殿、真神殿、内宫。天朝宫殿整体呈矩形，四周以壕沟包围，南面有内外两重城墙，最外面的叫太阳城，里面的则称金龙城。不同于紫禁城的是，它不是完全的两重城墙，仅南面辟门，也许是为了体现天王居所的等级感，又不至于疏离各王，同样用一条中轴线连接并形成逐步展开的空间序列。

从天朝门（头门）到圣天门（二门）之间，东西两侧各有一座吹鼓亭，内设有大钟鼓。宫中朝仪可以在吹鼓亭中演奏，大钟鼓也称闻登鼓，可击鼓鸣冤。圣天门内外，各有两座朝房，但内外朝房功能不同。圣天门外的外朝房是太平天国朝中大臣议政、起草奏章的地方，圣天门内的内朝房则是宫内服务人员的生活用房，同时也是天王洪秀全召见朝臣时用以等候的场所。

自忠义门以北的金龙殿、基督殿和真神殿区域，开始为天王办公空间。第一进为金龙殿。根据英国伦敦不列颠博物院原件记载，在“天”“主”与各大臣之间，把“天王之殿”描写成“荣光大殿”，这是洪秀全颁布诏旨的大殿，同时也是举办天朝典礼活动的主要地点。第二进基督殿与第三进真神殿，都是洪秀全在宫内举行礼拜仪式之所，每逢重要节日，仪式就会异常盛大。第九进为三层高楼。

三大殿之后就是神秘的内宫，这是我国历代宫廷中建筑布局的惯例。天朝宫殿也不例外。至于中轴线上内宫的名称是什么，相关记载较少。当代学者侯福同研究后指出：内宫除“正月宫”“又正月宫”外，天朝宫殿内还有“副月宫”“两十宫”等名称。“正月宫”是天王原配，早逝。“又正月宫”是王后的居住地，主人姓赖，名为天王续配，幼主洪天贵福就是赖氏所生。

---

① 侯雯：《太平天国王府形制特征及其演变动因研究》，苏州科技大学硕士论文，2022年，第25页。

② 郭毅生：《太平天国历史地图集》，北京：中国地图出版社，1989年，第62页。

③ 苏则民：《南京城市规划史稿古代篇·近代篇》，北京：中国建筑工业出版社，2008年，第221页。

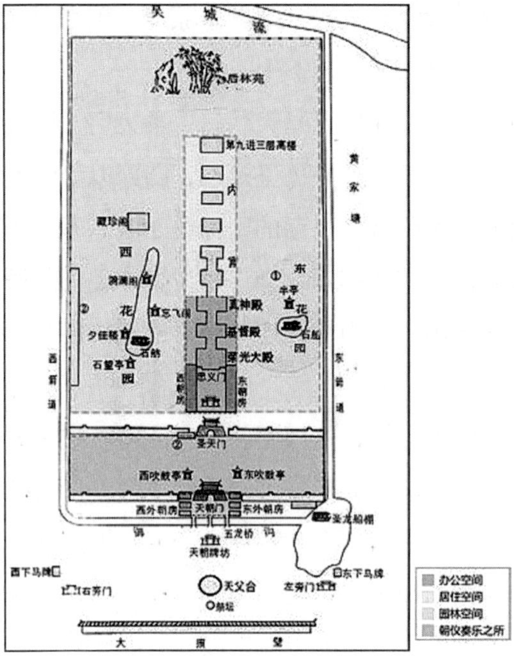

天朝宫殿平面空间推测图①

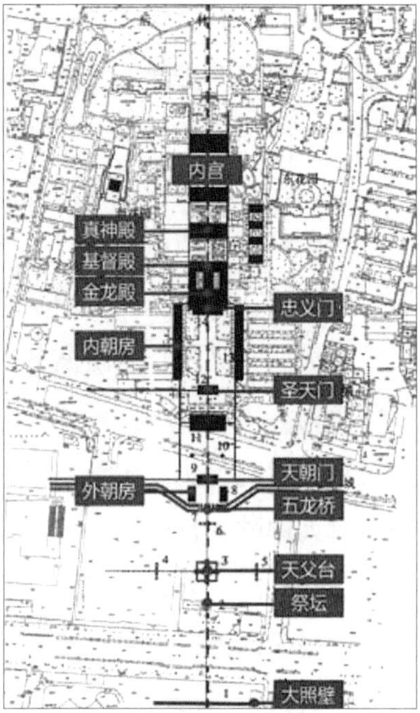

天朝宫殿中轴线示意图②

天王把赖氏尊为国母，要众妃嫔听她教导。① 宫殿后方与左右两区，都有后建造的园林与水池。在最北面的“后林苑”内，洪秀全蓄养了许多猛虎异兽，可见园林范围之广。

天朝门外壕沟上架五龙桥，距桥一里立一大照壁，壁上绘双龙双凤，贴有太平天国官文黄榜，照壁两侧各有一块牌坊，写着“左旁门”和“右旁门”三个大字。天朝宫殿前共有牌坊三座，“品”字式，坊柱涂黄，上贴硃书黄纸对联。照壁前适中搭造高台名曰天父台，为每年天王生辰与东王礼拜上帝之所，台前筑一高坛，约数尺高宽，礼拜之时用以焚烧祭祀。

总之，天朝宫殿规模宏大，气势雄伟。正如天王《御制千字诏》中所描绘的那样：“京都钟阜，殿陛辉鲜，林苑芳菲，兰桂叠妍，宫禁焕灿，楼阁百层，廷阙琼瑶，钟磬锵铿，台凌霄汉。”可惜，1864 年这座壮丽的宫殿

① 侯福同：《十年壮丽天王府》，南京：南京出版社，2000年，第27—35页。

被湘军纵火焚毁，宫殿中的宝器连同家具、宫女也被抢劫一空。劫后的王宫，建筑“存者十不及一”，只留下二堂之前的穿廊、朝房、大殿和一些附属建筑如吹鼓亭、牌坊及花园等。如今那坐落在池中的石舫，还在一片水波粼粼中回首当年那场惨烈的悲剧。

（二）杨秀清东王府

太平军攻入南京城的当天，东王杨秀清就从水门入城，期间三迁府址。先是选址于等级规模上仅次于两江总督署的江宁布政使署，因惧怕鬼神，遂迁至城东将军署。将军署位于天京城正东，临近城门，许是因东王称号本意为掌管东方之国，于是便刻意选址于城东。

杨秀清选址于将军署后，并征用周边宅地，扩大王府范围，不久却因临近朝阳门，而频繁遭受清军炮火困扰，决定再迁府址。先是属意迁于聚宝门内上江考棚，并后侧邢宅花园连成一个整体，但动工之后，杨秀清却不甚满意，便又移至旱西门的黄泥岗，改前山东盐运使何其兴的住所为王府，并拆毁了周边的房屋、市场，窃夺其物料，以开拓东王府地基。作为太平天国军师，杨秀清的东王府内部布局同天朝宫殿大体一致：王府前部为处理国家政务的议事殿堂，头门两侧是属官的附属办公空间，议事殿堂往后为居住空间，中轴线上形成连续的空间序列。内殿之后有一方池，与主路两侧形成庞大的园囿。东王府大门外则竖立一个照壁，大门与照壁间建有一座五层望楼，门旁大鼓一面，外墙涂黄，门绘龙虎，华丽与奢侈程度不亚于天朝宫殿。

另外，东王府头门与二门之间，左右各设有一厅。东厅为“承宣厅”，西厅为“参护厅”，均为传令官办公处，府外不远还有“侍从馆”，专门守卫东王府的安全。其他典官、差役等处所分布在王府周边，直接服务东王府。各王府与其附属的馆衙形成了庞大的政治机构群体。

（三）其他主要王府

翼王石达开是诸王中最先进入南京城的，入城后初住青溪里巷熊宅，此地紧临后来的天王府北侧，在太平桥旁边。洪秀全选址完毕后，因天朝宫殿的扩张，翼王府就迁至斛斗巷刘宅，与其他王府一同位于天京城东南地区（此时东王府迁至将军署，位于天京正东），临近北王府，王府轩敞华丽，且因石达开喜好花草，又收城北妙相庵为花园。之后不久，奉东王之命，石达开镇守安庆，其间翼王府迁至皇甫巷上江考棚处。但是，新王府的选址和改建都是在翼王不在时完成的，原因不详，依常理推断，是蒙得恩之流奉天王命，遵照东王的具体指示办理的。

北王韦昌辉王府，建于中正街前湖北巡抚李长华宅，待洪、杨二人王府完工后方才改造。西王萧朝贵与南王冯云山，虽于炮火中牺牲，洪秀全至天京后仍为其建造王府，由幼主袭爵入住，华丽程度与其他王府大略相同。后建的燕王府占据中正街程宅，豫王府则占据清朝江宁府署。

天京事变爆发后，上帝家庭重新构建，纳入了主要的朝臣将领，天京城内新建的上帝家庭成员王府仍位于城市南部并逐渐向南扩散，除了原有的天王府与新建的忠王府、勇王府位于北门桥以南、中正街以北，以及顾王府位于北门桥以北外，其余王府均位于中正街以南，改旧署或富民宅邸。但是，天王府仍是政治统治中心。

干王洪仁玕的玕王府，位于南京市秦淮区金沙井 36 号建筑，现为南京市秦淮区委党校。天京事变后，洪秀全一人独掌大权，名为朝纲之首的干王，洪仁玕任军师却不掌握军权。干王府内第一进房屋，为干王属官六部的办公地点，英国领事官富礼赐在访问干王府时，就记下了他的所见所闻："进府门向右，经过几处肮脏的庭院，你就来到一排又脏又暗的房子，那里是'六部'的所在地……我住在干王府时，户部里面堆有很多煤炭，礼部的用处更是等而下之。"① 可见，封王中后期的王府虽同样设有六部，人数却远少于前期，六部房布置亦是十分冷清。

① [英] 富礼赐：《富礼赐的天京见闻》，罗尔纲、王庆成：《中国近代史资料丛刊续编：太平天国》第九册，桂林：广西师范大学出版社，2004年，第369—370页。

四、太平天国在南京以外的王府

在天京城外，太平军将领因统率军队部下繁多，各王割据一方，王府建筑内设置的署官办公之所，仍然占据重要位置。他们聘用当地匠师，王府装饰更为精致，华美程度不亚于天京城内建筑。英国人呤唎游访嘉兴听王府时，他就感叹，其空间格局虽与天京城内的王府相仿，但细节却更华贵，乃“数百年来所未有”。[①] 因为京外的王府散布各处，多招募当地民间匠人，王府建筑装饰中出现了地域性的特色。其规模最为壮观的，当属位于浙江省金华市李世贤的侍王府。

（一）李世贤的侍王府

侍王府位于浙江金华城东，鼓楼里 70 号，分东院和西院。东院原是清朝的试士院，其规模宏大，分宫殿建筑和住宅建筑两种结构；西院是在原明代千户所的旧址拓建起来的。宫殿建筑主要在东院，是侍王府的主体建筑，大门前建有高大的照壁，飞檐抖出，气势雄伟。照壁正背面都嵌满砖石雕，有双凤牡丹、鹤桃、双龙戏珠、双狮抱球、仙鹤寿桃、蝙蝠艳云、双桃捧寿等等，雕刻粗犷与精细相融，工艺设计十分得体。

特别是照壁正中嵌的那一团龙石雕，龙眼突出，龙嘴张开，龙爪外伸，异常威武。在金华城乡，曾流传着这样的传说：太平军为了雕刻好这个团龙透空的两根龙须，竟换了许多石匠，可见雕刻之精细。这是目前国内仅存的一座太平天国照壁建筑。[②]

距离照壁 100 多米，即为侍王府大门，进了大门，便是大殿，也称议事厅，传说是太平军举行军事会议的地方，建筑宏伟壮丽。大殿后为过厅，连

---

① ［英］呤唎：《太平天国革命亲历记》，上海：上海古籍出版社，1985年，第579页。

② 王兴福：《太平天国在浙江》，北京：社会科学文献出版社，2007年，第229页。

李世贤的侍王府

着二殿，组成“工”字形。最后是三殿，也称耐寒轩。轩前有参天古柏两株，相传已有 1000 多年历史。大殿之西为住宅区，也称西院，有房屋四进。一进与二进之间有长廊，也呈工字形；二进建筑最讲究，其中特别是正厅，也称花厅，传说是侍王李世贤办公的地方，建筑尤为精细，李世贤和王娘的住所在花厅附近；第四进是楼房，传说是侍王部属和卫士居住的地方。西墙有一边门可通花园，现花园仅存望楼遗址一座，其余都被破坏。花园前面有可集数万军队的练兵场。西院为住宅建筑，布局和谐整齐。侍王府的建筑物上绘有辉煌秀丽的壁画、彩画，还有精致的木雕、石雕和砖雕。

太平军退出金华后，侍王府被清政府占为通判，历经两署；光绪三十二年（1906 年），改为金华师范学堂；民国以来一直为中学校舍，浙江省立第七中学、浙江省立金华中学、金华第一中学先后设在这里，直至 1963 年，侍王府一直都为学校使用。因改建等种种原因，侍王府部分建筑受到破坏，1963 年重新修整，基本恢复原貌，并成立“金华侍王府纪念馆”，1988 年被国务院列为全国重点文物保护单位。[①]

（二）陆顺德的来王殿

除金华的侍王府外，在绍兴有来王陆顺德的来王殿，位于今绍兴市下大路，其建筑也很宏伟。据《太平遗事》收录的有关资料记载，来王殿共有大小宫殿七进，“穷极侈丽”[②]，王府内所有栋梁、墙面都有彩画。殿后还有一所花园，园内有一假山，假山的岩石凿有虎、狮等动物的形状。来王殿的门首还有两座石桥，名曰金鲍、王龙。目前，绍兴的来王殿已被破坏，现仅存有一门斗，而大门前的石牌坊犹存。牌坊两侧有石柱，牌坊顶上有浮雕。[③]来王殿的其余部分，现已被粮食部门改作仓库。

（三）陈炳文的听王府

在浙江嘉兴，有听王陈炳文的听王府，位于嘉兴市小营巷 61 号。许瑶光在《谈浙》中记述：府内“盘龙骞凤，重规叠矩，前后七重”，规模很大，从 1861 年动工建造，至 1864 年 3 月嘉兴失陷，“工尚未竟”。[④]参加过太平军的英国人呤唎曾经见到过尚未竣工的听王府，他在《太平天国革命亲历记》中也记载道：

> 我在这里见到了我在中国从未见到过的最华美的建筑。这是一所尚未竣工的新王府，为该省长官听王修建的……我在中国或其他国家从未见到过这样富丽堂皇的石刻和木雕。根据我在中国的见闻来判断，我认为这样一种建筑诚为数百年来所未有。[⑤]

---

① 王兴福：《太平天国在浙江》，北京：社会科学文献出版社，2007年，第228页。

② 王彝寿：《越难志》，邢凤麟、邹身城：《天国史事释论》，上海：学林出版社，1984年，第365页。

③ 王兴福：《太平天国在浙江》，北京：社会科学文献出版社，2007年，第229—230页。

④ 许瑶光：《谈浙》，中国史学会：《太平天国》第6册，上海：神州国光社，1952年，第578页。

⑤［英］呤唎：《太平天国革命亲历记》，王维周译，上海：上海古籍出版社，1985年，第579页。

从吟唎的记述中，我们可以看出嘉兴听王府建筑的华丽程度。1861 年听王陈炳文调驻杭州，杭州小营巷也设有王府。杭州的听王府，是将小营巷顾鸾之宅改为王府，随后大兴土木，将顾宅的大厅、庭院等精心更新了一番。据浙江省太平天国研究学者王兴福记载：1958 年 1 月 5 日，毛泽东主席来到小营巷视察时，曾到过小营巷 61 号。①

如今现存的听王府旧址，只留有三进，中轴线上从南到北依次是门厅、百桌厅、楼厅，第一进门厅东侧为花厅。据说，最早东西向也有不少房子，但是在百年间已被破坏。从现有格局看来，王府并无大面积的苑园，多以庭院为主，小巧精致。现今为听王府纪念馆。② 听王调到杭州时，由荣王廖发寿镇守嘉兴，也大造王府。嘉兴的荣王府，太平军退出后，清政府改为嘉兴府衙，民国时改为大军营，曾驻过陆军。王府内部全毁，只有大门左右两边的高墙民国时犹存。③

（四）黄呈忠的戴王府

戴王府位于常州市金坛区沿河西路 66 号，是太平天国戴王黄呈忠的府第，始建于 1862 年，即太平军攻克金坛的第三年。黄呈忠（1826—不详），广西人，是侍王李世贤的部将，曾转战于浙北、皖南一带。初为宝天义、殿右军主将，随李世贤占领景德镇，后入浙江转战于浦江、上虞、余姚等地。1862 年在攻克浙江慈溪时，因击毙“常胜军”头目华尔有功，被晋封为戴王。

据金坛博物馆记载，戴王府初建时，大门外有石狮、旗杆和照壁，前后共七进，占地 1624 平方米。前两进（门厅、正厅）为公署，后五进为住宅，两侧有附属用房和林园。戴王府坐东朝西，原门前的照壁旗杆已毁，房屋亦经改建。目前，保留彩画的房间为第二进，即正厅是戴王办理政务的场所。

---

① 王兴福：《太平天国在浙江》，北京：社会科学文献出版社，2007年，第230页。

② 侯雯：《太平天国王府形制特征及其演变动因研究》，苏州科技大学硕士论文，2022年，第35页。

③ 简又文：《太平天国典制通考》上册，香港：简氏猛进书屋，1958年，第247页。

主路建筑西侧有很多附属用房，右侧修有林园。正厅三间宽 15 米，深 10 米，该建筑已经进行了整体维修。正厅内的木构件除了门窗、椽子，其他部位都有彩画残留痕迹，彩画的面积约 170 平方米。

五、太平天国壁画艺术的记载与起因

在王府装饰艺术上，太平天国的壁画艺术具有独特的风格。太平天国的领导人在攻克永安时期，就大胆地使用了清朝皇室才能使用的“黄色”与“龙凤”图案，武昌时期也继承了这一特性。到了定都天京后，大力推崇民间艺术形式，发展了壁画、彩画与雕刻等一系列装饰艺术，并按照等级严格规范了各王府大门上绘制的图案，不准绘制人物。天京事变后，突破了等级限制与不准绘人物的要求。[①] 其装饰要素百无禁忌，多具有地域性特色的元素。主要分为四类：山水生活画、吉祥瑞物图、攻防战争图和历史神话故事图。

壁画作为建筑上的装饰点缀，起源甚早，流行甚广。壁画形式活泼，是人民群众喜闻乐见的一种美术形式。自周秦以来，在宫苑和寺庙壁上多有绘画。但是自宋代以后，达官贵族阶层普遍注重卷轴画，壁画艺术逐渐衰落。

壁画的制作材料是壁画价值的载体，蕴含着丰富的信息。到清代晚期，由于第一次鸦片战争之后，受西方国家工业革命的影响，大量工业合成颜料涌入中国市场，使得这一时期的壁画制作材料呈现鲜明的特点。在清代传统壁画艺术衰落的大背景下，太平天国时期壁画艺术的兴盛，为我们研究太平天国史、江南地区水墨壁画绘制工艺、晚清民间绘画艺术等，提供了真实可靠而又难能可贵的实物资料。[②]

---

① 侯雯：《太平天国王府形制特征及其演变动因研究》，苏州科技大学硕士论文，2022年。

② 水碧纹等：《太平天国侍王府壁画制作材料的光谱学分析》，《光谱学与光谱分析》2024年第2期。

（一）天平天国壁画的记载

太平天国大力提倡壁画，使清代以后中衰的壁画有了复兴的气象，且壁画的艺术水平得到提高。太平天国在浙江许多地方绘有壁画。最有代表性的是位于浙江金华的侍王府壁画，现存壁画 94 幅，总面积约 280 平方米。[①]其壁画内容丰富，主题鲜明，代表了太平天国美术的成就，具有独特的风格，是我国江南地区殿堂壁画的典型代表，具有重要的历史、艺术和科学价值。

在现存史料中，有大量的文献记载：在绍兴，太平军曾“征工匠，穷绘事”[②]，组织许多绘画工人从事壁画。王彝寿在《越难志》中记载，绍兴来王殿“扩其地至数里，围以城，拘画工绘制龙虎人物于其壁”[③]。绍兴太平军高级将领余光前的住处，也“四壁彩画，皆狮、象、龙、虎”[④]。又如在金华，侍王府内“瞥见画壁纷云龙”。在嘉兴，太平军的住处“大画龙虎，门厅屋皆画龙虎，厅事两旁画虎豹狮象……厅上也各画五彩”[⑤]。因此说，在浙江的金华、绍兴和嘉兴等地，都曾经发现有大量太平天国壁画。

关于太平天国壁画兴起的原因，晋文霞认为有几个方面：太平天国前期建立了一套合适的绘画制度。第一，组织制度，即在社会上招募能工巧匠，在土街口（位于福建省福州市）设立“锦绣衙”，专门从事壁画绘制与创作；第二，大力普及壁画艺术，太平天国把壁画作为宣传教育人民、美化环境的重要武器，加以大力提倡和普及；第三，宫廷画士与民间画士相结合进行集体创作，宫廷画师与民间画师之间相互切磋，取长补短进行大规模集体创作，

① 水碧纹等：《太平天国侍王府壁画制作材料的光谱学分析》，《光谱学与光谱分析》2024年第2期。

② 隐名氏：《越州纪略》，中国史学会：《太平天国》第6册，上海：神州国光社，1952年，第768页。

③ 王彝寿：《越难志》，邢凤麟、邹身城：《天国史事释论》，上海：学林出版社，1984年，第370页。

④《微虫世界》，《近代史资料》1955年第3期，第91页。

⑤ 沈梓：《避寇日记》，《太平天国史料丛编简辑》第4册，北京：中华书局，1963年，第316—317页。

这在中国壁画史上是前所未有的事。[①] 笔者认为，还有第四方面的因素，即太平天国主要领导人洪秀全的兴趣所在。早在攻克永安时期，他就大胆地使用了清朝皇室才能使用的“黄色”与“龙凤”图案，武昌时期也继承了这一特性，并以此炫耀其皇室的身份。

对于太平天国革命的组织者，他们来自社会下层，除了自身对壁画有天然的喜好外，还发现壁画是一种凝聚人心的媒介。利用壁画传播太平天国政见，唤醒下层民众重视自我的权益，认识自身的力量，号召天下所有受苦难的人投入推翻清廷统治的行列中。因此，壁画起到了战斗标语的作用，是下层民众对自身价值的张扬，是对“天国”和“太平一统”生活的无限向往。[②]

由于壁画具有以上特性，太平天国在定都南京后，就成立有“绣锦衙”机构，大规模地组织专业画师和民间画工，进行广泛地壁画创作。在此影响下，太平天国壁画艺术得到空前发展。从天京城内各王府，到太平天国辖区各府邸、馆衙均施以装饰，其雕梁画栋，金碧辉煌，无处不画。[③] 这些壁画和彩画一反文人雅士卷轴画受众的狭隘性，对广大民众敞开了艺术的大门，得到大众的热烈欢迎与喜爱。

（二）太平天国壁画现存数量

在太平天国对于历史与人类的贡献之中，最为辉煌的艺术成就是壁画。有学者研究后指出：自从 1952 年 1 月 18 日，在南京堂子街发现太平天国壁画起，后又陆续发现包括南京如意里、罗廊巷，苏州忠王府、安庆英王府、绍兴来王府、金华侍王府，以及金坛戴王府等在内的十八处壁画，共 126 幅。[④]

对于太平天国涉及的北方占领区，胡绳经过研究后指出：1853 年 5 月，太平天国派出了一支有 2 万人左右的军队继续北上。这支军队从扬州出发，

① 晋文霞：《太平天国壁画浅谈》，《四川文物》1995年第5期。

② 李倩等：《太平天国侍王府壁画的文物价值》，《东方博物》2019年第3期。

③ 罗尔纲：《论太平天国壁画》，张铁宝、范文南：《太平天国壁画全集》，沈阳：辽宁美术出版社，2011年。

④ 任嘉敏：《金华侍王府山水壁画〈四季捕鱼图〉研究》，中国美术学院硕士论文，2021年，第10页。

燕子矶全景图

迅速地穿越安徽、河南，在郑州以西的地区渡过黄河，迂回到山西境内，八月下旬进入了直隶省，攻到天津城边。这是这支勇敢的军队到达的最北地区。[①] 近年，太平天国北伐军进占天津府静海县期间，所绘年画在杨柳青一带发现。但是至今为止，尚未能被研究学者关注与研究。

在这幅图中，绘有鹦鹉、黑熊各一只，似乎正在相互对话。创作者取其谐音，题名“英雄会”。[②] 按照太平天国的壁画分类，应该属于“吉祥瑞物图”类型。

在第二幅图中，绘有南京北郊名胜燕子矶全景，其场面宏大而杳无人迹，绘画风格独特，应该属于山水生活画一类。

六、侍王府壁画的价值与创作者

太平天国侍王府坐落于浙江省金华市城东鼓楼里 70 号。1988 年被列入

---

① 胡绳：《从鸦片战争到五四运动》，上海：华东师范大学出版社，2023年，第82页。

② 引用自夏春涛：《太平天国与晚清社会》，北京：北京师范大学出版社，2018年，封前插图。

全国重点文物保护单位，1997 年被浙江省列为省内爱国主义教育基地。其中的壁画绘制精美、内容丰富，是现存太平天国遗址中壁画数量最多、规模最大的一处文化遗产。侍王府原占地面积 63000 平方米，遗址占地面积 17700 平方米，建筑面积 3600 平方米，分成东西两条轴线，东轴线称东院，遗存三进建筑：大堂、二堂和耐寒轩，是当年侍王举行军事会议和重要集会的场所。

（一）侍王府现存壁画的种类

侍王当年在东、西两院绘制大量精美壁画，彩画，其墙壁、梁枋等木构上，目之所及无处不绘。至今，在西院遗存了大量的太平天国时期壁画和彩画。调查显示，壁画 94 幅，彩画 375 幅，是目前发现太平天国壁画、彩画最多的地方。①

侍王府西院共有四进。位于西院的一进、二进门厅是壁画主要绘制区域，墙壁、门板、天花板，以及走廊上有大量的壁画、彩绘，以及石、木、砖雕等艺术品。进入西院，第一进门厅外墙东壁绘《太狮少狮图》，西侧北壁绘《云龙图》，外墙西壁绘《太平有象图》，西壁扇面墙上方绘《平安如意图》，外墙门框两侧及上方《群蝠拱寿图》；门厅内墙门框上方绘有《鸳鸯荷花图》和《卷草缠枝回纹图》，内墙四壁绘有《八仙赴会图》《樵夫问钓图》；东厢房东壁与第四壁绘有《玉兰牡丹图》；南壁依次绘《梧桐牡丹图》《黄初平叱石成羊图》《竹雀秋菊图》，西壁依次绘《八仙聚会图》《庭院梧桐图》《晨舍远山图》《凤凰牡丹图》；西厢房东壁依次绘《瓶画卧狗图》《教子送书图》《樵夫挑刺图》《猫蝶图》。② 这样多的艺术作品，在全国现有的太平天国建筑中是独一无二的。其规模宏大，数量众多。

（二）侍王府现存壁画的价值

英国军官呤唎曾亲历太平天国运动，在《太平天国革命亲历记》中对太

---

①李倩等：《太平天国侍王府壁画的文物价值》，《东方博物》2019年第3期。

②任嘉敏：《金华侍王府山水壁画〈四季捕鱼图〉研究》，中央美术学院硕士论文，2021年，第10页。

平天国时期的经历进行了详尽的记录和论述，对当时所见到的太平天国时期的王府壁画进行了详细记载。“壁画雕塑各具巧心，精美绝伦，灿烂夺目，显示了中国工匠的巧妙技艺。”[①] 他认为，太平天国统治者将壁画的装饰作用发挥到了极致，“显示了中国工匠的巧妙技艺”，也是政权地位的体现。

侍王府人物山水壁画，表现的是江南水乡的风土人情。其中，代表作《四季捕鱼图》，采用中国传统山水画的表现形式，画面构图严谨，色彩淡雅，人物形象栩栩如生，是清末浙派画风的文人画士所绘。军事题材壁画代表作:《望楼兵营图》整个画面纵向高 277 厘米、宽 201.8 厘米。画面中绘有望楼、战船和旌旗等传统山水画中极少展现的物象，以表现金华江防之场景，可以说是太平天国对军事实力的宣扬和对政权统治能力的强调。很可惜画面正中开了窗，主要画面遭破坏。残留的左面部分，中部处有一望楼，在最高层竖立有一面大旗，迎风飘扬。

太平军的这种望楼，是为了战争需要，在设计上具有多种功能，其上平顶，周围栏杆，不盖棚，上层与下层建筑面积差不多，使指挥员能在高处安稳地指挥。而远处的战斗员能清楚地望见指挥员旗号，以完成战斗任务。在侍王府内原有望楼，因地势建立于府内高阜之处，可随时观察敌情，号令参战部队。当年侍王李世贤就常常站在望楼上观看军队操练。

傅抱石曾撰文谈及太平天国壁画，他曾指出：“中国几百年来，整个山水画陷入形式主义的深渊和现实远离，造成中国近代绘画史的腐朽和空虚，太平天国时期壁画的辉煌成就，首先在艺术上便提供了至堪珍贵的业绩。”[②] 中国美术家协会中国壁画艺委会主任，王颖生教授在考察侍王府壁画时，也对《四季捕鱼图》做出较高的评价，认为该组作品是具有文人画遗风的江南山水壁画的典型代表，对研究太平天国时期壁画具有重要的参考价值。

俞剑华曾在《中国壁画》中描述：“到了清代末叶，绘画的衰颓已达到

---

① [英]呤唎：《太平天国革命亲历记》，王维周、王元化译，上海：上海人民出版社，1997年，第356页。

②傅抱石：《南京堂子街太平天国的壁画艺术成就及其在中国近代绘画史上的重要性》，《光明日报》1953年7月20日第2版。

佚名：侍王府《望楼兵营图》

极点，兴亡继绝的责任落在了太平天国的画家身上，而太平天国的画家也确乎具有伟大的魄力与高超的技巧，反映了民族复兴的气象，制作了杰出不朽的作品。”他同时还就艺术风格进行论述，“以笔墨、色彩、构图各种技巧来讲，也都是上乘。以雄厚伟大、蓬勃发扬的气魄来讲，也超过了1000年来许多有名的大作家，直可以上继敦煌初盛唐的壁画而无愧。艺术性之高，是令人惊叹的。”因此说，他对太平天国壁画的评论是极高的。

（三）侍王府现存壁画的创作者

太平天国壁画的创作者，大多是组织泥水匠和专门以画为生的画匠绘画的，也有善画者参加太平军后，担任绘画工作的人。在浙江省，有很多人参加过绘制太平天国壁画。金华市罗店镇的方绍铣，早年就曾参加过侍王府壁画的绘制。

方绍铣，字梅生，金华罗店镇人。1861 年侍王李世贤率太平军攻克金华后，方氏兄弟四人一起加入了太平军，因其善绘画并十分热爱绘画，故作为画师参与侍王府的壁画绘制和军旗绘制当中，在当时也被称为“长毛画师”。曲无名在《天国志》中记载：“绍铣世以壁画为业，俗呼为画船匠者也……绍铣偕子弟同事辈尽极心技，描摹百态，无不绚丽。天国以禁偶像故，不许绘人物，而绍铣作《樵夫挑刺图》，栩栩如生，诸王喜而不以为嫌。”由此说明，侍王府的将领们对于擅长画人物画的方绍铣，不仅不嫌弃他，反而赞赏有佳。

方绍铣故居现留有渔、樵、耕、读《四民安业图》壁画，也与侍王府现存的《捕鱼图》《樵夫图》相同。由此可见，方绍铣参与绘制了大量侍王府壁画，据文字记载，侍王府《樵夫挑刺图》有可能是其所绘。《天国志》中还曾记载：“铣随军至苏杭、绍兴等，绘遍各府衙官署。”方绍铣作为画师，曾跟随太平军到过苏州、杭州、绍兴等地，也可以发现，很多地方画家曾跟随太平军在多地参与过壁画绘制，这也就解释了为什么太平天国不同地域壁画的风格和题材存在相似的现象。1921 年，天京陷落 60 周年之际，已经 80 余岁的他为缅怀太平天国的英雄们，怀念自己的青春时代，饱含深情地绘制了一幅《英雄图》，其风格与侍王府三进东厢方门扇上方南壁第二壁裙板所绘的《麒麟雄鹰图》如出一辙，更加印证了他曾参与过侍王府壁画绘制这一史实。①

还有一位画师，名为陈声远，浙江东阳县人，是一位相当出色的泥水匠。据他的徒弟说，师傅曾参加过侍王府建筑的施工。他保存有师傅的壁画粉本，其中一幅《双狮图》，与现存侍王府西院大门东壁的《双狮滚球图》很相似。还有浦江县的李维贤也担任过太平天国的画师。李维贤是浦江李源莲塘沿人，1861 年 9 月，李世贤部将徐朗攻下浦江，李维贤即参加了太平军。他擅长画人物，亦擅长画山水、花鸟和狮虎，参加太平军后就担任画师，在军中绘制军用饰物。李维贤随军到各地，在各地的太平军驻地绘制壁画。太

① 王兴福：《太平天国在浙江》，北京：社会科学文献出版社，2007年，第235—236页。

平天国失败后隐姓埋名，流寓他乡，一直到1874年才返回家乡，后从事壁画、泥塑与写真，但所有作品都不署名号。

参加侍王府壁画绘制的还有“以画为生”的朱小尊（又名朱彝）。清人齐学裘在《见闻续笔》书中，关于“朱小尊”词条中，记载朱小尊被太平军所俘情况：“走之半路，离侍王府一箭之地，忽执令刀贼问彝在妖里所做何事，彝云绘画为生。贼大喜，即向拿令旗贼首说，此人能画画，我们将他带回馆子画画岂不妙哉！贼云甚好。当晚至金华府城馆子中，贼云请先生画画，彝即大挥秃笔，画官兵长毛交战，兼画各色花卉翎毛，又写文书信件，贼酋大喜，待如上宾。”[①] 关于朱小尊为太平军绘画的情况，齐学裘在书中描写的内容非常生动。

虽然太平天国壁画的作者并非出名的画家，整体的艺术水准放在整个中国画史中并不算太好，但是作为一个特殊时期出现的一批“现象级”的艺术品群，其艺术价值值得世人的关注与探究。[②]

尽管太平天国在中国历史上留下的篇章不长，从革命运动兴起到失败仅有14个年头。但是，在此期间兴盛的太平天国壁画，却极大地推动了我国壁画艺术的进步，是绘画史上的一朵璀璨奇葩。

---

①（清）齐学裘：《见闻续笔》卷二〇，光绪二年刻本，第5—6页。

②任嘉敏：《金华侍王府山水壁画〈四季捕鱼图〉研究》，中央美术学院硕士论文，2021年，第12页。

后记

2018年前后，在编写《邓嗣禹文集》时，我就曾经收集、整理大量有关太平天国科举的史料。而作为第一卷，邓嗣禹《中国考试制度史》增补版一个章节内容，由于原作者的写作风格与内容的限制，我仅使用了有关太平天国科举考试的部分内容。2023年8月，文集出版之后收到了较好的反响。特别是在2023年9月，在南京参加“第二十二届科举制与科举学国际学术研讨会”期间，许多研究科举学的专家、教授与学者朋友们都希望进一步了解有关太平天国科举历史的更多内容。

在2023年10月至2024年1月期间，我曾先后接受过中国“匠心品牌”和美国“华人骄子”主办的访谈节目。在介绍外祖父邓嗣禹出版的四部太平天国研究著作时，主持人都从不同角度询问我在这方面增补的内容与贡献。2024年春节期间，华东师大教育学院李林教授在拜年的微信中，再次询问这本书的写作进展情况。由此，促使我下定决心，尽快完成《突破棘闱：太平天国科举与社会史》书籍的写作工作。

然而，真正投入写作之中才发现，由于现有的参考资料很少，这部书籍涉及的研究领域又比较宽泛，难度可想而知。但是，我愿挑青灯书黄卷，孜孜矻矻，拂去岁月的尘埃，打捞记忆的残片，找到先人留给我们的琳琅珠玉，并传之于后世。书中既有我对于国内外研究成果的最新总结，也包含有我已经发表，或者即将发表的文章与论文的内容。由于时间关系，书中的内容或许还有许多不成熟与不完美之处，期待出版之后能够与专家和学者们交流。

在此，我要感谢中国文史出版社，是他们认定这本书的出版价值，很快给予出版本书的安排，感谢程风老师认真、高效的工作作风。希望这本填补国内空白的书籍，不仅能够在国内面世，而且能够早日有外文版出版。

最后，特别感谢多年来一直关注我的历史与科举专业的研究学者、评论家朋友、高校在读的博士与硕士研究生，还有科举群、进士后人群中的朋友，以及全国未曾见面的文史爱好读者。是他们的关注、鼓励和祝福，成为我前进的动力。

时光荏苒，学无止境。我会继续勉力前行。

作者邮箱：pengjing62917@sina.com。

彭靖

书于上海海上书屋

2024 年 3 月初稿

2025 年 6 月定稿